北京教育科学研究院学术著作出版资助基金项目

中国大学教师学术职业发展机制研究

尹玉玲◎著

知识产权出版社
全国百佳图书出版单位
—北京—

图书在版编目（CIP）数据

中国大学教师学术职业发展机制研究 / 尹玉玲著 . —北京：知识产权出版社，2020.5
ISBN 978-7-5130-6648-8

Ⅰ. ①中… Ⅱ. ①尹… Ⅲ. ①高等学校—师资培养—研究—中国 Ⅳ. ① G645.12

中国版本图书馆 CIP 数据核字 (2019) 第 283280 号

内容提要

本书围绕学术生产力和学术生产关系两个基本因素，对大学教师学术职业发展机制进行理论建构。从历史的维度梳理出中外大学教师学术职业发展的历史阶段及其表现特征。深入实际对中国研究型大学教师学术职业的学术生产力和学术生产关系进行调查分析，聚焦二者存在的问题。基于理论与实践两方面的分析，对大学教师学术职业发展机制的建构给出了新诠释，对适应学术生产力发展的学术生产关系四大核心要素——学术人、学术协作、学术制度和学术文化进行内涵界定和改革创新。

本书可作为教育学相关专业的高校师生、行政管理人员，高等教育政策研究及制定者的参考书。

责任编辑：王颖超		责任校对：潘凤越	
文字编辑：赵 昱		责任印制：刘译文	

中国大学教师学术职业发展机制研究

尹玉玲 著

出版发行：知识产权出版社有限责任公司　　　　网　　址：http://www.ipph.cn
社　　址：北京市海淀区气象路 50 号院　　　　　邮　　编：100081
责编电话：010-82000860 转 8655　　　　　　　责编邮箱：wangyingchao@cnipr.com
发行电话：010-82000860 转 8101/8102　　　　发行传真：010-82000893/82005070/82000270
印　　刷：天津嘉恒印务有限公司　　　　　　　经　　销：各大网上书店、新华书店及相关专业书店
开　　本：720mm×1000mm　1/16　　　　　　印　　张：20.25
版　　次：2020 年 5 月第 1 版　　　　　　　　　印　　次：2020 年 5 月第 1 次印刷
字　　数：280 千字　　　　　　　　　　　　　　定　　价：88.00 元
ISBN 978-7-5130-6648-8

序

尹玉玲是我的博士生，因为是在职攻读，既要工作，又要兼顾家庭，照顾年幼的孩子，所以整个学习过程甚是艰辛，但她凭借顽强的毅力坚持到顺利毕业，这本身就是一件非常让人欣慰的事情。作为她的导师，得知她的博士学位论文能得到单位基金资助并顺利出版，成为她的第一本专著，这更是一件值得可喜可贺的事情。

大学教师学术职业这个主题，虽然国外研究比较热，但国内研究不是很多。尹玉玲的博士学位论文以此为选题，对于不在高校工作的她而言是一大挑战。尽管如此，她还是执着地选择了这一主题，一是因为她在教育科研单位工作十多年，科研机构的学术氛围和科研管理体制与大学有共通之处；二是从她本人兴趣出发，她认为这是一个很值得关注和研究的好选题。基于此，我也支持她的研究选择。

目前大学教师群体，从社会的角度来看是一个高关注度、低容忍度的群体。大众对大学教师的评价褒贬不一，认为教师群体在社会上的形象与人们传统印象中的"学术人""知识分子"渐行渐远，甚至有人说"大学不像学术单位，教师不像知识分子"。放在国际化背景下来看，中国大学教师学术职业的地位，囿于中国社会发展的历史进程、现有学术制度建设等原因仍处于世界学术体系的边缘。我国现在正处于重要的历史转型时期，创新型国家建设需要科技创新、学术创新。大学教师作为学术职业的代表，肩负着学术创新的历史使命。因此，在国际竞争日趋激烈、对外越来越开放的大背景下，国家提出要加快"双一流"大学建设，建设高等教育强国，这更加凸显了大学教师在其中应有的责任担当，也对大学教师学术职业发展提出了新的更高的诉求。从这个意义来讲，尹玉玲关注大学教师学术职业发展机制的研究，积极回应了在新时代我国高等教育发展面临的重大问题，体现了关注中华民族和国家未来发展的责任意识和社会担当，因而选题所具有理论价值和实际意义也自在其中。

我本人在高校任教三十余载，以学术为业，对大学教师学术职业的发展环境比较熟悉。所以看到尹玉玲的论文，我也是感同身受。她在访谈中听到的教师们的言论，我不仅时有耳闻，而且亲身经历。就像有的学者所自嘲的那样，"大学教师什么都研究，就是不研究自己"。因此，要想突破现有体制，构建让大学教师学术职业得到更好发展的机制，需要更多的学者来好好研究下教师自己。我想，只有先认识自己，才能更好地定位自己和发展自己。唯有这样，中国的大学教师学术职业才能更快更好地得以发展，从而成为真正的学术人，有朝一日站在世界学术舞台的中央，为中国的学术创新、科技创新发出洪亮的声音，讲好中国的故事，其形象也才会真正地高大起来。因为，"我"怎样，中国就怎样。

可以说，学术职业，于教师个人，于民族国家，都是一个非常宏大的叙事主题，不是仅靠哪几个人的力量就能做好的，就能够研究透彻的，它需要广大的教师群体和无数对这个主题感兴趣的学者用如椽大笔，来共同写好这篇大文章。

学术之路，道阻且长。作为导师，我会一边为学生们取得的点滴成绩而喝彩，一边继续为学生们鼓劲加油，希望他们不忘初心，勇往直前。

毛亚庆

2019 年 8 月 25 日

目　录

第一章 绪 论

第一节 问题的提出

21世纪，国际化趋势下世界范围内的大学都面临新的机遇和挑战。在高等教育繁荣的国际交流与合作背后，也存在高等教育的国际竞争。这种竞争不仅是对优秀人才资源的激烈争夺，也突出表现为大学排名和大学学术实力的较量。从某种程度上说，这种国际化时代的竞争，远比合作更为复杂和深远。作为从事学术生产的大学教师，是学术职业的核心，在高等教育面临国际竞争的时候也不可避免地要参与到国际学术竞争中去。

一、源于国际化背景下学术职业发展的需要

当今高等教育国际化已成全球趋势。中国高校的国际交流与合作日渐频繁，为争创"双一流"，不少原"985"和"211"大学正努力从高校国际化向国际化高校转型，促进大学学术的国际化和教师的国际化成为转型的关键。近几十年来，大学在教师国际化方面推出了各种举措，引进外国师资、加强大学学术人员的国际交流与合作，成为大学共同的做法，与此同时，各国之间联合设置科研机构、共同举办各种教学与科研的研讨会、联合组织科研小组的现象愈来愈多。伴随着这种全球学术联系的愈加紧密，学术职业的流动越来越少受制于诸多文化和制度

性障碍，全球学术劳动力市场渐趋统一，全世界的学术职业正因传授、创造和传播高深知识的使命而统一起来。

在这个统一的国际学术市场中，学术职业的国际竞争不仅客观存在，而且日趋激烈和重要。与这种日益凸显的重要性相比，在国际知识系统中我国大学学术职业面临的却是边缘化处境。

从国际知识系统来看，学术界等级性较为明显。处于国际知识系统中心的是工业化国家的那些研究型大学，欧洲学术模式以及越来越流行的美国学术模式——建立于科系、学术成员之间竞争、院校分层、科学和学问专门化之上——继续流行于第三世界国家之中。而其他发展中国家会发现自己处于一个传统的中心和边缘、高峰和谷底分列的二元世界，为追赶上那些拥有最大学术影响的国家并与之竞争而卷入一场难度日益增大的争斗之中。实际上，不论是在国家内部还是在世界各地，学术体系的不平等现象远远比过去严重。学术职业边缘化表现在多方面，如大学的标准大都舶来工业化国家研究型大学学术工作的范式、学术信息的不对称、学术成果较难发表在国际学术刊物并获得国际认可、教师参与国际学术会议和获得国际合作研究的机会不多，等等。与边缘化相关的是，第三世界国家在世界主要知识中心和世界科学网络里，与发达工业化国家在财富、规模、获取资源手段和院校基础设施方面存在的巨大差异，促成了第三世界学术机构依附现象的出现。

近些年来，我国在国际学术产出方面有了很大的数量变化，在一定程度上反映了我国学术国际竞争力的提升，但这主要体现为量的发展以及基础研究能力的提升，我国的学术产出的效益和国际影响力与西方高等教育强国和世界先进水平相比，差距仍然很大。在高等教育国际竞争日益激烈的未来，要适应国际学术职业市场的变化趋势，建设有中国特色社会主义的高等教育强国，增强中国教育自信，变革中国大学学术职业迫在眉睫。然而，变革什么，如何变革？带着这些疑问，笔者萌生了对学术职业发展原理问题——机制的追问：机制是什么？什么是制约机制发挥作用的关键因素，它们如何运行？只有抓住这些核心问题，中国大学教师学术职业才能在国际学术市场竞争中清楚变革什么，如何变革。

二、基于中国大学发展和大学教师学术职业发展的实际需要

大学教师是学术人员的重要组成部分，其学术的竞争优势和劣势在一定程度上反映了学术职业的竞争优势和劣势。我国高校经过改革开放以来40年的调整，高校的学术生产力水平在逐步提高。但也必须看到，在世界大学国际学术排名中，中国大学的学术生产力，无论是学术发表数量还是学术发表质量，与欧美的差距仍然非常明显。现实中的中国大学教师学术职业，面临着很多发展的难题。《失落的精神家园：发展中与中等收入国家大学教授职业透视》❶ 提到的那些世界范围内影响学术职业发展的主要现实问题——大众化、问责制、私营化和市场化，在转型时期的中国表现更为明显。"学术职业的竞争和绩效追求进一步增加了学术职业本身的风险和不安全感，企业化运作和按学科逻辑运作之间，社会责任和学术内在召唤之间，探究学术和教学学术之间，纯粹学术工作与越来越多的社会相关性之间的矛盾，使学术职业正面临艰难的选择、内心的冲突和对学术目标的困惑。"❷ 与之相伴的是，学术职业的传统学术价值也面临严峻考验：学术职业的"价值中立"逐渐渗透政治化和世俗化倾向，"学术自由"的特权正在市场经济的逻辑下遭遇变革，学术劳动方面出现了"学术资本主义"，教授参与市场开始削弱教授和社会之间的默契。学术职业发展中日益形成的学术生产关系问题，如行政权力干预下的教师学术权力、学术评价的数字崇拜、学术近亲繁殖，等等，不仅不能充分适应大学学术生产力发展的要求，还严重阻碍大学的学术生产。

纵观20年来我国学术界对大学教师学术职业的研究成果，笔者发现，对中国大学教师学术职业发展的独特性、发展的基础、发展的环境和发展

---

❶ ［美］菲力普·G.阿特巴赫.失落的精神家园：发展中与中等收入国家大学教授职业透视［M］.施晓光，主译.青岛：中国海洋大学出版社，2006.
❷ 宋旭红.学术职业发展的内在逻辑［M］.武汉：华中科技大学出版社，2008：4.

的内在逻辑等研究都还处于起步阶段，尤其是发展的机制研究，目前仍是无人涉及的领域。机制是将系统的结构和功能联系起来，并通过有效运行使系统更好地发挥作用。学术职业的发展，需要建构一个良好的机制来破解难题。那么，学术职业发展的机制内涵是什么？什么样的机制才能适应大学教师学术职业国际化发展的需要？如何建构中国研究型大学教师学术职业发展机制？带着这些疑惑，笔者选择大学教师学术职业发展的机制作为研究主题，希望能为我国大学教师学术职业的健康发展提供一些思路和启发。

第二节　文献综述

一、国外关于学术职业的研究

通过文献检索和梳理发现，西方大量、持续地研究学术职业是在高等教育大众化变革时期开始的，而且主要集中在英、美两国。从这些代表性著作可以看出，国外对学术职业的研究群体庞大，研究成果相当丰富，涉及的主题方方面面。❶ 归纳起来，主要有以下几个方面。

（一）学术职业群体特点及发展历史研究

以美国洛根·威尔逊（Logan Wilson）的《学术人：对教授职业的社会学分析》（*The Academic Man：A Study in the Sociology of a Profession*）❷为开端，学术职业正式进入研究者的视野。他把大学教师称为学术人

---

❶　参见：宋旭红.学术职业发展的内在逻辑［M］.武汉：华中科技大学出版社，2008：21-28；李志峰.学术职业与国际竞争力［M］.武汉：华中科技大学出版社，2008：6-8；陈伟.西方学术专业的比较研究——多学科视域中德、英、美大学教师的专业化运动［D］.杭州：浙江大学，2003：3-8.

❷　Logan Wilson. The Academic Man：A Study in the Sociology of a Profession［M］.New Brunswick：New Jersey，1995.

（academic man），认为教授职业的社会学意义体现在学术等级、学术身份、学术过程和功能等方面。

刘易斯·科塞（Lewis Coser）在《理念人——一项社会学的考察》（*Men of Ideas*）❶中追溯了西方知识分子的社会背景，对学院派知识分子进行专题研究，分析了作为知识分子场所的大学和大学里的知识分子。在知识分子与权力机构中，作者依据知识分子与权力机构的远近，提出了五种理想型：掌权的知识分子，作为职业革命家的知识分子，费边主义者，修正主义者，德雷福斯派和废奴主义者，并辨析了每种类型的得失。对于作为知识分子场所的大学，作者认为"尽管现代大学已承担起各种非知识分子从事的工作，尽管它存在着我们以后要详细谈到的相反趋向，但它仍然是对今美国知识分子最有利的制度背景"。

哈尔西（A.H.Halsey）和特罗（M.A.Trow）在《英国学术界：以剑桥为例》（*The British Academic：Cambridge*）❷中，探讨了20世纪前70年英国学术专业的职业生涯发展道路和学术价值，包括对大众化的态度、对教学和科研的偏好等。

洛根·威尔逊在《美国学者：过去和现在》（*American Academics：Then and Now*）❸中重点研究了学者成长的经历、学术职业的地位以及学术职业的竞争等。

（二）学术职业的变革及其危机研究

希拉·斯劳特（Sheila Slaughter）和拉里·莱斯利（Larry L. Leilis）在《学术资本主义：政治，政策和创业型大学》（*Academic Capitalism：*

---

❶ ［美］刘易斯·科塞.理念人——一项社会学的考察［M］.郭方，等译.北京：中央编译出版社，2001.

❷ A.H. Halsey, M.A. Trow. The British Academic：Cambridge［M］.Massachusetts：Harvard Press，1971.

❸ Logan Wilson. American Academics：Then and Now［M］. New York：Oxford University Press，1964.

Politics, *Policies and the Entrepreneurial University*）❶一书中反映了学术职业日益在大学公司文化的环境中生存，在学术劳动方面出现了"学术资本主义"变革。研究认为，在公立研究型大学的新生环境中，拥有知识的大学教师成为"资本家"。

C.詹克斯（Jencks Christopher）和 D.里斯曼（Riesman David）在《学术革命》（*The Academic Revolution*）❷中把美国高等教育的起伏变化看作美国社会经济生活变化的一部分，学术职业正在走向权力，从此，美国学术职业开始与社会、市场结合得更加紧密。

鲍恩（Howard R. Bowen）和舒斯特（Jack H. Schuster）在《美国教授：一种濒临危机的国家资源》（*American Professors : A National Resource Imperiled*）❸中详细考察了 20 世纪 80 年代美国学术职业的总体特征，认为持续的高校财政拮据已经长期地、缓慢地积累起了对培养新一代教师的需求。书中反复强调维持强大的教师队伍所需要的条件和资源之间的紧张关系。

马丁·芬克斯汀（Martin J.Finkelstein）、罗伯特（Robert K.Seal）和舒斯特（Jack H.Schuster）在《学术新一代：转折中的职业》（*The New Academic Generation*：*A Profession Transformation*）❹中总结了美国学术职业在 1986—1992 年的变化：更多的女性、外籍学者和少数民族学者进入美国学术职业。

詹姆斯·杜德斯达（James Johnson Duderstadt）在《21 世纪的大学》（*University for the 21st Century*）❺中分析了当今学术职业所面临的变革，

❶ Sheila Slaughter, Larry L. Leilis. Academic Capitalism: Politics, Policies and the Entrepreneurial University［M］.Baltimore: The John Hopkins University Press, 1997.

❷ Jencks Christopher, Riesman David. The Academic Revolution［M］.New York: Double-day, 1968.

❸ Howard R. Bowen, Jack H. Schuster. American Professors : A National Resource Imperiled ［M］.NewYork : Oxford University Press, 1986.

❹ Martin J.Finkelstein, Robert K.Seal, Jack H.Schuster. The New Academic Generation: A Profession Transformation［M］.Baltimore: Johns Hopkins University Press, 1998.

❺ ［美］詹姆斯·杜德斯达.21 世纪的大学［M］.刘彤，等译.北京: 北京大学出版社, 2005.

认为市场和绩效的因素已在教育、科研与学术、服务社会、学术、资源、多样性、技术、管理和领导等方面的变革中体现。

（三）学术职业的国际比较研究

主要集中于由卡内基基金会、洛克菲勒基金会、世界经济合作与发展组织（OECD）等为资助学术职业的跨国比较而取得的研究成果。在这些跨国研究中，最为大家知晓的是阿特巴赫。他一直关注学术职业研究，并组织人员进行全球学术职业的调查。根据调查结果出版的《比较视域中的学术职业》，探讨了 20 世纪 60—70 年代欧美的"学术漂移"问题。《失落的精神家园：发展中和中等收入国家大学教授职业透视》研究了大量发展中国家和中等收入国家的学术职业在学术场所的剧烈变动。《变革中的学术职业：比较的视角》一书，通过聚集欧洲和美国，分析了 8 个国家学术职业正在变化的实际状况。

另一项更为宏大的学术职业比较研究，是开展了两次"学术职业变革国际调查与研究"。第一次是 1991—1993 年由欧内西斯·博耶等人主持，对 14 个国家和地区进行的学术职业调查，中国香港地区（中国大陆没有被邀参加）作为一个独立的地区参与了该项目。此次调查的直接目的是分析和比较不同国家和地区学术人员的态度、价值和工作模式。调查研究成果主要集中在《国际学术职业：14 国（地区）透视》和《学术职业：国际的视野》两部著作中。第二次于 2004 年 11 月，17 个国家的高等教育专家学者开展"学术职业变革国际调查与研究"。与 1991—1993 年的国际调查研究内容相比，21 世纪初的这次调查注重各国政治、经济等外在形势对学术职业的影响。2011 年 11 月 22 日，全球第 14 次"学术职业变革"国际会议在中国武汉的华中科技大学举行。来自中国、美国、加拿大、德国、意大利等 13 个国家的专家学者 200 多人齐聚华中科大，围绕"影响学术职业变革的力量——多国比较的视角"主题展开研讨。这次会议旨在通过报告研究中发现的中国学术职业的现状和存在的问题，推动学术职业在中国的理论研究和实践发展。2014 年在日本广岛大学召开研讨会，主题为"亚洲变化中的学术职业：形成、工作、学术生产力及国际化"。

（四）学术职业的性别研究

近几年来，对大学女教师和女性首席学术官员（Chief Academic Officers，CAOs）的学术职业逐渐进入学者的研究范畴。如加吉·埃泰尔·卢埃林（Gage Ethel Llewellyn）在其博士论文《英国"二战"时期三组学术女性的职业路线和职业选择》(*The Career Routes and Choices of Three Cohorts of Academic Women in the Post-war Period in England*) [1] 中认为，随着高等教育地位的变化和女性主义的发展，大学女教师职业也发生了变化。通过历史的分析研究方法，对 30 所大学女教师进行分组访谈，探究了女教师的职业生活细节。研究表明，大学对学术女性是不公平的，大学仍存在对女性的性别歧视，建议在高等教育改革的种种努力中把对女性主义的改革纳入其中，大学应该在态度、结构和实践活动中有所改变，以有效的支持来促进大学女教师的发展。由于近年来女性CAOs 在大学里数量的增多，为了更好地理解学术领域女性的领导地位，学术界对女性 CAOs 的研究也逐渐增多。如有研究大学女性 CAOs 成长经历和职业抱负的， [2] 有研究大学女性 CAOs 学术之路的。 [3]

（五）对学术职业发展的相关理论和实证探讨

伯顿·克拉克（Burton R. Clark）在《学术生活：微小的世界，不同的世界》(*The Academic Life ：Small Worlds ，Different Worlds*) [4] 中，从

---

[1] Gage Ethel Llewellyn. The Career Routes and Choices of Three Cohorts of Academic Women in the Post-war Period in England [D] .NewYork：State University of New York at Buffalo，1994.

[2] Diane Rene Dean.National Study of Women Chief Academic Officers（CAOs）：Career Aspirations and Presidential Search Experiences [D] .New York：Columbia University，2004.

[3] April L.Moreton. Career Paths of Female Chief Academic Officers in the Council for Christian Colleges and University [D] . Denton：University of North Texas，2001.

[4] Burton R. Clark. The Academic Life ：Small Worlds ，Different Worlds [M] . Princeton New Jersey：Carnegie Foundation for the Advancement of Teaching，1987.

机构进化、学科发展以及高等教育系统的开放性等三个方面探讨了美国学术职业的基础；从工作、文化、权利、职业发展前景、无形学院、专业学会等不同方面、多个维度展示了美国学术职业的外在特征；运用组织学分析方法具体梳理了美国学术职业的内在逻辑，并将学科霸权作为学术职业的首要逻辑。

托尼·比彻（Tony Becher）和保罗·特罗勒尔（Paul R. Trowler）在《学术部落及其领地：知识探究和学科文化》（*Academic Tribes and Territories：Intellectual Enquiry and the Cultures of Disciplines*）❶ 中，从学科的角度探讨学者社群，重点研究了学术职业的认识论特征，学术领地、学术职业的社会特性，以及学科组织、学术部落与外部之间的互动等问题，并以此为基础，阐释了有关实证分析的理论内涵。

英国高等教育研究会 1999 年曼彻斯特年会围绕"学者社群"问题展开讨论，并形成专集《高等教育及其社群》❷，主要对学者社群内部状况以及虚拟社群、真实社群、自由理念等三个问题进行了讨论。

罗伯特·林内尔（Robert H.Linnell）在《金钱与学者》（*Dollars and Scholars*）❸ 一书中，分析了在迅速变化的社会中，学术面临的道德伦理和经济问题以及大学的将来。美国丹佛大学教授埃里克·古尔德（Eric Gould）在《公司文化中的大学》（*The University in a Corporate Culture*）❹ 中认为，美国的高等教育机构作为争取学生、教员和资金的机构，已经形成了不断强大的公司文化特征。

伯顿·克拉克在《学术职业：国家、学科和院校环境》（*The Academic*

❶ ［英］托尼·比彻，保罗·特罗勒尔.学术部落及其领地：知识探究和学科文化［M］.唐跃勤，蒲茂华，陈洪捷，译.北京：北京大学出版社，2008.

❷ Ian McNay.Higher Education and its Communities［C］.Buckingham：The Society for Research into Higher Education and Open University Press，2000.

❸ Robert H.Linnell. Dollars and Scholars：An Inquiry into the Impact of Faculty Income upon the Function of the Academy［M］.Los Angeles，CA：University of Southern California，1982.

❹ ［美］埃里克·古尔德.公司文化中的大学［M］.吕博，张鹿，译.北京：北京大学出版社，2015.

Profession：National，Disciplinary and Institutional Settings）❶中从北欧和北美选取英国、法国和美国等国，从国家、学科和院校三个维度探讨西方学术职业。

朗布利（Laura E.Rumbley）、帕切科（Lvan F.Pacheco）和阿特巴赫（Philip G.Altbach）在《学术工资的国际比较：一项探究型研究》（*International Comparison of Academic Salaries：An Exploratory Study*）❷中，对各个国家的学术工资进行了对比研究。

尤尔根·恩德（Jürgen Enders）和艾伯特·德·维尔特（Egbert De Weert）在《学术生活的变化：分析和比较视角》（*The Changing Face of Academic Life：Analytical and Comparative Perspectives*）❸中，对职业、市场和组织如何影响学术职业管理、教学与科研的冲突、博士生教育如何应对变化和现代化带来的压力以及学术工作分配和报酬进行了研究。

约瑟夫·赫尔曼卢维奇（Joseph C.Hermanowicz）在《在科学中生活：制度如何影响学术职业》（*Lives in Science：How Institutions Affect Academic Careers*）❹中阐述了制度对大学物理学科领域学术职业的影响作用。

与学术职业发展研究主题相关的大量研究成果还体现在相当多的代表性学术期刊中。如关于学术职业角色及其影响因素的研究，马丁·芬克尔斯坦（Martin Finkelstein）❺和弗朗西科·奥卡莱（Francis

---

❶ Burton R. Clark.The Academic Profession：National，Disciplinary and Institutional Settings［M］.Oakland: University of California Press，1987.

❷ Laura E.Rumbley，Lvan F.Pacheco，Philip G.Altbach. International Comparison of Academic Salaries：An Exploratory Study［M］. Boston：Boston College，2008.

❸ Jürgen Enders，Egbert De Weert. The Changing Face of Academic Life：Analytical and Comparative Perspectives［M］. Enschede：University of Twente, the Netherlands，2009.

❹ Joseph C. Hermanowicz. Lives in Science：How Institutions Affect Academic Careers［M］. Chicago：University of Chicago Press，2009.

❺ Martin Finkelstein. The Morphing of the American Academic Profession［J］.Liberal Education，2003（89）.

Oakley）❶ 在其论文中都论证了学术职业的角色变化。欧米拉（Kerry Ann O'Meare）❷ 认为影响学术职业角色变化的因素主要有四种：政府财政资助的减少、不断增加的院校、学术任命形式的变革、本科教育的改革。《高等教育》1997 年第 3 期出版了有关学术职业的研究专刊，在国际比较视野中对学术职业的工作满意度、国际化、工作条件、性别特征、教学与科研的关系等问题进行了探讨。《比较教育评价》1998 年第 1 期出版了有关学术职业面临危机和挑战的专刊，探讨了学术职业在遭受科层管理权威、社会商业意识和经济利润观念冲击的情况下所面临的挑战，如终身职位的丧失，在强调成本—效益的环境中和在"更少成本做更多事情"观念的冲击下学术职业传统特权的丧失等。❸

二、中国学者对学术职业的研究

通过文献检索，笔者发现国内最早涉及"学术职业"这一术语的文献是杨锐于 1997 年在《高等教育研究》上发表的《当代学术职业的国际比较研究》一文。❹ 我国对学术职业的研究文献可以分为两个阶段：1997—2006 年，笔者认为是我国对学术职业研究的术语引入阶段；2007 年后，是我国对学术职业开始本土化理论探讨阶段。

（一）1997—2006 年对学术职业的研究进展

华中科技大学张英丽博士及沈红教授的《学术职业：国内研究进展与文献述评》❺ 一文列出了具有一定代表性的文献 16 篇。这 16 篇文献大

---

❶ Francis Oakley.The Elusive Academic Profession：Complexity and Change ［J］.Daedalus，1997（126）.

❷ Kerry Ann O'Meara. Faculty Work in Challenging Times：Trends，Consequences&Implications ［J］.Liberal Education，2003（89）.

❸ 宋旭红.学术职业发展的内在逻辑 ［M］.武汉：华中科技大学出版社，2008：23-24.

❹ 杨锐.当代学术职业的国际比较研究 ［J］.高等教育研究，1997（5）.

❺ 张英丽，沈红.学术职业：国内研究进展与文献述评 ［J］.大学（研究与评价），2007（1）.

致可以分为两类：一类是以国外研究介绍和国外学术职业发展状况的介绍为主。如吴志兰❶、陈伟❷等是对国外学术职业作介绍，施晓光❸和别敦荣❹是对国外专题研究著作进行翻译。另一类是开始有了对学术职业内涵的初步探讨，并结合我国大学教师研究，从学术职业角度出发研究某些问题。如郭丽君❺、吴鹏❻等对"学术职业"的内涵进行了探讨，并提出需要从学术职业的框架出发来研究我国大学教师，从职业的角度来确定他们的社会地位，以推动学术研究的发展。

（二）2007 年以来对学术职业的研究进展

根据检索到的数据和信息，自 2007 年以来，我国对学术职业的研究较之以前有了很大的变化。

一是研究成果数量大幅上升。笔者检索到的以"学术职业"为主题的文献近 383 篇，专著 10 部❼，相比前十年是一个巨大的飞跃。

二是研究范畴和研究主题不断增多。宏观和微观层面的都有，如学术职业制度变迁、学术职业国际化、教师职业发展需要、女教师学术职

---

❶ 吴志兰.荷兰的学术职业——最近十几年的改革与发展［J］.外国教育研究，2004（6）.

❷ 陈伟.西方学术专业比较研究——多学科视域中德、英、美大学教师的专业化运动［D］.杭州：浙江大学，2003.

❸ ［美］菲力普·G.阿特巴赫.失落的精神家园：发展中与中等收入国家大学教授职业透视［M］.施晓光，主译.青岛：中国海洋大学出版社，2006.

❹ ［美］菲力普·G.阿特巴赫.变革中的学术职业：比较的视角［M］.别敦荣，主译.青岛：中国海洋大学出版社，2006.

❺ 郭丽君.学术职业视野中的大学教师聘任制研究［D］.武汉：华中科技大学，2006；郭丽君.学术职业的思考［J］.学术界，2004（6）.

❻ 吴鹏.学术职业与教师聘任［M］.青岛：中国海洋大学出版社，2006.

❼ 耿益群.美国研究型大学学术职业的制度环境研究［M］.北京：北京出版社，2007；郭丽君.大学教师聘任制——基于学术职业视角的研究［M］.北京：经济管理出版社，2007；宋旭红.学术职业发展的内在逻辑［M］.武汉：华中科技大学出版社，2008；李志峰.学术职业与国际竞争力［M］.武汉：华中科技大学出版社，2008；张英丽.学术职业与博士生教育［M］.武汉：华中科技大学出版社，2008；王俊.遮蔽与再现：学术职业中的性别政治［M］.武汉：华中师范大学出版社，2011；耿益群.自由与和谐——大学教师学术生态研究［M］.北京：知识产权出版社，2011；阎光才.美国的学术体制：历史、结构与运行特征［M］.北京：教育科学出版社，2011；王春艳.美国高校学术职业解读［M］.南京：东南大学出版社，2012；王怀宇.教授群体与研究型大学［M］.武汉：华中科技大学出版社，2008.

业发展等。尽管大都停留在理论探讨阶段，但相较前十年取得了很大的进步。

三是研究团队初步形成。通过公开发表的学术文章和著作数量，可以看出"学术职业"的研究群体逐渐增多。在华中科技大学沈红教授的研究团队、武汉理工大学李志峰教授的研究团队、北京大学阎凤桥教授的研究团队和华东师范大学阎光才教授的研究团队中，都出现了一批质量较好的硕博学位论文和学术论文。

四是研究层次有所上升。以前的研究是对国外学术职业的翻译介绍，但现在关注点是我国学术职业的发展。虽然也有大量对国外文献的介绍，但不再是笼统的介绍，而是针对某个点或某个方面。

（三）对学术职业发展及机制的研究

到目前为止，国内对学术职业发展机制的研究处于空白阶段。因此，归纳这方面的研究文献只能基于笔者对机制概念的界定基础上，摘取已有文献资料中关于机制的零星研究。

1. 学术职业道德

严海良在《学术自由的道德解读》[1]中对学术自由进行了"道德解读"，提出了大学的核心是学术自由的观点。

李志峰在《学术职业的道德特征与学术道德建设》[2]中提出教师学术道德体现在育人和教学过程、科学研究和社会服务中。进行学术道德建设，也要围绕这些方面来进行。要把育人的道德、社会服务的道德、教学的道德列入学术道德建设的范围。

陈伟在《论中国学术职业的伦理缺失及诊治》[3]中认为，中国在一定程度和范围内存在"学术伦理缺失症"。主要表现为：学术目标的庸俗化倾向、学术价值选择的畸轻畸重、学术行为的失范、学术贿赂问题、

---

[1] 严海良.学术自由的道德解读［J］.西南民族大学学报（人文社科版），2005（12）.
[2] 李志峰.学术职业的道德特征与学术道德建设［J］.华中农业大学学报（社会科学版），2007（3）.
[3] 陈伟.论中国学术职业的伦理缺失及诊治［J］.现代大学教育，2009（4）.

学术腐败问题。作者从国际比较的视域对我国学术职业伦理缺失症进行了释因，并提出要基于国情考虑，中国学术职业伦理亟须重建，而非简单地修补。而中国学术职业伦理的重建，应坚持伦理本位的原则，以学者群体为主导，以张扬知识和学术的本体性价值、建构自由独立且多样化的学术生活方式为前提。

戎华刚在《论中国学术职业伦理规范的失范》❶中也指出，当前中国学术职业存在伦理的失范问题。其对失范的理解既指被规范者违背规范的行为表现，也指规范缺失、含混或丧失权威性的存在状态。因此，学术职业伦理的失范主要体现在规范自身的疏漏、含混与虚置以及权威性的缺失上。

针对近年来我国学术不诚信现象，周光礼在《学术诚信的培育：道德激励与法律保障》❷中认为委托—代理问题是学术不诚信行为频发的症结所在，学术诚信既是一种道德规范，也是一项法律原则。构筑学术诚信，必须实行法治。

2. 学术职业制度

杜驰在《高等教育发展与学术职业的制度变迁》❸中谈到高等教育发展与学术职业的制度变迁时，认为虽然每个国家不同的高等教育发展模式下会有不同特色的学术职业制度，但不同国家学术职业的制度变迁诉求的相通之处值得借鉴。

王应密在其博士学位论文《中国大学学术职业制度变迁研究》❹中，根据制度变迁理论，对制度变迁的主要影响因素进行了分析，对中国大学学术职业制度的发展历程及演变机制进行了考察。

宋旭红在《我国学术职业发展的制度创新》❺中认为学术职业与学术制度不可分割。学术职业产生和发展，必须建立在学术聘任晋升制度、

---

❶ 戎华刚.论中国学术职业伦理规范的失范［J］.国家教育行政学院学报，2011（3）.
❷ 周光礼.学术诚信的培育：道德激励与法律保障［J］.中国高校科技与产业化，2010（5）.
❸ 杜驰.高等教育发展与学术职业的制度变迁［J］.高教探索，2008（4）.
❹ 王应密.中国大学学术职业制度变迁研究［D］.武汉：华中科技大学，2009.
❺ 宋旭红.我国学术职业发展的制度创新［J］.当代教育科学，2010（17）.

学术同行评价制度、学术自由等制度之上。我国学术职业的发展需要制度创新。

3. 学术职业流动

李志峰、谢家建在《中国学术职业流动的内外部因素分析》❶中认为，合理的学术职业流动无论对高校教师，还是对高校或国家都是有益的。学术职业流动既与市场经济体制、教师考核评价体系、学校发展状况和职业竞争力等外部因素相关，也与职业地位、工作环境、教师价值观和教师自身素质等内在因素相关。同时，他们还认为，合理的学术职业流动是市场配置学术人力资源的重要途径。在《学术职业流动的特征与学术劳动力市场的形成》❷一文中的研究表明，学术劳动力市场的形成与组织内部激励制度、高等学校的声望、学术职业与其他职业的地位差异、收入和工作条件等因素密切相关。学术劳动力市场大体上可以分为组织内部学术劳动力市场、系统学术劳动力市场、国家学术劳动力市场和国际学术劳动力市场四类，每一类均有各自的特点。

谷志远在《我国学术职业流动影响因素的实证研究——基于"学术职业的变革–中国大陆"问卷调查》❸中基于 26 国合作进行的"学术职业变革"国际调查的中国大陆调查数据，对影响学术职业者流动倾向的各因素进行统计分析，并采用 Logistic 回归分析测度各因素对学术职业者流动倾向的贡献程度。结果表明，人口统计学特征、教师的个性特征、工作满意度等对学术职业者职业流动倾向具有显著影响，所在学校声望、工作压力和教师收入等对学术职业者职业流动倾向的影响并不显著。

杨开洁的《基于控制理论的高校学术职业流动》❹一文基于控制理论对高校学术职业流动进行研究认为，现代控制理论与高校对学术职业

---

❶ 李志峰，谢家建.中国学术职业流动的内外部因素分析［J］.大连理工大学学报（社会科学版），2007（4）.

❷ 李志峰，谢家建.学术职业流动的特征与学术劳动力市场的形成［J］.教育评论，2008（5）.

❸ 谷志远.我国学术职业流动影响因素的实证研究——基于"学术职业的变革–中国大陆"问卷调查［J］.清华大学教育研究，2010（3）.

❹ 杨开洁.基于控制理论的高校学术职业流动［J］.石油教育，2009（3）.

流动的管理存在共同的组织管理理论基础。通过变量函数分析，探讨影响学术职业合理流动的主要干扰因素（工资收入因素、区域发展因素、政策因素、学术环境因素），根据控制理论的补偿原理，研究补偿变量（经济补偿、政策补偿、精神补偿），针对补偿变量与可控系统稳、快、准三大标准从高校运行机制、激励机制等方面提出高校学术职业流动管理的对策和建议。杨开洁和李志峰在《基于学术人假设的高校学术职业流动》❶中基于学术人的假设对学术职业的流动进行了研究。研究表明，"学术人"假设下的流动是学术职业流动的一种理想状态，对于保证教师队伍具有学术人的基本特征，促进学术职业的整体能力提升具有重要的意义。

潘奇、唐玉光的《学术职业的流动域及其特征探析》❷一文则引入"域"的概念，在特殊语境中对学术职业流动进行重新审视，认为学术职业流动域不仅能够为学术职业流动研究提供新的视角，还能为完善学术人才流动机制以及制定各种人才政策提供相应的理论支持。

4.学术职业视角下的教师发展研究

郭丽君是在学术职业视野下研究大学教师聘任制成果较多的研究者，包括对西方国家聘任制的研究和国内聘任制的研究。在《学术职业管理的问题与对策研究》❸中，从学术职业管理角度分析了我国大学教师管理中存在的问题：学术权力的弱化、学术评审机制的异化、学术职业管理权责上的欠缺，并从学术为本的制度理念和科学管理两个方面提出了促进学术职业发展的建议。在其博士学位论文《学术职业视野中的大学教师聘任制研究》❹中，通过对学术职业的内涵和特性、学术职业与大学组织、学术职业与大学教师聘任制关系的分析，对大学教师聘任制进行了审视。

---

❶ 李志峰，杨开洁.基于学术人假设的高校学术职业流动［J］.江苏高教，2009（5）.
❷ 潘奇，唐玉光.学术职业的流动域及其特征探析［J］.黑龙江高教研究，2011（8）.
❸ 郭丽君.学术职业管理的问题与对策研究［J］.高等工程教育研究，2006（3）.
❹ 郭丽君.学术职业视野中的大学教师聘任制研究［D］.武汉：华中科技大学，2006.

刘献君在《高校教师聘任制中的若干关系》❶中论述了在学术职业中高校教师聘任应处理好的四大关系。此外，他在《高校教师聘任的制度设计——基于学术职业管理的研究》❷中提出，教师聘任的制度设计要根据学术发展的需要设置岗位；根据学术职业的特点，将"有固定期限"聘任和"无固定期限"聘任作为一种制度设计，建立学术职业"准入"制度；根据学术自由的要求，在评价考核中，采取发展性评价，改进学术评议机构，保证学术评议的独立性；根据学术平等的要求，采用集体合同与契约合同相结合的办法，依法规范教师聘用合同；根据学术公正的要求，建立一个"中立"的、组织健全的争议处理机构，协调教师之间、教师与学校之间的争端，维护教师的权益，推进学校的发展。

耿益群在《中国学术职业的现状》❸中对中国学术职业的从业人员的数量和质量分别进行了梳理，指出对学术职业的改革也带来了教师与院校之间紧张关系、学术职业中权力过度集中、官方对学术领域的干预等问题，需要从历史、文化和经济方面找原因，进行中国学术职业的改革。

沈红教授领导的团队一直参与国际合作研究所"变革中的学术职业"这一国际项目，分别在 2007 年和 2014 年对中国大学教师进行了大调查，在较高程度上代表了中国大学教师的工作与发展状况。特别是 2014 年的大调查，反映出大学教师最为关注的议题是考评体系、大学行政化、工资待遇和教师素养，建议尝试改变大学教师的评价制度、组织保障、待遇地位、管理结构，尽可能满足大学教师的职业发展需要。❹

5. 学术职业的专业化研究

以李志峰及其研究团队为代表。有李志峰、沈红关于学术职业专业化的评价纬度分析，龚春芬、李志峰关于学术职业专业化视角下大学教

❶ 刘献君.高校教师聘任制中的若干关系［J］.高等教育研究，2008（3）.
❷ 刘献君.高校教师聘任的制度设计——基于学术职业管理的研究［J］.高等教育研究，2008（10）.
❸ 耿益群.中国学术职业的现状［J］.中外教育分析报告，2006（48）.
❹ 沈红.中国大学教师发展状况——基于"2014 中国大学教师调查"的分析［J］.高等教育研究，2016（2）.

师发展制度的缺失研究，李志峰关于学术职业专业化的路径选择研究，等等。❶

此外还有一些零散研究。虽然研究人群比较单一，但可以为进一步深化学术职业发展的研究开阔思路。如学术职业与博士生教育、学术职业管理、学术职业与研究型大学、学术职业中的研究漂移现象、学术职业的运行机制、薪酬福利、学术职业吸引力、学术职业国际化，等等。❷

6. 对国际化背景下大学教师专业发展和学术职业的研究

国际化对教师发展理念的影响，如王立指出美国大学教师发展理念经历了精英意识下的自我发展、心理学革命下的组织发展和多元学术观下的全面发展的演变。在构建中国特色大学教师发展理念时，一方面要以美国为鉴，对教师发展理论内涵进行扩展；另一方面要以美国为戒，注重大学教师的自我发展需求。❸

国际化对教师素质和能力的影响，这方面的文献比较多，如李书恒认为高校教师需要在转变思想观念、提升教学能力、培养国际交流能力、达到与国际接轨的研究水平等方面提高自身素质。❹高玉蓉、邓逢光提出，高校教师要具有高等教育国际化理念和国际视野、清醒地保持我国高等教育的民族特性、具有较强的教学能力，尤其是双语教学

❶ 参见：李志峰，沈红.学术职业专业化的评价纬度［J］.大学（研究与评价），2007（1）；龚春芬，李志峰.学术职业专业化视角下大学教师发展制度的缺失与构建［J］.教育发展研究，2008（Z4）；李志峰，王长喜.学术职业专业化：制度变迁与文化选择［J］.江苏高教，2008（5）；李志峰.学术职业专业化的路径选择与制度创新［J］.现代大学教育，2008（5）；陈锡坚.学术性视野中大学教师专业发展的逻辑［J］.教育研究，2011（8）.

❷ 参见：张英丽，沈红.论学术职业人才储备在我国博士生教育中的缺失［J］.高等工程教育研究，2007（2）；周光礼.委托—代理视野中的学术职业管理——中国大学教师聘任制改革的理论依据与制度设计［J］.现代大学教育，2009（2）；殷朝晖，刘叶.学术职业管理模式国际比较研究［J］.纺织教育，2007（4）；李志峰，杨灵.高校学术职业定位与研究型大学发展——基于生态位理论的分析［J］.华北电力大学学报（社会科学版），2009（5）；杜驰，沈红.研究漂移视域下的学术职业定向［J］.江苏高教，2008（2）；庄丽.学术职业的运行规则——激励大学教师的若干原则探析［J］.高等工程教育研究，2008（6）；周海涛，朱桂兰.薪酬福利对学术职业满意水平的影响有多大？——来自大学教师的调查分析［J］.管理世界，2009（3）；李昱.高校学术职业吸引力与高校教师发展［J］.医学教育探索，2010（2）；韩璇.大学教育国际化视角下的学术职业［J］.科教文汇（上旬刊），2007（7）.

❸ 王立.美国大学教师发展理念的演变与启示［J］.中国高教研究，2011（2）.

❹ 李书恒.国际化背景下的教师发展：加拿大经验借鉴［J］.中国高等教育，2012（5）.

能力、具有较强的国际交往能力。❶

国际化对教师发展制度和政策的影响，如崔玉平等人针对国际化背景下教师的评价制度，认为世界各国的教师评价制度改革趋向于发展性教师评价。❷曹俊怀等人阐述了教育国际化条件下高校教师管理制度的变革，主要表现为教师任用制度由单位人走向了契约人；教师管理制度由日常性管理转向激励性管理；教师退休管理制度由人员的基本保障发展到人力资源的利用。高校在国际竞争中改善高校教师管理，需要在管理体制上促进"管办分离"，高校要以独立法人的姿态实现自主性发展，在融资体制上实现"融资多元"，高校要以现代经营的理念加强教师队伍建设，在视野层次上树立国际视野，高校要以国际战略视野提升教师管理水平。❸

高等教育国际化给广大高校教师带来学术职业的挑战。韩雅楠的《中国高校学术人力资源的国际竞争力研究》❹揭示了中国高校学术人力资源与发达国家在规模、科研产出、结构以及薪酬水平等方面的优劣势，提出要提升中国高校学术人力资源在国际舞台上的竞争力，就必须优化高校学术人力资源结构，加强科研合作、加大科研投入，建立创新的高校学术人力资源薪酬管理制度，实行合理的弹性福利政策，营造宽松自由的学术环境等。

陈越在《国际学术人才市场中我国学术职业竞争力及其提升路径》❺中，根据学术职业具有物质、精神和学术三大根本属性，提出薪酬待遇、学术自由与学术水平构成了学术职业竞争力要素，以这三大要素为支撑，构建了动态的学术职业竞争力模型，并且仍从薪酬待遇、学术自

---

❶ 高玉蓉，邓逢光.高等教育国际化背景下的高校教师素质研究［J］.教育与职业，2011（5）.
❷ 崔玉平，危力军.国际化背景下的教师评价制度改革［J］.教学与管理，2005（5）.
❸ 曹俊怀，杨聚鹏.教育国际化对我国高校教师管理制度影响的政策学分析［J］.当代教育科学，2014（17）.
❹ 韩雅楠.中国高校学术人力资源的国际竞争力研究［D］.武汉：武汉理工大学，2008.
❺ 陈越.国际学术人才市场中我国学术职业竞争力及其提升路径［J］.教育发展研究，2016（11）.

由、学术水平这三个方面着手来提高我国学术职业在国际人才市场中的竞争力。

有学者对青年教师的国际化培养进行研究，判断认为地方院校现有机制已不能适应高校国际化，而且高等教育国际化背景下地方院校青年教师队伍建设的现状是既有内部弱势，又有外部威胁，需要构建青年教师国际化培养模式。另有学者对国际化背景下学术职业国际化进行探讨。作者根据国内外学者将教育国际化内涵归类为过程方法、活动方法、能力方法、组织方法四种方法，选取中美两国问卷调查所收集的数据，从国际化学术活动、跨文化观念与内容、国际化态度、国际化知识技能四个维度对中美学术职业国际化进行了比较，发现中国学术职业国际化在跨境国际化上水平明显低于美国，在国际化态度上参与热情明显高于美国，在跨文化观念与内容上两国基本持平，在国际化知识技能上，中美具有不同特征。中国的学术职业国际化虽起步较晚，但显示出充足的发展潜力。❶郑忻、张焱等人提出知识流动的国际化给大学教师的学术职业带来巨大的变革，需要在提高学术职业发展自主权、建立优秀人才流通机制、建立学术职业核心价值的良性循环机制等方面进行创新。❷

三、国内外研究评述

从西方研究来看，学术职业在西方已经成为一个重要的研究领域，而且学者们对学术职业的理论研究自西方高等教育大众化阶段以来得到了快速发展，对大学学术职业的专业化程度和社会影响的提升，对大学国际竞争力水平的提高都起到了很大的作用。虽然国外对学术职业研究的领域很广，但从文献资料的整理来看，对学术职业发展机制的研究则

---

❶ 李碧红，舒俊，曾晓青.中美学术职业国际化的比较研究［J］.比较教育研究，2014（10）.

❷ 郑忻，张焱，张泳.大学学术职业国际化：理想与现实的融合［J］.教育发展研究，2017（19）.

仅存于零星的学者所做的零碎研究中。无论是整体上系统地研究学术职业发展机制的，还是基于学术生产力角度分析其机制的均尚未发现。

从中国研究来看，"高等教育强国"和"创新型国家"战略的提出，赋予了高等教育之于现代化建设的时代使命。而学术职业作为大学的生命力和魅力所在、灵魂所依，研究高等教育不能不面对学术职业，不能不研究学术职业，因此，几支新生的学术职业研究团队迅速在大学里生长起来，并逐渐与大学教师发展的研究紧密联系起来，构成了一系列基于学术职业视角下的大学教师发展政策研究。

从上述中国学者研究成果的综述来看，虽然近几年来对学术职业的研究相较前十年来说有了很大的进步，研究的主题范围也有所扩大，但把大学教师作为专业群体来研究仍是一个尚待开展且推进的领域。从现有的研究来看，对学术职业的研究大多集中于某一时期学术职业的特征研究，或集中于同一个时期不同国别学术职业的研究，研究欠缺的地方还有很多，对"学术职业"概念和内涵特征的认识尚需明确，对中国学术职业发展的独特性、发展的基础、发展的环境和发展的机制等研究都还处于起步阶段。因此，基于学术生产力和学术生产关系的视角对其大学教师学术职业发展的机制进行探讨，不仅拓展了学术职业的研究空间，而且对于解决国际化背景下中国大学教师学术职业发展的困境具有一定的实际意义。

第三节　核心概念与研究范围

一、学术职业

"学术职业"（Academic Profession）是由学术（Academic）和专业

（Profession）组成的，是高等教育研究领域的一个专门术语。● 它是以学术活动为工作的专门职业，隶属于大学这一最高学府。

西方最早提出"学术职业"的概念，并开展了大量的研究。美国学者洛根·威尔逊最早把学术职业和大学教师群体联系起来，并最早使用"学术职业"一词，他对学术人基本功能的宽泛陈述是"保持、传播和创造知识"。● 马克斯·韦伯认为"学术作为一种志业"，"学术作为一种物质意义下的职业"，● 但也强调学术职业具有物质性和精神性的双重属性，即精神追求和物质回报并存。也有学者根据其字面意义，把学术职业理解为在高校从事学术工作的教师，即以高深学问为基础进行教学、科研和社会服务的大学教师群体。如日本广岛大学有本章教授认为，"学术职业是指供职于大学，专门从事某专业领域的学术活动，拥有特定文化的教授、副教授、讲师、助手等大学教师的总称"。● 同为日本广岛大学的黄福涛教授认为，在日本，"学术职业"一词有广义和狭义的解释，广义的学术职业是指所有在高等教育机构或大学和学院内外的研究机构，从事教学、研究或以学术研究为基础进行发表的人；狭义的学术职业是指在大学或学院里从事教学和研究活动的大学教师成员。●

在国内，20 世纪 80 年代初滕大春等翻译的《科技发达时代的大学教育》，是最早涉及"学术职业"的文献。● "学术职业"作为最早的术

● 国内也有学者将"Academic Profession"翻译为"学术专业""教授职业"等，目前已经趋向统一使用"学术职业"为标准术语。

● Logan Wilson. The Academic Man：A Study in the Sociology of a Profession［M］.New York：Oxford University Press，1942：3.

● ［德］马克斯·韦伯.学术与政治［M］.冯克利，译.北京：生活·读书·新知三联书店，1999：155.

● ［日］有本章.大学学术职业与教师发展（FD）——美日两国透视［M］.丁妍，译.上海：复旦大学出版社，2012：2.

● Futao Huang.Challenges of Internationalization of Higher Education and Changes in Academic Profession：A Perspective from Japan［C］.Kassel：The Changing Academic Profession，2006.

● ［英］阿什比.科技发达时代的大学教育［M］.滕大春，滕大生，译.北京：人民教育出版社，1983.

语出现在研究文献里，是杨锐的《当代学术职业的国际比较研究》❶，但仅限于对美国卡内基教学促进委员会所做的学术职业国际比较研究成果进行分析，并没有对学术职业的界定。陈伟在其博士学位论文《西方学术专业比较研究——多学科视域中德、英、美大学教师的专业化运动》中，认为"所谓学术专业（Academic Profession），即在高等院校中以学术为业者，是大学组织中一支独特的社群性存在。他们是大学的核心和灵魂，是高等教育内部诸种专业性实践的重要主体和核心行动者"。❷卫道治和吕达主编的《英汉教育词典》中将 Academic Profession 译为"从事某一学术领域教学或科研的职业"。❸华中科技大学一直研究学术职业的沈红教授认为，"学术职业指的是具备以学术为生、以学术为业，学术的存在和发展使从业者得以生存和发展特征的职业"，"学术职业是一个保存、传播、应用和创造知识的职业"。❹

综上所述，世界各国对学术职业所指对象不同，对其内涵的界定也并不完全一致。有的研究侧重于把学术职业作为一种专业化程度很高的职业来分析，有的研究侧重于把学术职业作为一个学术从事群体来分析。与本书的研究目的和研究对象相对应，笔者在借鉴中外前人研究的基础上，对大学学术职业作出以下尝试性界定：大学学术职业专指大学教师以专业学术生产活动为工作内容的专门职业，它不仅指在大学里进行教学、研究和社会服务活动的教师群体，而且包括这一职业群体的准入、晋升、评价和管理等。它是一群人与一种职业的结合，是作为一项专业如何建构职业发展的问题。

❶ 杨锐.当代学术职业的国际比较研究［J］.高等教育研究，1997（5）.
❷ 陈伟.西方学术专业比较研究——多学科视域中德、英、美大学教师的专业化运动［D］.杭州：浙江大学，2003.
❸ 卫道治，吕达.英汉教育词典［Z］.北京：人民教育出版社，2006：4.
❹ Hong Shen.Academic Profession in China：With a Focus on the Higher Education System［C］// Reports of Changing Academic Profession Project Workshop on Quality. Hiroshima：Hiroshima University，2006.沈红教授对学术职业的界定与西方学术界把"从事学术工作的职业称之为学术职业"的观点一致。

二、机制

根据《辞海》《当代汉语词典》《新华汉语词典》《现代汉语词典》对"机制"的注解，可以统一定义为：机制本指机械的结构与工作原理，在生物学和医学领域，常借用来指有机体内部各部分的工作方式及其相互间的关系。现泛指事物的组织及其运行与变化的规律。《大英百科全书》(*Encyclopedia Britannica*) 对"机制"词条的定义是：在机械制造领域，用来机器或机械部件任何组合的传输和修改运动而采用的手段。机器机制的主要特征是所有部件受到约束运动。例如，相对于另一部件，一些部件只有采用一种确定的方式才能运动。这些相对运动的本性很大程度上取决于零部件的数量和它们连接的方式。

根据上述机制概念的界定可以发现，机制虽然有多重含义，但它包含构造、功能和运行原理等核心要素。研究机制，首先是对系统内各构成要素或者影响因素的研究，即结构的分析；其次是对各要素之间相互联系、相互作用的研究，即功能；最后是对其运行方式和作用原理的研究，即机理。结构、功能和运行方式，构成了对某一事物或社会现象进行机制探讨的主要内容。

正是基于这样一种对机制核心要素的分析，笔者对机制内涵的理解是：机制原指有机体的构造、功能和相互关系；这一概念在被广泛应用于经济和社会领域后，泛指一个工作系统的组织之间相互作用的过程和方式，揭示了社会事物或现象之间的结构、功能和相互关系。

为了准确理解和把握机制的内涵，需要对规律与机制、体制与机制、制度与机制这三组概念进行区分。

1. 规律与机制

规律与机制这两个概念既有联系，又有区别。规律指事物内部本质的、必然的联系。按照列宁的说法，"规律就是关系……本质的关系或本质之间的关系"。❶同规律一样，机制也反映"本质的关系或本质之间的关系"，但由于机制这一概念在经济和社会领域的广泛应用，相对而言，机制向具体的方面靠近了一步。因此，通常规律是机制的前提，而机制是规律的具体化。但两者的区别在于，机制在考察本质的关系或本质之间的关系的同时，还要考察关系的联系方式，即这种关系是通过什么途径联结起来的。所以，机制通常要与对象的结构联系在一起，对一个不涉及结构的对象使用机制概念是没有意义的。❷而规律则没有这样的要求。机制的另一个重要内涵是指"动作原理"，这说明在机制范畴里还要有联系方式的发生过程，而规律不涉及这一要求。

2. 体制与机制

机制是指事物各部分之间的相互关系。体制是有关组织制度。两者存在一定的联系：机制会受到体制的制约和影响，不同的体制有不同的运行机制。体制必须通过一定的机制才能发挥作用。

3. 制度与机制

《现代汉语词典》对制度的定义，一是指要求大家共同遵守的办事规程或行为准则；二是指政治经济文化等体系。机制隶属并内含在制度中，它总是受到制度的制约和影响。

与机制相关的，还有机制设计理论。该理论最早由美籍俄罗斯人、明尼苏达大学荣誉教授赫维克兹提出。对于这一理论，有人简要地概括为如何制定一个"游戏规则"的理论，就是研究在自由选择、自愿交换、信息不完全及决策分散化的条件下，能否设计一套规则或制度来达到既定目标的理论。❸目前在一切机制之中，最为人熟知的就是我们常说的市场机制。虽然机制设计理论广泛应用于经济领域，有助于经济学家、各国政府和企业识别在哪些情况下市场机制有效，哪些情况下市场机制无效，但由于机制设计理论中的核心之一激励机制思想早已渗透在

❶　[苏]列宁.列宁选集[M].第38卷.中共中央马克思恩格斯列宁斯大林著作编译局，译.北京：人民出版社，1960：161.

❷　李相银.发展机制[J].系统工程，1992（3）.

❸　李坤民.没有机制万万不能[N].中国经济导报，2007-10-23.

我们现今生活的方方面面，科学、社会学甚至婚姻家庭学都用得到，机制无处不在。因此，探讨我国大学教师学术职业发展机制，机制设计理论可以提供思路与方法。

由于机制涉及的范围较广，研究领域较宽，不同学科的研究者对经济、社会、科技、教育等领域的发展机制问题进行了大量研究，现选取比较具有代表性的研究文献略作分析。

靳明在《绿色农业产业成长研究》❶中将绿色农业产业成长的发展机制作为其研究的重要内容之一。他认为经济学领域的"机制"，泛指经济运行的内在原理与方式。而他研究的绿色农业发展机制，是指为了促进绿色农业产业全面、协调、持续、健康的发展，系统内各构成要素之间相互作用、相互联系、相互制约的形式及其运动原理和内在的、本质的工作方式。产业成长的发展机制主要是指产业成长的动力要素之间的组合方式，或者从更广泛的意义上来看，产业成长的发展机制实际上也是资源配置的方式问题。产业成长的动力要素，主要是政府、市场和企业自身。这些动力要素之间如何相互作用，如何组合，就是产业成长的发展机制。作者在分析产业成长的发展机制时，根据产业成长的内源动力和外源动力的非平衡性，将产业成长的发展机制划分为强制型、自组织型和引导型这三种机制进行分析。强制型发展机制是指一个国家或地区为了使某个或某些产业迅速成长起来，通过行政手段与其他产业的竞争，获取必需的要素资源，在较短的时间内促使产业形成、发展的方式与过程。自组织型发展机制指产业随着市场演化而渐进发展和成长，没有任何外来干预的市场自发推动过程。引导型发展机制指国家利用产业政策和制度创新对于发展缓慢的产业或瓶颈产业通过市场力量引导其快速成长，是一种市场拉动与政府推动相结合的机制。这三种机制在现实产业成长中需要综合运用，在不同时期和一定条件下可以互相转化。因此，产业成长的发展机制，实际上就是动力要素的组合方式或资源的配置方式。

---

❶ 靳明.绿色农业产业成长研究［D］.杨凌：西北农林科技大学，2006.

　　黄明强在《基于资源及环境约束的我国低碳城市发展机制研究》❶中提到现广泛应用于社会现象和自然现象的机制，专指其内部组织及运行变化规律。在对机制进行分析中，作者没有对低碳城市的内部组织进行分解，而只是根据运作的形式以及功能对机制进行了类型划分。其中按照运作的形式可以分为三种，即行政—计划式运行机制、指导—服务式运行机制、监督—服务式运行机制。按照功能可以分为保障机制、激励机制及制约机制。而发展机制是探讨如何确定系统发展的趋势及其方向，通过合理的组织及引导使系统朝着实现制定的目标发展，并最终实现系统的稳定性。在具体到低碳城市的发展建设，作者认为制定实行一套科学的发展机制将有利于实现城市全方位的低碳发展建设，这套机制包括宣传机制、规划机制、引导机制等，从这点来看，作者理解的发展机制，其实质是一种管理方式，并非严格意义上的发展机制。

　　王永宁在《产业集群视角下的科技企业孵化器发展机制研究》❷中认为在社会经济学领域，"机制"包括三个基本含义：一是指事物各组成要素的相互关系，即结构；二是指事物在有规律的运动中发挥的作用和效应，即功能；三是指发挥功能的作用过程和作用原理，即机理。动力、国际竞争力和文化是科技企业孵化集群的组成要素，而围绕三大组成要素建立起来的动力机制、国际竞争力机制和文化机制构成了科技企业孵化器的发展机制。三种机制在整个科技企业孵化器的发展中发挥的作用各不相同。动力机制的建设旨在合理配置各动力要素，是科技企业孵化集群发展的加速器；国际竞争力机制旨在拓展集群内企业的业务范围，是科技企业孵化集群发展的拓展器；而文化机制的建设旨在通过创新文化、知识共享，加强企业协作，是科技企业孵化集群的凝聚器。作者对每种机制进行分析时，都是围绕结构、功能和机理展开的。在动力机制方面，动力机制由动力结构、动力功能和动力机理三个部分组成，其中动力结构是科技企业孵化集群动力机制的基础，功能是机制

---

❶　黄明强.基于资源及环境约束的我国低碳城市发展机制研究［D］.天津：天津大学，2014.

❷　王永宁.产业集群视角下的科技企业孵化器发展机制研究［D］.重庆：重庆大学，2010.

运行的最终效应与结果，机理则是二者之间联系的桥梁。具体到动力结构，即构成要素，是由两大类组成，一类是市场力量推动下，由集群内企业个体的相互作用产生的内生动力要素，具体动力要素包括企业竞争、分工协作、集群文化等；另一类是在外部环境作用下，集群内个体为了获得更大的利益，利用各种资源而形成的外生动力要素，具体动力要素包括政府资源、环境资源、科技资源、资金资源、人才资源、服务体系等。内外两大动力要素相互作用。在研究动力功能和动力机理时，分别应用演化博弈模型和内生增长模型，对影响集群合作关系的不同企业合作模式以及对孵化集群知识溢出、技术协作的重要性进行理论分析，进一步印证科技企业孵化集群主要动力要素对推动集群发展、促进区域经济发展的重要作用。在国际竞争力机制方面，科技企业孵化集群国际竞争力的影响要素，主要有生产要素、需求条件、相关和支持产业、企业战略结构和机遇等。作者通过建立这些要素的双对数模型，应用平稳性检验、协整分析、误差修正模型、Granger 因果检验对影响科技企业孵化集群的各要素进行数理分析，得出科技企业孵化集群国际竞争力与各影响因素间存在的数量关系。在文化机制方面，其主要影响因素是从精神层、制度层、物质层和行为层四个方面展开，而每个文化层面包含内容丰富，在文化机制建设中发挥着各自的作用。

沈红宇在《中国行业特色研究型大学发展研究》[1]中谈到中国行业特色研究型大学系统的发展机制，认为中国行业特色研究型大学系统的构成要素是一个含义和内容非常广泛的概念，它的关联性和事务性直接影响中国行业特色研究型大学的发展，而它的具体作用展开就是通过其发展机制完成的，只有对每个系统构成要素进行深入的分析才会在发展机制的探讨方面有的放矢。因此，他将学科、高水平师资队伍、现代大学制度、学术氛围和大学文化这五大要素作为行业特色研究型大学系统的构成要素，并针对这五个要素，分别从学科建设机制、师资队伍建设机

---

[1] 沈红宇. 中国行业特色研究型大学发展研究 [D]. 哈尔滨：哈尔滨工程大学，2010.

制、现代大学制度建设机制、学术氛围培养机制、校园文化建设机制这五大方面对行业特色研究型大学的发展机制进行了系统分析。从这些分析来看,作者只对行业特色研究型大学系统的各构成要素进行了阐述,并未对要素之间的相互关系和运行方式进行分析,所以对机制的研究比较泛化。

张春梅在《我国西部农村成人教育发展机制研究》❶中将机制定义为事物内部各个组成部分之间相互联合、配合、渗透、制约等作用方式,进而认为农村成人教育发展机制是指为了保障并促进农村成人教育的持续发展而形成的农村成人教育各组成部分之间的相互关系及其运行方式。作者根据机制理论体系的逻辑结构及农村成人教育发展机制运行的事实形态彰显出来的特点,认为行为主体、行为准则、得益方式、反馈系统这四个方面是农村成人教育发展机制的构成要素。其中,行为主体包括政府及非政府部门、组织及个人;行为准则既包括显性的政策法规,也包括隐性层面的意识形态与价值抉择;得益方式是对机制所导致的得益的一个划分方式,有效的得益方式能激励行为主体的积极参与,最终实现激励相容;反馈系统是机制不断发展的基础,通过反馈系统决定延续、调整或纠正机制的运行。在运行方式方面,作者认为自我实施方式与强制实施方式共同成为西部农村成人教育发展机制的运行方式,且二者相辅相成,内外共生,即西部农村既要积极依托外界扶持,充分利用外界在资源及技术上的支持,同时更要结合当地实际,在不断的发展中完善自主的、自觉的发展机制。基于这些构成要素和运行方式的认识,作者提出了促进西部农村成人教育发展机制运行的六大条件保障:提升行为主体对西部农村成人教育的认识、调动西部农村成人教育发展机制运行的内外动力、完善西部农村成人教育的政策法规、健全西部农村成人教育的组织与管理、注重不同教育资源的统整与利用、加强对西部农村成人教育发展机制的服务与指导。

---

❶ 张春梅.我国西部农村成人教育发展机制研究[D].重庆:西南大学,2013.

三、学术职业发展机制

学术职业属于社会学（严格来讲，是知识社会学或科学社会学）的范畴。20世纪初，"机制"一词被引入社会科学领域，为社会管理提供了新的理论视角和方法。根据上述对机制概念和内涵的认识，本书把"机制"一词用于对学术职业的研究，意在用机制来表示一定学术共同体内的各要素之间的相互联系和作用关系，以及这个共同体内发生变化时，各要素之间相互联系、作用和调节的方式。在本书中，学术职业发展机制是指影响学术职业发展的驱动因素之间相互联系和作用的关系及其内在运行方式。根据学术职业发展的逻辑结构及学术职业事实形态彰显出来的特点，笔者认为学术生产力和学术生产关系是影响学术职业发展的驱动因素，两者之间通过学术生产方式这一中介而相互作用、相互影响。

学术职业在其发展过程中有自身的必然规律性、自身的逻辑和自身法则，这是东西方国家即使在不同体制下都具备的共同特点。但另一方面，由于不同政治、经济体制之下，学术职业不同的组织构造和结合方式，会形成截然不同的机制，而正是这种不同的机制造成了不同的功能。因此，对学术职业发展机制的研究，既要遵循学术职业的"内在基因"和"合理内核"，也要在不同体制、制度背景下让其内在基因与适应社会环境之间相互作用，从而形成其科学合理发展的机制。

四、研究范围

本书学术职业的研究范围，主要是两个方面：一是本研究所指的大学，主要指研究型大学，而不包括各种职业技术学院和高等专科学校，以及成人高等学校和新兴的独立学院或网络教育机构。相较一般普通大学，研究型大学与学术生产、学术生产力的联系更紧密；二是对教师群体的界定。本书研究对象主要是指研究型大学里以教学、研究和社会服务作为其重要职责的教师群体，不包括大学里的行政管理人员。

第四节 研究的理论基础

一、人力资本理论

美国经济学家沃尔什 1935 年发表《人力资本观》，首次提出"人力资本"概念。后来人力资本理论体系的主要代表人物有美国经济学家舒尔茨、丹尼森、贝克尔等人。

美国经济学家西奥多·W.舒尔茨（T. W. Schultz）对人力资本的阐释，是指凝聚在劳动者身上的知识、技能及其所表现出来的能力。❶

人力资本理论的基本观点主要有：第一，相比人口数量，人口质量更重要，因此要增强人口素质。第二，在现代化经济条件下，相比物力资本投资的作用，人力资本投资的作用更重要。第三，人力资本的核心是教育投资，要加强提高人口质量的教育投资。第四，相比物力投资的收益率，教育投资的收益率要高。❷

大学作为一种特殊的机构，其人力资本构成也有其特殊性，突出表现为高端人才密集。大学教师经过多年的高等教育和学术训练，本身就是非常重要的人力资本。在建设中国特色社会主义高等教育强国，建设"双一流"大学的背景下，中国研究型大学要办成世界一流大学，发展和建设教师人才队伍，提升人才的国际竞争力，已然成为重要的一环。

二、知识生产理论

弗里茨·马克卢普（Fritz Machlup）在《美国的知识生产与分配》

---

❶ 参见：杨葆焜.教育经济学［M］.武汉：华中师范大学出版社，1989：451.
❷ 参见：［美］西奥多·W.舒尔茨.人力资本投资——教育和研究的作用［M］.蒋斌，张蘅，译.北京：商务印书馆，1990：22-40.

中认为，知识生产是无论什么人的（或人引起的）任何一种活动，其目的是在一个人（他自己或其他任何人）的脑子中产生、改变或肯定一种有意义的知觉、知晓、认知或意识到的任何事物。❶还有学者认为"知识生产"并不是一个专有名词，至今人们对此没有明晰的定义，它往往与"知识创新"等概念联合使用。知识生产并不纯粹是一种心理活动，也不仅是一种知识内在逻辑的演进，作为一种社会性活动，知识生产还遵循着特殊的社会规则，这就是知识生产的社会机制。这些社会机制包括知识生产的分工、交流、批评机制等一系列知识演进的外部规则。❷

知识生产方式有两种。一种是知识生产模式1，以单学科研究为主，是基于"牛顿模式"的科学研究；另一种是知识生产模式2，运用交叉学科研究的方法，是基于"杜威模式"的应用研究，强调研究结果的绩效和社会作用。在当代社会知识的生产方式（包括科学知识、社会和文化知识等）发生根本性变化时，知识生产模式2出现。尽管模式2没有取代模式1，但模式2几乎在所有方面都区别于模式1，主要表现为：模式2是跨学科的；模式2的知识生产并不主要发生在大学；知识生产越来越倾向于社会问责。❸

大学是特殊的知识生产场所，它既有时空与人的聚合性，如教师同行之间的知识交流与互相批评，又有时空与人分离的特点，因为大学一般都有自己的出版机构，出版专著、教材、期刊、学报、校报等，以及藏书机构，如图书馆、资料室等。无论大学是作为教育教学机构，还是作为公共空间，作为社会服务站，这些特点都使得大学逐渐成为知识创造和知识再生产的中心场所，这和我们通常认为大学是研究高深学问和培养高级人才场所的说法是高度一致的。现代大学越来越成为一个国家中最主要的知识生产机构，大学知识生产水平是一个国家知识生产最重

❶ ［美］弗里茨·马克卢普.美国的知识生产与分配［M］.孙耀君，译.北京：中国人民大学出版社，2007：24.
❷ 朱新梅.知识与权力：高等教育政治学新论［M］.北京：教育科学出版社，2007：59.
❸ 参见：［英］迈克尔·吉本斯，等.知识生产的新模式：当代社会科学与研究的动力学［M］.陈洪捷，沈文钦，等译.北京：北京大学出版社，2011：17-34.

要的指标之一，而这也正是我国建设创新型国家进程中加快高校"双一流"建设的原因所在。

从大学具有的教学、科研和服务社会的三大职能来看，都贯穿着认识主体或学术组织结合比较专门和系统的学问，围绕知识创新而从事的学术事务与学术活动。因此，学术性是大学的根本属性，也是大学功能构成的基础。而在大学里从事知识生产活动的大学教师，他们是学术生产的主体。大学因学者而复兴，他们一方面从事教学活动，另一方面从事知识生产活动。可以说，大学要传播和研究真理，要探索新知识，要服务社会，都离不开大学教师，离不开大学教师学术职业。

第五节 研究思路

一、研究问题

本书力图回答以下问题：
（1）大学教师学术职业发展的机制内涵是什么？
（2）中国大学教师学术职业发展机制存在哪些问题？其原因何在？如何完善机制？

二、研究思路

（一）研究角度

学术职业研究是社会学的一个重要领域，但由于高深知识是区分学术职业和社会其他职业的一个根本性的标志，因此，从严格意义来讲，学术职业研究是知识社会学的重要范畴。而且在研究中会汲取科学社会学的相关理论，如在研究学者个体的年龄特征、"科学的精神特质"、"学术共同体"以及奖励制度和评价制度时都会涉及科学社会学的一些原理。

研究学术职业发展，其核心是知识的生产问题。从生产力和生产关系的哲学意义出发，属于马克思主义政治经济学研究范畴。

（二）研究的逻辑起点

本研究的逻辑起点是学术生产力和学术生产关系。本研究认为，学术职业发展机制是指影响学术职业发展的驱动因素之间相互联系和作用的关系及其内在运行方式。本书以"生产关系的具体形式必须适应生产力发展的要求"为研究的哲学基础，探讨学术职业发展机制，即探讨学术职业发展的两大驱动因素——学术生产力和学术生产关系之间如何相互联系和相互作用。

（三）研究框架

本研究围绕理论构建和实践剖析两大部分展开。研究认为，学术职业发展机制是指影响学术职业发展的驱动因素之间相互联系和作用的关系及其内在运行方式。紧扣这个概念的核心内涵，以学术生产力和学术生产关系作为研究的逻辑起点，以生产力与生产关系矛盾运动规律的原理和生产要素理论作为理论构建依据，从学术职业的构成要素、相互关系和内在运行方式三个方面对学术职业发展机制进行理论分析。在实践剖析部分，从比较和现实的视角，在对中美研究型大学学术生产力和学术生产关系的比较中，在对中国大学教师学术职业的现状及机制问题的解剖中，反映出适应学术生产力发展的四大核心要素——学术人、学术协作、学术制度、学术文化存在的问题。建构良好的、具有中国特色的大学教师学术职业发展机制的核心就是完善学术生产关系的四大核心要素，使之统一作用于学术生产力的发展。研究框架结构见图1-1。

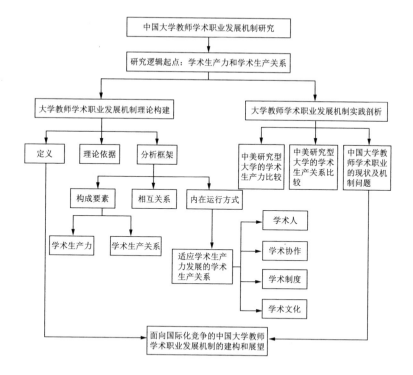

图 1-1 研究框架

第六节 研究方法

教育研究的范式或方法，主要有三种：定量研究、定性研究和混合研究。纯粹的定量研究（quantitative research），依赖定量数据（数值型的数据）的搜集，同时拥有定量研究范式的其他特征。纯粹的定性研究（qualitative research），依赖定性数据（非数值型数据，如文字、图画）的搜集，并拥有定性研究范式的其他特征。混合研究（mixed research）涉及定量和定性研究方法、方式或其他范式特征的混合。这三种研究范式对于我们解决教育领域面临的多方面复杂问题都是十分重要的。

对照定量研究、定性研究和混合研究这三种不同教育研究范式的特点，本研究采用的是定性研究法。运用的具体研究方法有历史分析法、比较研究法、案例研究法和访谈法。

一、历史分析法

历史有现实和未来意义，历史研究提供了一种积累历史财富的方法，这种方法试图通过系统地检验过去、整合事件来叙述过去发生的事情。进行历史研究的原因有很多，如揭示未知、回答问题、明确过去与现在的关系、记录并评价个人、机构的成就以及增进我们对生活中文化的理解。历史研究包含一系列活动，其中有研究主题的确定、研究问题的确立、相关文献的综述与相关信息的收集、评价收集来的信息、整合信息以及准备叙述性报告。

在本研究中，之所以要运用到历史研究，是因为需要对大学学术职业的历史演变进行回溯，以明确学术职业的过去，揭示其过去机制的规律，为其未来机制建构提供启发。本书运用历史分析法进行研究的问题是中外大学学术职业是怎样形成和发展的。相关历史主题信息的收集过程包括查找文件、记录以及大量文献书籍。对收集来的信息进行整合，最后形成中外大学学术职业及其机制的形成与发展的叙述性报告。

二、比较研究法

本书虽然是研究中国大学教师学术职业发展机制，但为了探讨国际化大背景下中国大学教师学术职业发展的程度、发展的制度条件和发展运行规律，还需有一个参照系来作对比，因此，本书专有一章是国别比较。因为美国是公认的世界高等教育中心和科技中心，在这一部分，自然少不了从美国大学教师学术职业发展机制中汲取有益经验。

为了了解中美研究型大学教师学术职业各自在学术生产力方面的情

况，本书选取了近年来根据《美国新闻与世界报道》全美大学排行榜所列美国前 10 名大学与中国第一批进入 "985 工程" 的 9 所高校，通过两者在学术生产力方面静态和动态的比较，找出两国之间的差距所在。为了分析这些学术生产力差距产生的原因，本书对学术职业发展机制的另一驱动要素学术生产关系进行了对比研究。主要围绕学术制度这一核心要素，对中国和美国为促进大学教师学术职业发展所制定的重要学术制度做了异同分析和比较，以期能够为中国优化大学教师学术职业发展的学术制度提供可以借鉴的经验和启示。

三、案例研究法

案例研究法，是社会科学研究的多种方法之一，简单定义为提供一个或多个案例的详细解释和分析的研究。与其他研究方法相比，案例研究更适用于三种情形：主要问题为 "怎么样" "为什么"；研究对象几乎无法被研究者控制；研究的重点是当前的现实现象。采用案例研究法，能够帮助人们全面了解复杂的社会现象。在研究中，怎么知道是否要使用案例研究法，主要取决于研究者的研究问题。如果要研究的问题是寻求对一些既有现象的解释（例如一些社会现象如何形成，如何运行），选择案例研究是很贴切的。如果要做的研究问题需要对某一社会现象作纵深描述，那么案例研究方法也是贴切的。在本书中，使用案例研究法，也主要取决于本书的研究问题。试图对大学学术职业这一社会活动如何形成，如何运行作纵深描述，因而采用案例研究法比较合适。

根据罗伯特·斯塔克（Robert E.Stake）、罗伯特·殷（Robert Yin）等人对案例研究法的研究，发现这些案例研究者的共同点在于他们都选择将研究对象称为研究案例，他们主要收集定性资料，围绕这些案例来控制研究工作。

根据斯塔克的研究，一共有三种不同类型的个案研究：本质性个

案研究、工具性个案研究以及集合性个案研究。在本质性个案研究
（intrinsic case study）中，研究者要深度描述案例，案例的特殊之处就会
显现出来。研究的第一个目的是将案例当作整体来理解，也要理解案例
的内在运作。第二个目的是基于对单个案例的分析来理解更具普遍性的
程序。本质性个案研究通常会用于探索性研究中，研究者尝试通过深入
研究单个案例来了解不为人知的现象。在工具性个案研究（instrumental
case study）中，研究者的首要兴趣是理解一般情形而不是特定的案例，
案例只是作为达成目的的手段时才是重要的。研究者研究案例是为了了
解一些更具普遍性的事情。研究者进行工具性个案研究的兴趣不在于得
出适合于案例及其特定情境的结论，而是要得出超越特定个案的结论。
也就是说，研究者选择案例是为了发展或检验一个理论，或是为了更好
地理解一些重要的问题。许多从事学术性研究的人员喜爱工具性个案研
究，他们的兴趣是要在涉及各种主题的研究文献上推广和拓展研究结
论。集合性个案研究（collective case study），也被称为多个案例设计，
通常会进行几个案例的研究。研究一个以上的案例有几个优点：一是可
以进行比较研究，得出几个案例的相同点和不同点；二是一个研究
者可以通过观察多个案例的结果来更有效地检验一个理论；三是一
个研究者更有可能从多个案例而不是一个案例中总结出结果。一个研
究者有多个案例时，可以运用重复研究规则。相比于单个案研究，研
究者会更有把握相信相似的结果。❶

　　本书采用案例研究法中的工具性个案研究和集合性个案研究。在对
中美研究型大学教师学术职业发展机制进行比较研究时，从美国和中国
分别选了两所大学，一所是耶鲁大学，另一所是北京大学。之所以选择
这两所大学，一方面，因为它们是世界大学排名榜里两国具有典型代表
性的著名大学；另一方面，两者的教员数比较相当，而且都是大学内部
学术制度比较完备的大学。对这两所大学学术职业的研究采用工具性个
案研究的方法，并不是想理解这两个特定的案例，而是为了更好地理解

---

❶　Robert E. Stake. The Art of Case Study Research ［M］.Thousand Oaks, CA：Sage, 1995.

大学学术职业发展机制。在研究中，又同时对二者的大学学术制度，如教师聘任准入、评价与考核、晋升、奖励、学术休假等制度的运行及效果展开集合性个案研究，一方面是通过比较，找出中美大学学术制度的相同点和不同点；另一方面是通过这两个案例的结果，更有效地检验学术制度作为重要的学术生产关系要素，会对学术职业的学术生产力产生重要的作用与影响这样一个研究结论。

四、访谈法

访谈是研究者的有力工具。访谈是一个很灵活的资料收集的工作，是访谈者向被访者提问从而收集数据的方法。访谈可以通过多种感官渠道获得信息：言语的、非言语的、讲述的、倾听的。访谈的优势在于研究者可以自由使用探究性问题（用于获得清晰反馈或额外信息的提示）。

访谈作为一种独特的研究方法，有三个目的。一是可以作为收集与研究目的有直接关系的资料的主要手段；二是可被用来检验假说或提出新的假说，或作为一种解释工具，帮助识别变量和关系；三是在研究过程中，访谈可以与其他方法结合使用。在这方面，克林格（Kerlinger）❶认为，当研究结果与研究假设不一致时，访谈可以用于后续研究；访谈可以对其他方法进行验证；访谈还可以用于深入了解访谈对象的动机，以及他们作出某种反应的原因。

作为一种特定研究工具的访谈，包括正式访谈、半正式访谈和完全非正式访谈。在正式访谈中，按照标准化的进度表，提问已设置好，回答也记录在案；在半正式访谈中，访谈者可以随意修改问题的顺序，变换措辞，解释或增加问题；在完全非正式访谈中，访谈者可能以交谈的方式提出一些关键性的论题，而不会抛出一整套问卷。

---

❶ Fred N.Kerlinger. Foundations of Behavioral Research［M］. New York：Holt，Rinehart&Winston，1970.

坎内尔和卡恩（Cannell & Kahn）将研究性访谈定义为："为获得有关研究资料，由访谈者发起的两个人的交谈，交谈的内容被访谈者锁定在由研究目标规定的范围内，研究目标表现为系统的描述、预测或解释。"❶ 在这方面，访谈区别于问卷调查，它通过个人之间直接的语言交流来收集资料（见表1-1）。

表1-1　访谈和问卷调查的比较 ❷

考虑因素	访谈	问卷
收集资料的人	需要访谈者	需要秘书
主要费用	访谈者薪酬	邮资和打印费
作出个性化回答的机会	很多	有限
提问的机会	很多	有限
追问的机会	可能	—
资料归化的工作量	大（因为要进行编码）	主要限于回收的问卷
调查对象数	有限	很大
回收率	高	低
误差来源	访谈者、工具、编码、抽样	限于工具和抽样
整体信度	很有限	不错
对撰写技巧的重视	有限	较大

访谈的类型有多种。帕顿（Patton）概括了四种类型：非正式交谈性访谈、指导性访谈、开放式标准化访谈以及封闭式量化访谈。❸ 前三者是定性访谈，后者是定量访谈。它们各有优点和缺点（见表1-2）。

---

❶　Charles F.Cannell，Robert L.Kahn.Interviewing［C］//The Handbook of Social Psychology. Massachusetts：Addison-Wesley Publishing Company，1968：819.

❷　［英］刘易斯·科恩，劳伦斯·马尼恩，基思·莫里森.教育研究方法［M］.程亮，宋萑，沈丽萍，译.上海：华东师范大学出版社，2015：514.

❸　Michael Quinn Patton.Qualitative Evaluation Methods［M］.Beverly Hills，CA：Sage，1980：206.

表 1-2　各种访谈的优点和缺点 ❶

类型	特征	优点	缺点
非正式交谈性访谈	问题来源于当下的情境，自然而然地提出来，没有预先确定的主题或措辞	增加了问题的显著无性和相关性，访谈是建立在观察的基础上，访谈可以与个人和环境的情况相适应	通过对不同人提不同的问题获取不同的信息。如果有些问题不是"自然"产生的，就会缺乏系统性和整体性。资料的组织和分析可能相当困难
指导性访谈	事先确定了大概的主题和访谈事项，访谈者在访谈的过程中决定提问的顺序以及提问的方式	事先确定的主题增加了资料的系统性和整体性。可以预期资料之间的不连贯之处并予以修补。访谈能维持较好的交谈性和情境性	重点和突出的议题可能会不小心遗漏。在提问顺序和提问形式方面的灵活机动，可能会导致大量不同的回答，从而减少答案的可比性
开放式标准化访谈	事先确定问题的顺序和提问方式。对所有访谈对象按照相同的顺序提相同的问题	回答同样的问题，从而增强回答的可比性。与主题有关的资料收集工作在每个人接受访谈时已经完成。同时使用几个访谈者，减少了访谈者主观倾向性的影响。决策者可以在评估时审查仪器的使用情况，这有利于资料的组织和分析	在访谈与环境和个体的关联方面缺乏灵活性。标准化的提问方式可能会约束和限制问与答之间的自然性和连贯性
封闭式量化访谈	问题和答案预先确定。答案是固定的，访谈对象在这些固定的答案中作出选择	资料分析很简单，可以直接对回答进行比较，也很容易进行总计，在很短的时间内可以提很多小问题	经验和感觉必须符合研究者的分类，必须被看作非人格化的，与研究主题无关的、机械化的。这样可能会歪曲访谈对象的真实意图，限制他们回答的自由

在本书中，访谈法成为笔者在研究中国大学教师学术职业现状及机制问题时收集资料的一种重要方法。之所以采用访谈法，而不是问卷调查法，一是考虑到调查的对象是大学教师，大学学术职业因大学所属性质的不同，现状和问题会各有不同，如果是设计问卷，难以涵盖所有类型的学校。二是关于现状与问题，由于事先没有预知的答案，想通过自

---

❶ 参见：［英］刘易斯·科恩，劳伦斯·马尼恩，基思·莫里森.教育研究方法［M］.程亮，宋萑，沈丽萍，译.上海：华东师范大学出版社，2015：515.

由使用探究性问题来获取更多的信息，而这一点只有访谈法可以达到此目的。

根据访谈法的多种类型分类，考虑使用定性访谈可以获得有关参与者的思想、信仰、知识、理智、动机以及对某一主题的感觉等方面的深层次信息。本书采用了定性访谈（又称深度访谈），即由开放式问题组成并提供定性数据。在确定访谈为定性访谈后，本研究的访谈基本程序主要按照选题、设计、访谈、记录、分析、验证和报告进行。

1. 选题

这一阶段主要是对研究的基础理论、总体目标、实际价值以及选择访谈方式的原因进行概括。再将总体目的转化为更多的、细致的和个别的目标。

本书要研究大学教师学术职业发展机制，根据设计框架，涉及对学术生产力和学术生产关系的探讨。学术生产关系中的学术人、学术协作、学术制度和学术文化这四个要素影响学术生产力。但究竟如何影响，产生了什么样的影响后果等，都需要在实践中去检验。因此，通过访谈法，可以掌握第一手的资料。本次访谈的总体目的就是了解中国大学教师学术职业的现状、存在的问题及原因。具体目标为：了解代表性学术群体对学术职业发展机制的看法，了解留学背景的大学教师和本土大学教师对学术职业发展影响因素、现状问题的看法。

2. 设计

第一步，设计访谈进度表，将研究目标转换为问题，这些问题组成访谈进度表的主体部分，充分反映了想要探究的内容。进度表的编制，是按开放式问题进行的，这样是为了给访谈对象的回答提供某种参考框架，但又不能对其回答造成很大的限制。除了问题部分外，其他方面都是在调查过程中由问题的性质决定的，对于访谈对象回答的内容和方式都没有其他限制。在为访谈制定问题时，会注意这些情况：词语使用要简洁，避免带有倾向性的语言，避免模糊和不精确，避免问复式问题，引导性问题是否使用合理，避免假设性或推测性的问题，避免敏感或私人问题。本书访谈目的很明确，就是想要从访谈中获取大量研究预设的学术人、学术协作、学术制度和学术文化等信息，因此问题主要是一些描述性问题、经验性问题、对比性问题和感受性、感觉性问题。同时还有一些程序性问题，如引入主题或访谈，跟进主题或想法，探索进一步的信息或反应，要求访谈对象信息提供更具体，或提供例子。

在访谈中，经常用的探究性问题主要有：

还有其他补充的吗？

有其他理由吗？

您怎么理解？

能告诉我您的想法是什么吗？

您为什么会这么认为？

您有听到其他人的评价吗？

您怎么看这些问题？

您对 ** 满意吗？

第二步，设计访谈名单。设计访谈必须考虑访谈对象。应该有多少访谈对象？每个访谈对象应该进行多少次访谈？采用哪种访谈方式比较合适？这些都是必须要设计清楚的。为了获取大量的信息和避免访谈实施中的意外情况，开始尽可能多地确定访谈对象，但人数也不是越多越好，访谈人数的多少，主要取决于访谈的目的和访谈对象的实力，要确保选择的访谈对象能够提供足够的、具有深度的、个性化的资料和信息，并最后能为研究作归纳分析所用。

根据本研究访谈目的和访谈问题的需要，初步将访谈的大学及其访谈的教师制作一张清单，原则是按照学校类型和学校地域分布，尽可能多地从"211工程"和"985工程"大学中进行抽样，以防止后期实际访谈中有些教师因临时变故而不能参加访谈。访谈教师的选择，按照教师的不同年龄、不同性别、不同学位、不同职称、不同学科背景和学术背景，采用分层抽样的方法进行抽取，保证所抽取的样本具有足够的代表性。

在学校类型上，因为要研究的大学主要指研究型大学，原"211工程"和"985工程"大学大多数都是研究型大学，所以访谈样本要从这些学校类型里去抽取。在学校地域上，会按东部、中部、西部地区的地域分类标准进行抽取，东部大学会占很大的比例，一方面是因为东部地区学校数量多，比较容易抽取到有代表性的样本；另一方面也因为东部地区学校的国内、国际学术竞争力整体上要比中部和西部要强，比较符合国际化的大背景需要。会涉及中部地区和西部地区的样本量，因为研究中需要对不同地域的大学教师收入进行对比，但样本量会占很小的比例。在年龄结构上，考虑到大学教师学术职业出成果的黄金时期是中青年时期，在选择样本时以45~54岁的人群代表为主，有少量的小于35岁和大于60岁的人群代表。在性别结构上，因为男女在文理工学科方面的差异性比较明显，而本书探讨的学术生产力主要侧重基础研究和应用研究的领域，因此选择男性样本会多于女性样本。在学位结构上，考虑到现在大学聘任教师的基本条件都要求是博士毕业，所以样本要求高学历的教师会占到绝对比重。在职称结构上，考虑到高级职称的教师已经经历了各种学术考验，人生经验比较丰富，了解和掌握的信息量较大，学术视野也会更广，因此在样本选取时会以高级职称的教师为主，但也要有少量的中级职称样本。在学科结构上，因为本书探讨的学术生产力以基础研究和应用研究为主，理科和工科的教师样本会设计的多些，但考虑到现在学术研究注重跨学科研究和学术协作，文科、经管和医学学科的样本也会涉及一小部分。在学术背景结构上，因为本书大学教师学术职业发展机制是在基于国际化的大背景下进行研究的，设计样本时会把有留学背景的教师和本土教师作为一个重要的样本分层考虑进去，以便在比较研究和经验借鉴时使用。在数量上，本土教师样本量会多于留学教师样本量。

3. 访谈

根据访谈名单，联系访谈者进行访谈。访谈的基本程序是，告知参与者访谈的性质和目的，对他们提出没有倾向性地诚实作答的期望，访谈者解释访谈的结构和组织形式，在征得参与者同意的前提下对应答进行记录。此外，访谈的伦理问题需牢记在心，确保知情同意和保密承诺。

在本研究中，开展有效访谈的共有"211工程"和"985工程"大学的30名教师。每次定性访谈通常持续30分钟到一个多小时，个别情况是整整一上午或一下午。

受访谈对象时间和所处地域所限，访谈主要采用了现场访谈、电话访谈和电子邮件书面访谈相结合、"一对一"的访谈方式。

根据访谈的分类，访谈采用三种方法进行。第一种是非正式会话访谈。会话的地点多为会议室或参会茶歇间。会话虽然没有访谈提纲，但讨论的主题和问题都是围绕本书研究设计而提出的。这种方式最自然，结构最松散，一些信息比较重要和真实。第二种是访谈指引法，即带着提纲进入访谈，以探索特定主题并向被访者提出具体的开放性问题。访谈过程是访谈者和被访者之间的一种非结构化的互动。让被访者畅谈其在大学任职期间的各种经历，深谈其对学术职业的看法、感受和未来期待，之后对收集到的相关资料进行总结和归纳，然后和笔者提出的学术人、学术协作、学术制度和学术文化等研究维度相对照，聚焦重点，以深入了解研究型大学教师所在高校的学术人、学术协作、学术制度、学术文化及其对教师学术生产和专业发展影响等各个方面。第三种是标准化开放式访谈，即使用标准化访谈提纲进行访谈。这种提纲主要是开放式问题，所有的具体问题都写出来，访谈者按照问题的顺序将问题准确地读给被访者听。让访谈对象根据笔者的访谈提纲对学术职业存在的每一个问题发表自己的见解，在此基础上，对不同性质高校具有不同学科特点和不同学术背景的教师进行详细比较，考察他们存在的差异和共性。

4. 记录

为防止大量资料的丢失、失真或简化，记录极其关键。由于本研究中的访谈有很多访谈对象出于对自我信息的保护，他们不同意录音，所以访谈记录采用以笔记录的形式。由于记录文本只是记录资料，而没有反映社会活动，可能会失去最初原有的资料。因此，在记录文本时，作为研究者，尽可能确保记录文本详细记录了不同类型的资料，如说了什么，说者的腔调，语调的抑扬变化，发言的重点，暂停，中断，发言者的情绪，说话的速度，等等。

5. 分析

按照产生自然意义单位—对这些意义单位进行归类、整理—用结构性叙事来描述访谈内容—解释访谈资料几个阶段对资料进行分析。在整理资料时，给每个访谈写摘要。根据对已有资料的理解，需要进一步对已有资料进行追问的，再返回到有关访谈对象，针对摘要和主题进行第二次访谈，以检验是否充分、精确地掌握了第一次访谈的实质。然后把两次访谈看作一个整体，必要时对主题进行修改或补充。最后为所有访谈确定一个共同主题。

本书访谈的样本分析，从三个层面、九个维度对访谈的个体样本进行分类：学校层面包括教师所在学校类型和学校地域，学术层面包括教师的学位结构、职称结构、所学学科结构和学术背景结构，人口统计学层面包括性别结构、年龄结构和来源地分布。不同的个体样本，对访谈问题的侧重点会略有不同（见表1-3）。

表1-3　30名接受访谈教师的个体样本分布

单位：人

学校层面					学术层面											
学校类型		学校地域			学位结构			职称结构			学科结构				学术背景	
"985"	"211"	东	中	西	学士	硕士	博士	中级	副高	正高	理	工	文	管	医	本土	留学
22	8	20	4	6	0	2	28	5	10	15	10	11	5	3	1	20	10

人口统计层面

性别结构		年龄结构								来源地分布				
男	女	≤34	35~39	40~44	45~49	50~54	55~59	60~64	≥65	农村	乡镇	县级市	地级市	省会城市
19	11	4	3	5	6	5	3	2	2	13	10	3	3	1

6. 验证

主要验证访谈资料的信度、效度和概括性问题。验证的内容包括：研究的理论基础是否严谨，理论与研究问题之间的逻辑联系是否紧密，研究设计的所有方面是否合理，获得资料是否准确、可靠、有效，资料分析是否体现了资料的准确性，报告是否属实。

7. 报告

访谈的性质在一定程度上决定报告的性质。本研究做的访谈，是属于定性的、以文字为主的、扩展性访谈，因此，本研究的访谈报告更多的是以文字来忠实呈现访谈的内容和结果。在使用报告时，会在本书第五章的第二节"中国大学教师学术职业发展机制的主要问题"部分把访谈资料作为具体引证，以"直接引语"的形式置于书中上下文语境中加以阐释。

第二章 中国大学教师学术职业发展机制的理论框架

第一节 学术职业发展机制的理论分析依据

谈到发展，离不开马克思主义的发展观。马克思主义认为，人类社会的历史进程受内在的一般规律支配，这个一般规律就是生产力和生产关系的辩证统一规律。它是社会发展的最根本的规律。

学术职业是社会分工形成的一种职业，从事这种职业的主要人群是高等学校的教师。在其学术职业的许多活动中，教师们共同的工作内容是发现、保存、提炼、传授和应用知识，高深知识与学术职业有着天然的关系。因此，学术职业作为一种特殊的"产业"，与从事商品生产的其他产业不同，它进行的生产，是一种精神生产，是高层次的教育生产活动，它既具有"一般生产"的全部特征，又具有自身独有的特征，遵循非物质生产规律。

在本研究中，之所以能实现从生产力到学术生产力的转换，是因为马克思主义的唯物史观对于"生产力"的内涵界定专门提到了精神生产力，为我们提供了重要的基础。马克思认为，社会生产力作为"人们实践能力的结果"，是人们从事物质生产和精神生产实践能力的展开和延伸，而这种能力是指"在活的人体中存在的、每当人生产某种使用价值时就运用的体力和脑力的总和"。❶ "一切生产力即物质生产力和精神生

---

❶ ［德］马克思，恩格斯.马克思恩格斯全集［M］.第23卷.中共中央马克思恩格斯列宁斯大林著作编译局，译.北京：人民出版社，1972：190.

产力。"❶ 马克思还认为，科学是一种知识形态的精神产品，其本身是人类精神生产力发展的重要表现形式。大学学术生产也是精神生产的重要表现形式，高深知识正是精神生产的产物。因而，大学学术生产过程所表现出来的生产力是一种精神生产力。❷ 它作为一种特殊生产力，运用马克思主义的唯物史观是成立的。非物质资料的生产，也要遵循物质资料生产的矛盾运动规律，即学术职业发展，学术生产关系要适应学术生产力的发展要求。而且，学术（知识）生产作为一种特殊的生产性活动，同物质生产方式一样，学术（知识）生产方式也是学术（知识）生产过程之中生产力和生产关系的统一体，这是我们理解学术（知识）生产及其发展道路的关键。

一、生产力与生产关系矛盾运动规律的原理

生产力，是人们征服自然、改造自然以获得物质生活资料的能力。

生产力是一个复杂的系统。其基本要素是：以生产工具为主的劳动资料（人们在生产过程中用以改变和影响劳动对象的一切物质资料和物质条件，包括生产工具、土地、生产建筑物、道路、河流以及充当劳动对象容器的物件等）；引入生产过程的劳动对象（人们在生产过程中运用劳动资料进行加工改造的一切物质对象）；具有一定生产经验与劳动技能的劳动者。作为生产力基本要素的劳动者，不仅是能动的、起主导作用的要素，也是起决定作用的要素。它不仅包括体力劳动者，也包括直接参与生产过程的脑力劳动者。

生产关系，也称"社会生产关系"，是人们在物质资料生产过程中结成的相互关系。生产资料所有制是生产关系的基础。生产关系是最基本的社会关系。

---

❶ ［德］马克思，恩格斯．马克思恩格斯全集［M］．第 46 卷（上）．中共中央马克思恩格斯列宁斯大林著作编译局，译．北京：人民出版社，1979：173.

❷ 参见：邹伟娥，傅志辉．基于知识的大学学术生产力新解析［J］．生产力研究，2010（3）.

历史唯物主义的基本观点认为，生产力和生产关系矛盾运动的规律，是我们正确分析和理解人类历史发展的一把钥匙。生产力和生产关系的矛盾运动是社会发展的根本原因。

生产方式是马克思主义的唯物史观中明确提出的一个重要范畴，是人们谋取必需的生活资料的方式，是"生产力与生产关系的统一体"，是社会发展的决定力量。但是，这种界定并不能具体地表达这一范畴的丰富内涵，还需要从马克思的诸多著述中进行辨析。马克思主义学说对生产方式的内涵规定主要表现为四个方面。❶

第一，生产方式作为生产物质生活资料的方式，包括生产的技术过程和社会组织。

马克思提出"生产方式即谋生方式"。❷ 在马克思看来，生产方式既包括生产的"技术过程"，也包括生产的"社会组织"。从生产的技术过程来看，"各种经济时代的区别，不在于生产什么，而在于怎样生产，用什么劳动资料进行生产"。❸ 从生产的社会组织看，组织与协作作为集体劳动的一种形式，同样可能创造出一种包括个人的生产力在内，但又不等于个人生产力的简单相加的集体的生产力。对于协作创造生产力这样的观点，马克思用"骑兵连""步兵团"与"单个骑兵，单个步兵总和"的本质差别作了形象的比喻。他这样分析："一个骑兵连的进攻力量或一个步兵团的抵抗力量，与单个骑兵分散展开的进攻力量的总和或单个步兵分散展开的抵抗力量的总和有本质的差别。同样，单个劳动者的机械总和，与许多人手同时完成同一不可分割操作（例如举重、转绞车，清除道路上的障碍物等）所发挥的社会力量有本质的差别。在这里，结合劳动的效果要么是个人劳动根本不可能达到的，要么只能在长得多的时间内，或者只能在很小的规模上达到。这里的问题不仅是通过

---

❶　参见：李正风.科学知识生产方式及其演变［D］.北京：清华大学，2005：72-76.

❷　［德］马克思，恩格斯.马克思恩格斯全集［M］.第 1 卷.中共中央马克思恩格斯列宁斯大林著作编译局，译.北京：人民出版社，1972：67.

❸　［德］马克思，恩格斯.马克思恩格斯全集［M］.第 23 卷.中共中央马克思恩格斯列宁斯大林著作编译局，译.北京：人民出版社，1972：204.

协作提高了个人生产力，而且是创造了一种生产力，这种生产力本身必然是集体力。"❶

第二，生产方式作为劳动者和生产资料结合的方式，在一定的语境下是配置生产要素的生产制度。

马克思明确指出："不论生产的社会形式如何，劳动者和生产资料始终是生产的要素。但是，二者在彼此分离的情况下只在可能性上是生产因素。凡是要进行生产，就必须使它们结合起来。实行这种结合的特殊方式和方法，使社会结构区分为各个不同的经济时期。"❷ 由此可以看出，不论是"技术过程"，还是"社会组织"，都是要使"劳动者"与"生产资料"结合起来，这种结合既有客观的规定性，又有在客观规定前提下的主体选择性。如果把劳动者和生产资料都理解为生产要素的话，劳动者和生产资料"结合的特殊方式和方法"都意味着生产要素的配置方式。

在技术层面，劳动者和生产资料的结合主要是通过工具或机器实现的；在社会层面，这种结合则主要通过社会组织以及与之相关的生产制度来实现。因此，在配置生产要素的生产方式中，也包括"生产制度"。在马克思的相关著述中，可以发现，生产方式和生产制度在一定的语境下被作为同义的概念。如马克思提出："这种生产方式是以土地及其它生产资料的分散为前提的。"❸ 但在译为法文时，马克思将其改为："这种自理的独立的小生产者的生产制度是以土地的分割和其他生产资料的分散为前提的。"❹ 在这里，马克思把生产方式看作生产制度。

第三，生产方式作为生产力的表现方式，是能使现实的能力和潜在的能力以显性方式得以表达的重要途径。

---

❶ ［德］马克思，恩格斯．马克思恩格斯全集［M］．第23卷．中共中央马克思恩格斯列宁斯大林著作编译局，译．北京：人民出版社，1972：362．

❷ ［德］马克思，恩格斯．马克思恩格斯全集［M］．第24卷．中共中央马克思恩格斯列宁斯大林著作编译局，译．北京：人民出版社，1972：44．

❸ ［德］马克思．资本论［M］．第1卷．中共中央马克思恩格斯列宁斯大林著作编译局，译．北京：人民出版社，1975：830．

❹ ［德］马克思．资本论［M］．第1卷．中共中央马克思恩格斯列宁斯大林著作编译局，译．北京：中国社会科学出版社，1983：824．

生产力是生产方式中最活跃、最革命的因素，它处在不断变化和发展的过程中。如果把生产力看作"人类利用自然、改造自然、从自然获取物质资料的能力"，这种能力并不总是以显性的形式表现出来的。作为"体力和智力的总和"，生产力既可能以现实的能力显性地表现着，也可能以潜在的能力隐含地存在着，特别是通过智力来利用在自然界中存在的"自然物"和"自然力"的能力，既是"无限的"，又是隐蔽的。这种隐蔽的生产力如果不能通过一定的方式表现出来，依然只是潜在的生产力，而生产方式往往是这种隐蔽的自然力以"显性的"方式得以表达的重要途径。正是在这种意义上，马克思认为："人的劳动能力的发展特别表现在劳动资料或者说生产工具的发展上。"❶劳动资料也因此被称为"人类劳动力发展的测量器"。❷

第四，生产方式作为生产关系和社会关系的直接基础，为生产力和生产关系建立联系。

生产力决定生产关系是历史唯物主义的基本观点。生产力、生产关系和社会关系的联系并不是直接对应的。生产力通过生产方式得以表达，而正是显性的生产方式成为社会关系和生产关系的直接基础。"一定的生产方式以及与它相适应的生产关系，简言之，社会的经济结构，是有法律的和政治上的上层建筑竖立其上并有一定的社会意识形式与之相适应的现实的基础。"❸因此，生产方式成为沟通生产力和生产关系的桥梁，以生产方式为中介，在生产力和生产关系之间建立起联系。

以上这四个方面分别从内在规定和外在功能两个层面界定了生产方式的范畴，从而也揭示了生产力、生产关系、生产方式三者的复杂关系。生产力通过生产方式得以表达，换言之，生产力对生产关系的决定性作用，生产关系对生产力的影响和制约，是通过"生产方式"这个中

---

❶　［德］马克思，恩格斯．马克思恩格斯全集［M］.第23卷.中共中央马克思恩格斯列宁斯大林著作编译局，译．北京：人民出版社，1972：57.

❷　［德］马克思，恩格斯．马克思恩格斯全集［M］.第23卷.中共中央马克思恩格斯列宁斯大林著作编译局，译．北京：人民出版社，1972：204.

❸　［德］马克思，恩格斯．马克思恩格斯全集［M］.第23卷.中共中央马克思恩格斯列宁斯大林著作编译局，译．北京：人民出版社，1972：99.

介得以实现的（如图 2-1 所示）。

图 2-1　生产力、生产关系与生产方式的关系

二、生产要素理论

经济学理论中的生产要素，是指生产中所使用的各种资源，包括劳动、资本、土地和企业家才能。在生产过程中，可以用生产函数来表示生产要素投入量和产品产出量之间的关系。用公式表示是：

$$Q=f（X_1，X_2，\cdots，Xn）$$

在现代生产中，创新是引领发展的第一动力。原来依靠劳动、土地、资本等一般性要素拉动经济增长，现在更多向依靠人才、技术、知识、信息等高级要素拉动经济增长转变。因此，在原生产要素基础上，又产生了全要素生产力概念，就是指产出的增长率高出投入增长率的部分。也就是说，如果投入增长率为 6%，产出增长率为 8%，多出的 2% 就是创新得来的。技术创新成为提高全要素生产力的根本途径。从国家层面看，知识经济时代，经济增长传统的三驾马车已越来越靠不住，中国经济当前和未来发展，需要培育经济增长的新动能，而这个新动能最核心的特征就是全要素生产力。提高全要素生产力，需要依赖新的三大发动机，包括制度的革新、结构的优化和要素的升级。这也是国家创新驱动发展战略的重要内容。创新驱动体现了对要素升级的更高要求，是要推进所有主体的创新。这些主体不仅指向企业创新、政府创新，而且指向科研机构和高等院校的创新，因为他们是很重要的创新主体，能培育更多创新型的个人。

大学学术职业的主体是教师，其重要职能就是知识生产。这种生产，不仅符合一般生产函数的特征，体现了知识生产中的投入和产出之间的关系，而且作为知识创新的主体，教师本身也是全要素生产力的重要变量。用生产函数表示是：

$$Q=f（X_1，X_2，\cdots，Xn）$$

假定 Q 表示大学学术职业知识生产所能生产的最大产量（学术生产力），那 X_1，X_2，$\cdots$，Xn 表示在知识生产过程中 N 种生产要素的投入量，它们可以是人力资本，可以是制度，可以是技术或文化等体现学术生产关系的各种生产要素。

第二节　学术职业发展机制的理论分析

如前所述，学术职业发展机制，是指影响学术职业发展的驱动因素之间相互联系和作用的关系及其内在运行方式。因此，本研究紧扣这个概念的核心内涵，对学术职业发展机制进行理论分析。

一、影响学术职业发展的驱动因素

（一）学术生产力

学术与生产力原本不是同一个理论范畴，但是随着知识经济作为一种新的经济形态的出现，知识不仅成为生产力的重要因素，而且成为生产力提高的源泉以及生产力发展的先导力量。因此，学术与生产力的内在深层关联构成了学术生产力概念。

根据马克思对生产力的界定，我们引申出"学术生产力"，是指具有学术生产能力的学者，利用学术活动所需要的各种学术资源，最终形成创造、传播和应用知识的能力。它与一般意义上的物质生产力不同，除了征服和改造自然的力量外，还包括人们认识和改造精神世界的力量，是一种重要的精神生产力。这种学术活动生产和创造出来的知识成果，一方面为物质生产服务，另一方面满足人们的知识和精神需求。因此，从哲学层面看，学术生产力包含两层涵义：一是学术知识向现实生产力转化的能力；二是学术知识本身的生产能力。前者反映学术外在属性，即社会属性，是响应社会发展需求的基础；后者反映学术的内在属性，是学术自我完善和提升的动力，反映学术活动的核心内容。❶因此，哲学意义上的学术生产力，体现了外在属性和内在属性的统一。

1. 大学学术生产力的内涵与外延

大学作为知识的集散地，在进行知识的生产、传播和应用等诸环节自然地使大学学术与生产力存在内在的密切关系。因此，从知识的角度审视大学学术活动及其产出，学术生产力可理解为，"学术活动中知识生产与贡献的能力，是知识生产、转移和扩散过程中的投入产出能力，其外在表现为人或物化的知识载体。不仅体现了大学和知识的内在关联，知识和学术的内在统一，也反映出了大学学术与生产力的融合"。❷

南京师范大学陈何芳博士把大学学术生产力界定为，"在大学各个专业领域中的教学科研人员与图书、设备等学术资源相结合，通过知识的授受、创造与应用而形成的培养专业人才、发展知识和社会服务的能力"。❸在此认识基础上，笔者依据绪论中对学术生产力的界定，认为：大学学术生产力就是把学术生产力置于"大学"这个场域中，指大学里具有学术生产能力的教师，利用教育活动所需要的各种教育资源进行教学、科研和社会服务，最终形成创造、传播和应用知识的能力。

大学所承担的教学、科研、社会服务功能与大学学术职业紧密相联。培养高水平的人才、创造一流的科研成果和为社会服务不仅是大学三大功能的具体表现，也是大学学术职业的重要职能。大学学术生产力是大学存在和发展的根本，它与学术职业一脉相承，相互融合。因此，从学

---

❶ 邹伟娥，傅志辉. 基于知识的大学学术生产力新解析［J］. 生产力研究，2010（3）.

❷ 邹伟娥，傅志辉. 基于知识的大学学术生产力新解析［J］. 生产力研究，2010（3）.

❸ 陈何芳. 大学学术生产力发展论［M］. 北京：光明日报出版社，2011：13.

术职业的职能和大学学术"产出"的内容出发，大学学术生产力主要包括教学生产力、科研生产力和服务生产力。这三种大学学术生产力的分解在一定意义上规定了大学学术生产力的外延。

教学生产力，指的是大学教师在教学活动中传播知识、培养人才的能力，即我们通常所说的"传道授业解惑"。具体指标通过培养的学生数量和质量得到体现。学生数量指在校学生数，学生质量的考核指标一般用学生毕业率、每年授予学位数和就业率等来体现。

科研生产力，指的是大学教师在科研活动中创造知识、从事科学研究（特别是基础研究），实现大学科研功能的能力。科研生产力是大学发挥知识创新作用的重要力量，在国家创新体系中有着举足轻重的地位。具体指标有科研经费，大学教师数，在 SCI、SSCI、Nature、Science 发表论文数，诺贝尔奖获得人数等，较为直观地反映了大学学术职业的科研产出。

服务生产力，指的是大学教师适应社会发展需要，为区域经济、社会发展作贡献的能力。通常指为社会提供的知识产品或学术性服务。其非量化的指标主要有：大学教学科研人员为社区提供的各种志愿服务；为社会提供各种教育培训；大学对区域文明、文化和观念的影响。量化指标通常指大学教育消费及大学技术创新变革为地区经济带来的收入，大学为社会提供的就业机会等。

因为面对国际学术市场的竞争，我们很难得到关于教学生产力和服务生产力的有效数据，所以本研究中学术生产力主要探讨的是"大学在学术上的产出能力"，即科研生产力，教学生产力和服务生产力不在本研究的考虑范围之内。

2. 大学学术生产力的主要特征

（1）变革性。经济学中认为"人力是生产力之父，自然力是生产力之母"。大学学术生产力由人力决定，不是恒定不变的，而是可以升降变化的。彼时大学学术生产力非此时生产力，这种变化既有其内在的规律性，同时又是可以规划和促进的。只要掌握了其中的运作规律，并采取积极有效的措施，是可以提升大学学术生产力的，这也是目前国际化背景下发展中国家在面对国际竞争和挑战时，大学加强内涵建设，期望以学术生产力来赢得世界瞩目的动力所在。

（2）内隐性。大学的根本任务是发展大学学术生产力。它一旦形成，就会成为看不见的"手"，除了具有一定的外在表现形式外，还内化和蕴涵在大学的价值追求、理想信念和大学精神里，是大学存在与发展的历史基础和最终决定因素，决定着大学在社会中的生死存亡、兴衰荣辱，在大学中具有不可替代的核心地位。

（3）难量化。大学学术生产力最终体现为一种"能力"，在本质上是非物质性的。这种能力的形成，是内外环境和各种复杂因素使然，其模糊性和复杂性会导致对它分析的难度，而且，由于能力本身的难以量化，将会进一步影响对它的评价的精准性。就像大家对现有科研评价标准颇有微词一样，大学学术工作的效率与能力，学术成果的质的优劣，虽然可以通过一定的形式表现出来，但要对其精确评价却是非常困难的。当然，难量化并不等于不能量化。对大学学术生产力的评价，要贯穿大学学术生产的始终，关键是制定出一个全面的、科学合理的评价指标体系，为大学教师学术职业的发展提供努力的方向和目标，从而最大限度地促进其在大学的发展。

（4）创造性。大学学术研究活动的创造性特征是它与其他社会劳动最大的区别之一。因为学术研究活动不能重复他人的研究成果，而是在已有研究成果的基础上进行创新，从而使知识扩大、加深和发展。可以说，创造性程度是衡量一项科研成果水平高低的重要指标，科研成果的创造性越大，其水平就越高。国际上所设置的一些国际性奖项，无一不是以研究成果的创造性作为主要的评审标准，以奖励和鼓励那些有探索能力和创造能力的人。

3. 大学学术生产力的评价

对大学学术生产力的评价，可以从不同的视角来进行。最为常用的是"输入"与"输出"的生产力视角。

按照"生产"在哲学和经济学中的概念界定,"生产"这一术语包含了"生产者""生产过程""产品"等要素和环节,尤其能够凸显出一种从"输入"到"输出"视角。而大学作为一个特殊的知识生产机构,可以用这样的一种视角来进行新的解读。"大学生存的过程,就是大学有目的地与其环境(社会系统)进行资源交换的过程。具体表现为,大学从环境中获得各种各样所需要的人力、物力、财力、信息等资源,通过'加工'转换成各种专业人才、知识、服务(社会所需的新资源),并将其输出给环境。这一过程有三个主要环节:输入、加工(或转换)、输出。其中输入与输出直接地体现着外部环境与大学之间的相互作用关系。"❶瑟几奥瓦尼(Thomas J.Sergiovanni)对此也有类似的认识,他认为:"学校与大学被视为开放的而不是封闭的系统,是作为一个大的环境中的有机组成部分,而不是独立于环境之外的整体。组织接受环境的输入影响,并处理、加工这些外部信息,然后将反馈结果又输出到外部环境之中。"❷据此,我们可以将大学的生产分为三个环节:一是为了满足社会对专业人才、知识创新和社会服务的特定需要,社会向大学输入一定的资源,为大学的运行提供经济和物质条件保障;二是大学将这些资源融入组织内部各系统(学科和院系),开展人才的培养、科学研究和社会服务等系列活动;三是大学对社会需要的满足,即大学向社会输出其所需要的知识和人才等成果,就是大学学术生产力的具体表现。

因此,本研究设计的大学学术生产力指标有:

(1)学术生产的资源配置指标(输入)。这些指标可以用于分析一个国家对大学知识生产的重视程度,是大学知识生产条件指标。它包括各类不同大学的数量,专业设置数与学生数,教师数与科研经费。因为本研究侧重的是大学教师学术职业的发展,因此,对学术生产资源配置指标的考察,主要指的就是教师数与科研经费。

(2)学术生产的公共空间指标(加工过程)。这些指标可以用来反映

---

❶ 朱国仁.高等学校职能论[M].哈尔滨:黑龙江教育出版社,1999:174.

❷ 转引自:[英]托尼·布什.当代西方教育管理模式[M].强海燕,主译.南京:南京师范大学出版社,1998:130.

大学知识生产可以利用的公共空间和信息，是大学知识生产开放程度指标。它包括（国内或国际性）学术刊物数量、出版社、国际性的研究中心或基地、国际性会议等。

（3）学术生产的创新性指标（输出）。这些指标表明了大学知识生产的成果，以及知识生产创新水平和在国际上的地位，是大学知识生产水平指标。它包括论文与著作数、专利、发明、奖励等。

虽然大学学术生产力是一个多维的概念，但受限于数据资料的可获得性，通常用产出变量来进行测量。在可获得的数据资料范围内，研究者们对科研生产力采用不同的测量方法。一个常用的办法是综合各种各样的生产力方法，如出版物、获得资助、会议论文宣读等。[1] 如学者波特和姆巴赫（Porter & Umbach）推荐了两种方法：出版物和外部资金补助。[2] 另一种方法是把生产力看成质量（引用）和数量（文章发表）。[3] 一个更深层次的测量生产力的方法是比较各种数据来源，如出版物，来自 Thomson–ISI（汤姆森 – 美国科学信息研究所）的引用，USPTO（指美国专利和商标办公室）的发明、USPTO 的专利引用，或者 NBER（国家经济研究局）专利数据库。[4]

从定量的角度讲，我们对大学学术生产力的评价，主要是通过科学研究的贡献，即以文章或专著发表数和诺贝尔奖获得人数等指标集中体现。从目前来看，国际上主要以在 SCI、SSCI、Nature、Science 上的论文发表数作为衡量大学学术生产力的主要评价指标。从应用领域来说，探讨"大学学术生产力"这一概念不仅适用于大学分析，而且对于大学教师学术职业的校际比较和国际比较都具有一定的理论和实践意义。

---

[1] Dongbin Kim, Lisa Wolf–Wendel, Susan Twombly.International Faculty: Experiences of Academic Life and Productivity in U.S.Universities［J］.The Journal of Higher Education, 2011, 82（6）.

[2] Stephen R.Porter, Paul D.Umbach. Analyzing Faculty Workload Data Using Multilevel Modeling［J］.Research in Higher Education, 2001, 42（2）.

[3] Stephen Cole.Age and Scientific Performance［J］.American Journal of Sociology, 1979, 84（4）.

[4] Donna K. Ginther.Linking Academic Productivity Data to the SDR: An Attainable Goal［J］. National Science Foundation, 2008（2）.

（二）学术生产关系

学术生产关系，是指参与研究、创造及应用新知识的人员及组织之间的隶属利益关系。大学教师进行知识的生产，围绕学术生产运行的全过程，按工作内容的性质分类，产生了学术产生系统、学术资源配置系统、学术管理系统、学术保障系统、学术生态系统这五大系统，在这五大系统里，学术生产者要处理四大方面的关系。

（1）学术生产者与知识的关系。这种关系作为思维过程的知识生产机制，产生于学术产生系统。在这个系统里，主要表现为对学术人的要求。

（2）学术生产者之间的关系。这种关系反映了社会的资源与权力在学术生产者之间的配置过程，产生于学术资源配置系统。在这个系统里，主要表现为对学术协作的要求。

（3）学术生产者与大学的关系。学术生产者不是单独的个体，大学的知识生产总是和大学的功能紧密地联系在一起。因此，大学与学术生产者（即教师）之间应该建立何种关系，大学应该给予学术生产者什么样的保障，才能最终有利于大学知识生产的质量和数量。这种关系产生于学术管理系统和学术保障系统。在这两个系统里，主要表现为对学术制度的要求。

（4）学术生产者与社会的关系。大学的知识生产和创新能力在国家中的地位越来越重要，大学正在逐渐地变成社会上一个有支配力量的重要建制，它不只是训练人才、创造新的知识，而且也越来越多地直接服务社会。"大学也因而成为'知识工业'的重地，成为社会的重要服务中心。"❶ 反而观之，社会如何看待学术生产，如何反作用于学术生产者，也必然对学术文化和学术生态的形成产生重要的影响。这种关系产生于学术生态系统。在这个系统里，主要表现为对学术文化的要求。

---

❶　金耀基.大学之理念［M］.北京：生活·读书·新知三联书店，2001：192.

二、学术职业发展驱动因素之间的相互作用关系

马克思主义唯物史观认为，"生产关系是生产力发展的社会条件"。因此，作为大学学术生产过程中产生的学术生产关系的具体形式，也要适应学术生产力发展的要求。学术生产力通过学术生产方式得以表达，换言之，学术生产力对学术生产关系的决定性作用，以及学术生产关系对学术生产力的影响和制约，往往是通过"学术（知识）生产方式"这个展现学术生产力的中介得以实现的（见图 2-2）。

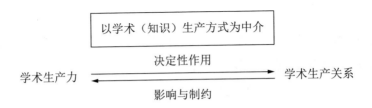

图 2-2　学术生产力、学术生产关系与学术生产方式的关系

三、学术职业发展驱动因素之间的内在运行方式

学术生产关系如何影响学术生产力？这个媒介就是学术（知识）生产方式。学术生产关系是否适应学术生产力的发展要求，两者之间的对立统一正是学术生产方式的体现。

学术生产方式，指的是影响知识生产诸因素交互作用形成的生产模式，是在知识生产过程中形成的人与自然和人与人之间相互联系的体系，是一个系统范畴。

学术生产方式和生产方式一样，也具有历时的进化性和共时的差异性、多样性的基本属性。也正是由于学术生产方式这种多样性和差异性，才形成了世界上不同国家大学学术职业发展的不同面貌和世界学术市场的中心与边缘地带。尽管在不断变化的历史过程中，并不存在唯一的知识生产方式，但我们仍然能够从一般的意义出发，来探讨它系统结构

的不同层面，以及它们不同于社会物质生产的特殊性：它是一定的学术生产力和学术生产关系的统一。

基于前面对马克思主义学说关于生产方式内涵规定所作的理解，学术生产方式的系统结构包括：第一，学术生产的认知与技术。学术生产方式的生产力首先是一个认知过程，因为知识是人类的认识现象，由认知主体、认知手段和认知客体这些要素相互作用形成认知模式。知识生产要借助于一定的生产资料，这种生产资料就是认识手段，表现为技术。第二，与学术生产相关联的社会组织和制度安排。知识需要社会建制才能有效生产出来。学术生产方式的生产关系主要是指知识的社会建制，包括组织结构和制度安排。由此，衍生出学术（知识）生产方式的系统结构由认知层面、技术层面、组织层面和制度层面的诸多要素构成（见图2-3）。

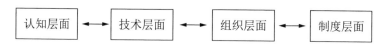

图2-3　学术（知识）生产方式系统结构

认知层面主要指：第一，理智的创造活动，个体的思维逻辑、理性和创造性探索；第二，共同体的交流和交互学习。

技术层面主要指：第一，所使用的技术工具及其使用规程，如科学仪器；第二，关于思维与活动的程序性的、技术化的相关规定。

组织层面主要指：第一，科研组织或机构；第二，组织形式（管理模式）。因为组织的效率需要制度化的设施予以保障，有效的组织又是制度变迁的前提条件，因此，寻求高效的组织形式是学术生产方式变革的重要内容。

制度层面主要指：制度的激励与规范。制度分为正式约束和非正式约束。正式约束即一系列的政策法则，非正式约束即价值信条、道德观念的意识形态、伦理规范、社会习俗等。

它们每一个层面都不是孤立的，而是相互关联的，不同层面的各个因素相互作用，共同构成了学术生产方式的系统结构。而且，在学术生产方式的系统结构中，每一个层面都有多重因素影响学术生产力和学术生产关系的有机结合。具体到大学学术职业的知识生产方式，从认知层面来说，其核心要素是大学教师即学术人的知识和学术共同体的交流；从技术层面来说，既指向硬的生产工具，也指向软的合作模式，在本研究中核心要素是学术协作；从组织层面和制度层面来说，既指大学组织本身，也指保障和影响大学正常运转的学术制度和学术文化，在本研究中核心要素是学术制度和学术文化。学术制度表现为学术生产的资源配置制度、评价制度、奖励制度等；学术文化表现为学术生产的基本价值取向，如学术自由、学术责任、学术道德等。

探讨学术职业发展驱动因素之间的内在运行方式，其实质就是要使大学学术生产关系作用于学术生产力，使之适应学术生产力的发展要求，两者的辩证统一就是学术生产方式。具体而言，就是要求学术生产运行的五大系统中，学术产生系统中的学术人、学术资源配置系统中的学术协作、学术管理和保障系统中的学术制度、学术生态系统中的学术文化这四个核心要素，统一作用于学术生产力。两者的辩证统一体现了学术生产方式（见图2-4）。

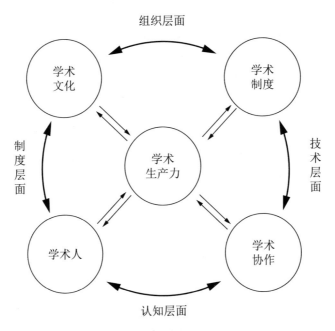

图2-4 学术生产关系作用于学术生产力的内在运行方式

（一）学术人与学术生产力

这里的学术人是对大学教师和科研人员的统称，是大学学术生产活动中的主体和中心，对学术生产力的影响深远。要实现大学为人类创造知识，推动人类文明和社会进步的理想，一个最重要的条件是，大学的教师队伍是由真正热爱科研，最具知识创造力的高水平学者组成。这种高水平不仅仅只是简单的数量上的要求，还包括对教师个体的教学水平、科研能力、文化素质、科学精神及教师队伍整体结构等的要求。

1. 学术人的数量

学术人的数量，首先体现在专任教师数量上。专任教师数量通常主要由生师比来体现。一般研究型大学要求生师比在 12∶1 以下，教学研究型大学为 12∶1~16∶1。如果没有严格控制生师比，教师数量过多或过少，都会严重影响教学及科研质量。其次，还体现在教学科研人员与管理人员、行政辅助人员的合理比例上。从高校管理的整体结构看，相对于从事教学和科研的教师、研究人员而言，从事行政工作的管理人员数量的多寡，不是越多越好，也不是越少越好，而应由各校根据自己的实际情况调整教职员工的编制结构，确定合适的教职比，使行政管理工作充分发挥其服务和保障功能，保证学校学术和业务的顺利进行，避免人浮于事或一人干多活的情况。

2. 学术人的质量

学术生产力是一所大学赖以生存和发展的动力。随着科学研究日益被各国政府作为提高生产力和竞争力的重要途径，大学作为科学研究的主要机构，越来越受到政府的重视。作为其主要学术人的教师，他们通过生产、传播和创造知识，以及向社会提供所需要的合格乃至高质量人才为社会服务，知识和人才的质量直接成为衡量这所大学是否具有源源不断的学术生命力和学术生产力，是否成为世界一流大学的命脉所在。我们对学术人质量的衡量，除了一般意义上我们所认为的对高质量人才的培养外，还主要表现为他们自身一流的科研水平及其一流的研究成果。放眼全球来看，一个学术人的质量，即知识的质量，一般指的是该大学生产出来的知识有多少是世界领先的，有多少是能代表未来社会发展方向，引领世界发展潮流，拓宽人类视野或改造人类认识的。具备这样高水平的学术人，其所在大学的学术生产力和科研水平一定会处于世界科研的制高点。

3. 学术人的结构

学术人的结构，主要指的是构成大学学术梯队的结构。结构决定功能。一所大学，一个学院，一个学科，其学术梯队搭建的结构优劣与否，也关系到该机构学术生产力的高低。通常用来描述学术梯队结构的重要指标主要有：年龄、职称、知识、学缘、层次、能级等。这些不同指标所反映出来的结构特点，需要大学在进行学术梯队建设时从不同学校的发展定位、学科发展规划和院系、专业调整出发，作好相应的改进，以达到人尽其才、才尽其用的效果。学术梯队的建设，是一个周期长，见效慢的工程，其功效往往要等若干年后才能显现出来，布局合理的学术梯队可以永葆大学学术生产力的长盛不衰；反之，结构有缺陷的学术梯队会在若干年后成为大学学术生产力青黄不接的隐患。

（二）学术协作与学术生产力

作为大学学术人，提高研究型大学自主创新能力，推进学术协作，一是大学内部学术团队弱化学科组织之间的严格界限，开展灵活的跨学科研究。二是从科学前沿、国家重大需求、行业产业和区域需求等出发，集聚各方科研资源和力量开展协同创新，促进大学、院系、研究中心或企业界在人员、基础设施以及物质资源等方面真正实现资源共享、风险分担和利益分配。从理论上来看，这种学术协作的实质，是知识的重新组织与整合，以及知识的应用，即博耶（Boyer E）所认为的"整合的学术"和"应用的学术"。"整合的学术"是"从不同的学科和广泛的知识背景出发，在知识和范式之间建立起联系；同时，打破原有知识体系的僵化分割，为新学科的成长和知识的应用提供交汇点"。❶ "应用的学术"即参与的学术，

---

❶ Rita Johnston. The University of the Future：Boyer Revisited［J］. Higher Education，1998（36）.

是"将大学的丰富资源和紧迫的社会的、市民的、种族的问题联系起来，和我们的学生、学校、教师以及城市联系起来"。[1] "参与的学术重新定义了我们的研究和教学使命，包括对实际问题进行的研究和构建参与的和敬业的市民。"[2] 从实践来看，这种学术协作，对于学科融合和学科综合化发展的促进作用，在世界各国大学中已经得到了普遍重视，并形成不同的制度模式和传统。[3] 因而，我们可以说，学术协作是大学开展学术生产，提升大学生产力的重要技术和手段。

（三）学术制度与学术生产力

根据新制度经济学派的观点，制度具有诸多的社会功能，是社会发展的内生变量。要创造喜人的 GDP，必须要有一系列国家宏观调控作为制度性保障，诸如我们熟悉的财政税收制度、收入分配制度，等等。没有优良的制度发挥积极的作用，就没有经济的增长和社会的发展。当然，制度有优劣之分，只有合理的、有效率的制度才能产生效益。具体到大学，学术制度是影响大学学术活动和发展的关键性因素。而且，只有合理的知识制度安排才能够提高大学创新的内驱力，释放知识生产力。这种知识制度早在西方中世纪大学就开始萌芽，如教师的聘任制度、薪俸制度等，发展到现在世界一流大学里日臻完善的学术制度。正是这些健全的学术制度，规范和保证了大学学术生产的正常开展。

（四）学术文化与学术生产力

文化是软实力，正在成为国与国之间竞争的利器。就像文化之于国家一样，学术文化之于大学，也正在成为大学之所以为大学，而有别于其他事物的重要标志。如果一所大学，没有了大学文化，就失去了大学鲜活的精神支柱而变得世俗；没有了学术文化，知识分子骨子里的那份

❶ Boyer E.The Scholarship of Engagement［J］.Journal of Public Service&Outreach，1996（1）.

❷ James Applegate，Sherwyn Morreale.Creating Engaged Disciplines：One Association's Efforts to Encourage Community Involvement［J］.AAHE Bulletin，2001（9）.

❸ 陈何芳.大学学术生产力发展论［M］.北京：光明日报出版社，2011：167-169.

尊贵、高雅、独特的魅力也将荡然无存。世界上著名的一流大学，无不具有思想活跃、蓬勃向上、激发人创造热情的学术文化，哈佛的"与柏拉图为友，与亚里斯多德为友，更与真理为友"，斯坦福大学的"愿学术自由之风劲吹"，芝加哥大学的"让知识充实你的人生"，等等，这些积极进取、奋发向上的校训，激励了无数学者为追求真理，为摘取诺贝尔奖的桂冠而奋进。北大的"思想自由，兼容并包"，清华的"厚德载物，格物致知"，无不体现了中国百年名校良好的学术传统和校风。大学文化中的"学术自由""学术自治""教授治校"的大学理念，"允公允能、日新月异""明德，亲民，止于至善"的人文精神、科学精神和创新精神，都内化成知识分子身上宝贵的精神财富，时刻激励着这些学术人的理想、信念、追求、价值观和行为准则，使他们在这种强大而无形的精神力量推动下，皓首穷经，无怨无悔，矢志不渝地求是、好学、创新，实现着高校对知识的保存、传递、创造和应用的使命。所以，大学学术文化深刻地影响着大学学术人的价值追求、精神状态和行为方式，对于提升其学术生产力具有不可替代的重要作用。

（五）四大要素之间的关系

学术人、学术协作、学术制度和学术文化是学术生产关系作用于学术生产力内在运行过程中的四大必备要素。四要素相辅相成，统一作用于学术生产力产生的全过程。学术人是学术生产力产生的主体，学术协作是学术生产力产生的手段，学术制度是学术生产力产生的保障，而有利于学术人进行知识生产、传播和创造的学术文化是学术生产力产生的灵魂。从四要素之间的关系来看，它们呈现出了历时性相关联的特点。虽然学术人的认知、思维能力、理论、经验和技能，是进行个体创造性学术活动的核心要素，但是，这种个体行为不仅是社会性活动的基础和前提，与此同时还要基于社会的制度维度和组织维度才能更好地发挥作用。而且，学术生产作为一种高深知识的创造活动，随着知识生产的日益复杂，对技术性的依赖，即学术协作也逐渐成为内在要求。

第三章 大学教师学术职业及其机制的历史分析

学术职业是一种专门化的专业性职业，是社会分工的产物。在国际教育界，对专业性职业概念的理解是，专业性职业应具备以下条件：范围明确，垄断地从事社会不可缺少的工作；运用高度的理智性技术；需要长期的专业训练；从业者无论个人、还是集体，都具有广泛的自律性；在职业的自律性范围内，直接负有进行判断、采取行为的责任；非营利、以服务为动机；形成了综合性的自治组织；拥有应用方式具体化了的伦理纲领。● 因此，我们谈大学学术职业，必须弄清楚大学学术职业是什么，其机制是怎样形成的。而中外大学教师学术职业及其机制的形成，有着各自的脉络轨迹。

第一节 国外大学教师学术职业及其机制的形成与发展

追溯学术职业的历史，我们发现国外大学学术职业的形成，经历了一个漫长的发展过程。在每一个发展阶段，学术职业机制都表现出了自身的特征。

---

❶ Lieberman M. Education as a Profession［M］.New Jersey：Prentice-Hall, 1956: 2-6.

一、中世纪大学与学术职业的萌芽

在中世纪晚期，伴随着欧洲社会的复兴，有一群"以思想和传授其思想为职业的人"，他们"把个人的思想同在教学中传播这种思想结合起来"，即我们称为的知识分子。在11—12世纪，欧洲出现了一些师生云集的中世纪大学，如萨雷诺医科大学、博洛尼亚大学和巴黎大学。对这些中世纪大学何以生成进行考察，无数学者认为这些最初大学是自发形成的，高深知识、大学教师和学生这三种有机物促成了大学最初的萌芽。特别是那些充当教师之职的知识分子，这些大学教师及其大学教学活动与中世纪大学的相伴而生而长，他们通过大学这样一个由人生成，由知识联结的学者行会，把渴望求知的大学教师和学生聚集起来，为当时社会提供高深知识的教育，这些高深知识包括文科七艺 ❶ 以及对法律、医学和神学的专门研究。至此，以这些学科为基础的大学教师，在知识教学和知识传播方面发挥重要的作用，这一职能，不仅涉及以学科为基础的专业教育和专门职业教育，还与非专业及专业前的教养教育有关，这就形成了学术职业的最初形态——作为传播知识的教学人员。他们从事的教学活动在大学的学术活动中占据核心地位，教学水平和教学能力成为衡量大学教师学术水平的主要标准。

在这一时期，学术职业本身就是大学本身，大学以行会组织的身份获得特许的过程，即大学教师学术活动合法化的过程。为争取自身的特权，大学时刻主张自身的权利，时刻准备为损害权利而进行斗争。通过斗争，大学从教皇、国王或皇帝那里最终获得了具有法人性质的特许状及其他一些特权，如享有罢课迁移权、教师选拔权、教学内容决定权、学位授予权等学术权利。正是基于大学这样一个具有相当自治权的共同

---

❶ 中世纪，西方大学开设的自由"七艺"——文法学、修辞学、伦理学组成的"三学"以及算术、天文学、几何学、音乐组成的"四科"作为传统课，它们由博雅学院负责实施，学生在完成博雅学院的教育后方能进入专业学院学习。近代以后，这部分教育作为大学的博雅教育和一般教育传承下来。

体，从而使得大学教师在当时的环境中能够保持一定的学术独立性，并享有和当时教士一样的特权。此外，大学教师还享有独立司法权和税役豁免权等世俗特权。为了使大学教师的学术活动更加规范，中世纪大学还为学术职业的入口设立了门槛，规定大学教师必须获得授予通行的教学许可资格。这一传统后来逐步被其他大学所接受。

这一时期的学术生产力，是自由闲暇的产物。中世纪大学里，学者构成学术职业的主体，以教学为主要工作任务，追求学术信仰和业余爱好，他们对知识的探求，对科学的着迷，最主要的动力就是业余爱好的"知识上的好奇心"。欧洲中世纪大学的学术研究活动活跃，学术研究的形式多样，在诸多领域，如神学与哲学、法学、自然科学、医学领域等产生许多重要的研究成果。神学与哲学方面，经院哲学的代表性研究成果主要有阿伯拉尔的《是与否》《论辩证法》，托马斯·阿奎那的《反异教大全》《神学大全》，威廉·奥卡姆的《逻辑大全》《自由论辩集》，等等。法学研究成就如欧内乌斯的《旧学说汇纂》《新学说汇纂》等教材，格拉西安的《教会法令集》，依尔内里奥的《民法大全》等。自然科学方面有罗伯特·格罗塞特的《物理学》《后分析篇》，罗吉尔·培根的《大著作》《小著作》，让·布里丹提出物体运动的理论和冲力理论，尼克拉·奥雷斯姆从冲力理论出发提出地球自转的思想，成为把几何学引进力学研究的第一人。医学学术研究体现在对古希腊和阿拉伯医学著作的翻译和应用研究中，因医学著作、医学典籍及医生的闻名，使得中世纪的萨雷诺医科大学和博洛尼亚大学成为欧洲著名的医疗中心和医学研究中心。这些成就的取得，为欧洲文艺复兴和近代的科学研究提供了理论源泉。

与学术生产力相适应的学术生产关系特征表现如下。

第一，从学术人来看，在学术职业的形成中，具有一定专业知识和技能的学者和学者群体发挥了重要作用。学术职业与其他职业的边界在于学术职业以知识或思想为中介，因而它不是一般工作者所从事的职业，它是社会分工的产物。中世纪，从神职人员、医生等职业中分化出来的学者，专门从事高深学问教学和研究。

第二，从学术制度来看，教师从事学术职业有严格的准入制度约束。获得执教权是教师从事学术职业的前提。中世纪的大学学术职业的执教权，经历了从教会向学者行会转移的过程，由主事向具备"教授"资格的学术职业候选人颁发执教权。为了公平公正，学者行会通过制定学术职业的标准来确保大学学术职业候选人的质量，这个标准包括了严格的专业训练年限、严格的考试和答辩。

学术职业的薪酬受经济社会的影响而变化。中世纪早期大学学术职业的教师薪酬靠收学生的酬金而得。学问高的教师收到的学生多，酬金就多。但到了中世纪末期，随着大学学术职业开始走向贵族化，其薪酬也随之变化，学生需要支付的报酬低，说明学术职业竞争性强，更彰显了大学的自由精神。

第三，从学术文化来看，通过抗争获得的合法特权，保护了大学学术研究的学术自由。虽然这种学术自由是一种有限的自由，因为中世纪任何的学术研究都必须在神学的基础上进行，但是，这种有限的自由毕竟奠定了学术自由精神的基础。

而且，学术职业已具有一定的国际性。中世纪大学的国际性特征，表现为教会的国际性和语言的国际性。因为中世纪大学是在教会的庇荫下成长起来的，教会的世界性质和国际性对大学教师学术职业产生了深刻的影响。得益于教会和大学的共同国际语言拉丁语和大学教师居住和迁徙等特权，大学的教师具有国际流动自由，在国际流动中体现学者的国际性、学术研究方法的国际性、学术研究精神的国际性和学术研究成果的国际性。

二、柏林大学与学术职业的全新角色

学术职业不只是从事教学的专门职业，更包含了科学研究。但从中世纪到 19 世纪前，大学的经院哲学逐渐走向僵化，开始向人文主义开放，一种科学研究与大学教学活动相分离的局面一直持续了好几个世纪。科学研究完全是少数受过良好教育或知识上有好奇心的热情者的业余活动和业余爱好，从事科学与大学教学的人们仍然是两个互不往来的群体，大多数科学家从事科学的最主要的动力是作为业余爱好的"知识上的好奇心"，他们过着悠闲安逸的生活，从事科学作为爱好而非职业，谋生还是依靠其他职业。与此同时，西方传统大学还是直接为有限的古典学科或知识的发展提供环境，科学研究不在大学之中。直到19世纪，科学才从才干、兴趣和爱好到成为职业进入大学。科学研究大规模进入大学，科学家开始以教授身份从事研究，大学开始授予科学学位。这一过程，我们称为科学学院化，而德国柏林大学的创建无疑为科学研究进入大学提供了很好的契机。

1809—1810年，威廉·冯·洪堡（Wilhelm von Humboldt）在任普鲁士内政部文化教育司负责人期间，根据普鲁士国家威廉三世的授意，组建柏林大学。柏林大学成立初期共设有4个学院，分别是法律、医学、哲学和神学，建校的第一个学期有256名学生和52位教师。柏林大学极其强调科学和学术在大学中的核心地位，并把聘任一流的学者到柏林大学担任教授看作是头等大事。这些学者在各自的学科领域都是首屈一指的人物，同时也是当时全欧洲最杰出的学者。后来事实证明，柏林大学的成功，乃至19世纪德国大学的显赫成就，也正是这些经由洪堡提名并经政府批准聘任的教授们科研努力的结果。至此，科学研究就这样成为了大学教师学术活动的一个重要组成部分，标志着学术职业中科学研究角色的生成，学术职业也由单一的教学工作者，转变为教学与科研并举的双重角色。这些具有长期的、独立的科学研究经历和科学研究成果的优秀学者，有力地推动了大学学术活动的蓬勃发展。而且，随着科学研究的职业化、组织化和社会化，大学成为学者之家，学术职业的构成成分发生了重要的变革，"教授—科学家"双重身份合而为一的学术职业全新角色开始在大学出现。而正是这种大学教师角色上双重身份的存在，对德国学术职业提出了更高的要求，大学学术职业由此获得了前所未有的声誉和尊敬，并为后来德国一举成为当时世界的科学中心奠定了基础。各国的学者不断到德国走访或留学，特别是美国的大学，纷纷仿效德国的大学。世界范围内的大学出现了研究范式替代教育范式占据支配地位的局面。

德国科学研究的快速发展，使其在许多科学领域都取得了重大突破，大学学术生产力出现较高水平。1840 年以后，德国重大科学发现超过同期全世界重大科学发现总数的 25%。❶ 在 1918—1933 年的诺贝尔自然科学奖获得者中，德国的 14 名获奖者全部都是大学教师，仅柏林大学就占 8 人。

与此学术生产力发展相适应的学术生产关系，突出表现在以下两个方面。

第一，从事科学研究的学术人，是一群对知识有着强烈好奇心，把科研当作爱好，以科研成果赢得尊重，被大学聘任的优秀学者，拥有大学教授和科学家双重身份。

第二，学术制度上，建立了大学编外讲师制度以及大学终身教职（或称讲座教授）制度。德国大学编外讲师是学术职业晋升阶梯的起点。大学教师聘任与晋升的重要条件是研究和教学能力。德国学术职业的基本要求是，必须要有博士学位和至少 5 年的博士后研究经历，必须取得大学授课资格。之后还需要花费两到三年的时间才能成为编外讲师。而且，这个编外讲师还不是正式职位，要想最后能获得教授职位，编外讲师在忍受清贫和寂寥的同时，还要带着对学术职业的虔诚去经历一个非常艰难的攀升过程。正是这样严苛的编外讲师制度，为德国大学高级学术职位能招聘到优秀的后备人才提供了很好的筛选机制，德国科学界也从众多的编外讲师中得到充实。德国大学终身教职制度的基本特点是高定位、低比例，跨校竞聘和享有公务员地位。终身教职制度虽然选聘严格，但是教授职位一旦聘任终身拥有，从而有力地保证了德国大学的学术自由和独立。

---

❶ 陈子辰.研究型大学与研究生教育研究［M］.杭州：浙江大学出版社，2006：66.

三、美国研究型大学与学术职业角色的多元化

19世纪末，大批美国留德学生和从德国或欧洲聘请来的教授，有力地促进了美国研究型大学的创建。可以说，美国研究型大学以学习德国大学为始端。19世纪德国大学模式对美国大学的影响深远。

1876年约翰·霍普金斯大学的成立，标志着美国研究型大学的出现，也开启了美国研究生教育的新模式。与研究生教育相适应，科学研究与研究生教育结合起来。为此，霍普金斯大学要求所在大学的教授必须是自己所在领域的杰出学者，要在专业领域能够把教学和科研结合起来。随着美国研究型大学的创建，以科学研究和创造性的学术成就成为学术职业发展的关键，美国大学学术职业开始走上专业化、多元化的发展之路。首先，学术职业中高层次教学和有组织的科研活动有机地结合起来，为大学高水平的科学研究和学术发展奠定了坚实的根基。其次，美国大学把社会服务的功能纳入学术职业，与社会合作开始进入大学学术职业的视野之中，学术职业的发展与国家利益、经济社会发展更加紧密地结合。随着科学研究在大学中的进一步发展和对社会的贡献日渐突出，使社会比过去任何时候都更加需要大学，大学也越来越依赖社会，在学术职业与社会发展紧密结合中，大学教师已经集教育者、研究者、服务者、管理者、社会批判者等多元角色于一身。"他们既要成为多才多艺的通才，又要成为只有通过专门研究、发表论文才能获得声誉和财政资助以及国家关注的独立专业人士。"❶

随着美国研究型大学的发展，长期以来学术职业重视科学研究中的基础研究，鼓励原始创新，带来了大学学术生产力的繁荣，实现了世界科学中心从欧洲向美国的全面转移。

与此大学学术生产力相适应的美国大学学术生产关系，突出表现在

---

❶ George Keller.Academic Strategy：The Management Revolution in American Higher Education ［M］.Baltimore：The Johns Hopkins University Press，1983.

学术制度上：美国研究型大学纷纷创建了一系列灵活的用人制度，如客座讲授制度、带薪学术休假制度、高薪聘用制度、学术同行评议制度等，保证了学术职业的高水平发展。另外，政府对研究型大学的学术资助和企业对大学研究经费的赞助，为大学学术活动提供了很好的物质条件保障。"最初，支持学术研究的外部资金主要来自从事慈善事业的基金会，企业的作用不大。在第二次世界大战后联邦政府开始介入之前，基金会与企业的影响一直没有衰减。"❶但"二战"后，政府的科研经费逐渐成为大学研究经费的主要来源。

第二节　中国大学教师学术职业及其机制的形成与发展

反思中国大学的历史，我们发现，中国大学向西方学习的百年"模式移植"历程构成了中国大学发展的总体脉络：中华人民共和国成立以前，中国大学主要学习和借鉴日本、德国和美国大学模式；中华人民共和国成立以后至改革开放以前，中国大学照搬苏联大学的模式；改革开放到 20 世纪末，美国大学模式成为中国大学的学习指南；历史跨入 21 世纪，中国高等教育发展呈现多元化及多样化趋向，受美英的影响，中国大学实现办学理念、教学运行模式以及办学体制的嬗变与超越。肇始于近代大学的学术职业，与大学模式移植的历程相一致，也是基于彼时的国际化背景一步一步完成了从萌芽到巩固的过程，而伴随着这一过程，学术职业机制呈现出不同的特征和历史变迁的痕迹。

一、中国大学教师学术职业的萌芽与初期（1898—1927 年）

大学学术职业的兴起，离不开近代大学的创建。1898 年创办的京师

---

❶　Burton R. Clark. 大学院教育の研究［M］. 潮木守一監訳. 東京：東信堂，1999：317.

大学堂，是我国第一所国立大学，标志着我国现代意义大学的开端。在这一时期，中国大学主要以美国高等教育模式为参照系进行变革。按照《钦定学堂章程》而创建，京师大学堂"以谨遵谕旨，端正趋向，造就通才为宗旨"。

辛亥革命后，1912 年京师大学堂更名为北京大学。其时大学性质发生改变，大学"以教授高深学术、养成硕学闳材、应国家需要为宗旨"。❶著名教育家和民主主义革命家蔡元培主持教育部并颁布《大学令》（1912 年）、《大学规程》（1913 年）等一系列法令。《大学令》对大学教师的具体规定是：大学各科下设讲座，教授为讲座的负责人；设校长一人，各科设学长一人；大学的教师由教授、副教授组成，在必要的情况下也可以聘任讲师；大学内设以校长为议长的评议会，各科设立以学长为议长的教授会。这些设想因不合时宜，在当时的高等学校并未付诸实践。直到 1917 年，蔡元培出任北京大学校长，"循思想自由原则、取兼容并包之义"，使北大从此日新月异。因此，在民国初期，以北大为首的中国大学教师学术职业出现了。

第一，延揽留学人才。教育家，特别是留美知识分子是近代中国大学的直接动力源泉。1909—1922 年，清华留美归国者共 516 人，任教于高校的占 32% 左右。1914 年以后的 4 批清华学校的回国女生，28 人中有 5 人任教于高校，占 17.86%。1916 年以后的 5 批归国专科生，38 人中 13 人从事高教事业，占 34.21%。❷另据 1931 年出版的《当代中国名人录》记载，在 1103 位教育界名人中，留美出身的占 51%。❸这些留美学生基础扎实，学业水平高，大都是获得了硕士和博士学位才回国。可以说，留美知识分子的加入，为我国高等教育发展注入了活力。

第二，大学环境及教职之优越。留美学生归国后，大学相对清静，

---

❶ 参见：教育大辞典编纂委员会.教育大辞典［Z］.第 10 卷.上海：上海教育出版社，1991：7.

❷ 参见：舒新城.近代中国留学史［M］.上海：上海文化出版社，1989：260-266.

❸ 参见：李喜所，刘集林.近代中国的留美教育［M］.天津：天津古籍出版社，2000：111.

而且当时大学教师具有较高的社会地位，大学校园自然成了他们的理想选择。20 世纪二三十年代，大学教师的待遇水平相对其他职业来说是比较高的。据当时南京国民政府公布的《大学教员薪俸禄表》，规定：教授月薪 400~600 元，副教授 260~400 元，讲师 160~260 元，助教 100~160 元（这里的"元"都以银元计算）。❶ 教授的最高月薪是 600 元，与国民政府部长基本持平，而当时维持一个普通家庭的生活支出最少只需三四十元。这个条例和规定在南京中央大学、广州中山大学以及一些国立大学执行，其他私立大学则参照此薪俸表斟酌实行。以 1917 年胡适进入北大为例，其月薪是 280 元，换算成年薪就是 3360 元。换算成美金，胡适的年薪相当于美金 3300 元，比美国正教授的平均待遇还遥遥超过将近 700 美金。❷ 可见民国时期政府对教师待遇的重视和投入之高。而且，当时清华、燕京等大学还有一项规定，教授在校内服务五年以上，可以由学校资送出休假、游学一年，这对于留学归国人员来说，可谓是另一优厚待遇。

第三，以留美大学教师文化网络为纽带，形成浓郁的学术氛围和文化气象。留美大学教师是近代知识文化的精英，因受美国民主思想的感染，所到之处组织各种各样的团体，定期集会，砥砺学术，交流思想，形成一定的文化气候，诸如组成西美留学生会、东美留学生会等组织；成立中国科学社；办《留美学生季报》《留美学生年报》等报刊。除了这些学术团体，还有同年同乡会，以个人名义成立的中心网络……数不胜数。这些留美大学教师成为近代新兴知识阶层的主体，以学术为志业，经常在一起享受思想交流的乐趣。

第四，建立了最早的大学教师聘任制度。虽然 1912 年的《大学令》对教师聘任的内容只涉及大学教师种类（教师分为教授和助教授两种）的规定，但毕竟开启了国立大学教师聘任制度化的先河。北洋政府时期颁发《国立大学职员任用及薪俸规程令》，调整了教师种类，规定

---

❶ 慈鸿飞 . 二三十年代教师、公务员工资及生活状况考［J］. 近代史研究，1994（3）.

❷ 江勇振 . 舍我其谁：胡适［M］. 杭州：浙江人民出版社，2011：76.

教师有正教授、教授与助教三种，同时，教师聘任之权在于大学校长。直到 1926 年，广州国民政府颁布《大学教授资格条例之规定》，包含了教师种类、聘任权限、资格审查内容的国立大学教师聘任制度初步形成。1927 年颁布《大学教员资格条例》，继承了 1926 年《大学教授资格条例之规定》的内容，其实质性未变，侧重于教师种类和资格审查，但未明确规定教师聘任年权限。如规定：助教资格为国内外大学毕业、有学士学位而有相当成绩者，或于国学有研究者；讲师资格为国内外大学毕业、有硕士学位而有相当成绩者；副教授资格为外国大学研究院研究若干年、有博士学位而有相当成绩者，讲师满一年以上教务而有特别成绩者，或于国学上有特殊贡献者；教授资格为副教授满两年以上教务而有特别成绩者。❶ 而各大学对教师聘任的具体实施，虽在制度上要遵守部令，但可根据自身的传统和实际进行聘任，也可在保持自身特色的同时，借鉴其他大学的具体做法。

第五，学术管理具有民主性和自由性。辛亥革命后，中国近代大学制度摆脱单一的日本模式，尝试吸收欧洲大学教育制度的经验成果，强调大学学术自由。而且，学术自由受到法律的保护，如《宪法草案》规定，"学术上之研究为人民之自由权，国家宜加以保护，不给限制之"。学术自由，一方面，表现为大学自治和教授治校。当时的学术官僚多数是由学者担任（如教育部长、中研院院长），因而学术科研运作体制基本遵循学术自身的规律。大学教学内容还是相对独立于政治。当时的清华学堂、京师大学堂、南开学校更是倡导教授治校制度，教授会、评议会、校务会，以及各专门委员会，均由教授充任，并纳入学校管理体制。以胡适为代表的学者极力反对国民党当局向大学及教育机构安插党羽，呼吁"多多减除行政衙门的干涉，多多增加学术机关的自由和责任"。另一方面，表现为鼓励大学学者自由思考，大胆创新。蔡元培校长"思想自由，兼容并包"，在某种程度上成为民国时期学人的共同

---

❶ 中国第二历史档案馆.中华民国史档案资料汇编・第五辑第一编・教育［G］.南京：江苏古籍出版社，1994：168.

价值观。正是在这样的自由、独立、民主的管理制度下，在大学百家争鸣、学术自由、教授治校的学术环境里，使大学教师能安心学术，使拔尖人才脱颖而出。

第六，以宽松环境成就了一批有才华的学术大师。以清华、北大为代表的一批高校校长常为办学自主权和教育当局周旋，竭力为人才创造宽松学术环境，保证绝大部分学者可以在最短时间内跻身教授行列，潜心治学、教研、服务社会，而不致因职称做出无谓的牺牲和消耗。以破格发掘人才制度为例，梁漱溟、钱穆就是蔡元培和胡适主政北大时破格录用的人才。对于教师晋升，更是不拘一格。20多岁晋升教授大有其人，如胡适、傅斯年、罗家伦、顾颉刚、汤用彤等。当时最年轻的叶公超教授为22岁。正是这些年轻的洋派名教授，在相对自由的学术空间里专心治学，造就了民国的学术黄金时期。

纵观晚清、民国初期的学术发展，彼时学者教授虽然置身于一个苦闷、矛盾的时代，但由于西风东渐，大学初建，学术环境自由，校园内各种思潮交相激荡，百花齐放，大学独具个性，如北大的自由包容，清华的学术本位，南开的接地气，因而产生了诸如梁启超、王国维、胡适、陈寅恪、赵元任、冯友兰、萧公权、刘文典等学术大师，他们的学术成果在当时国内外都享有盛名。另外，政府不是学校的领导者而是资助者，评论学校好坏的是社会、学生，而不是当政者。可以说，这一时期大学学术生产力较为发达，是与其学术生产关系相适应的，两者相得益彰，互相影响。

二、中国大学教师学术职业的动荡与停滞时期（1928年至20世纪70年代末）

北洋政府时期，政治局势紧张，各地反帝运动高涨，军阀混战，大学也遭到严重摧残。如当时的北大，时办时停，经历了取消、合并、改名、复名等多次变故，命运多舛。动荡不安的政治局势对学术的影响深重，大学学者的研究、著述和教学质量都难以保证。

南京国民政府时期，为强化思想控制，将民国时期的教育纳入国民党一党专政的轨道。这一时期，由于政局的相对稳定，国民政府教育投入增加，教育体制日趋完善，经过一批教育家和学者的不懈探索，大学进入稳步发展的时期，大学学术职业也得到了暂时的宁静。以当时的北大为例，蒋梦麟出任北大校长时，秉承前任蔡元培校长提出的"兼容并包，自由办学"的方针，使"学术自由、教授治校，无畏地追求真理"成为治校的准则。他大胆改革，打破教授终身制，解聘掉一些尸位素餐的老教授，延揽名师，聘请大批留美学生来校任教，实行教授专任，使胡适、梁实秋、傅斯年、汤用彤等一批学识渊博的教授担任要职。在时局动荡的 30 年代，正是因为有了这些为教育事业尽心尽力的教育家和名师学者，北大薪火相传，科研、教学质量不降反升。但与此同时，南京国民政府也借推行"三民主义"教育之名，行严厉控制教育之实，封闭了不少进步学校，如 1929 年查封了上海大学、大陆大学、华南大学；1930 年勒令上海一批私立大学停办，查封南京晓庄乡村师范学校，成都的西南大学、民主大学、岷江大学，残酷镇压进步的教师学生。

抗日战争时期，国民政府为保存教育实力，大学进行大规模调整和转移。1938 年由北京大学奉令与清华大学、南开大学组成的国立长沙临时大学更名国立西南联合大学，迁到昆明；由国立北平大学、国立北平师范大学、国立北洋工学院组成的国立西北联合大学，迁到陕西汉中；国立中央大学迁往重庆等。至 1938 年底，共迁址调整大学 55 所，为中国高等教育保存了一批精英力量。直到 1945 年抗战胜利，这些战时大学才完成了历史使命。但是，由于抗战时期大学遭受战火摧残严重，使得大学教师和相关研究人员的学术研究和科学调查工作受到极大限制，甚至被迫中断。直到 1946 年起，从后方撤回的大学开始复兴，大学学术职业才恢复正常。

中华人民共和国成立后，中国社会政治、经济发生根本性变化，中国的大学模式实现重大转型，以苏联模式为蓝本的高等教育制度基本确立。为适应社会主义政治制度的需要，以集权管理和条块分割为主要特征的高教模式基本形成。"教育必须为无产阶级政治服务"，致使大学学术权力在学校管理中发挥的作用很有限。1961 年《教育部直属高等学校暂行工作条例（草案）》（即"高校六十条"）没有对学术人员参与学校事务特别是学术事务管理有新的规定。

1966 年，"文化大革命"爆发。中共中央提出，全党"彻底揭批那些反党反社会主义的所谓'学术权威'的资产阶段反动立场，彻底批判学术界、教育界、新闻界、文艺界、出版界的资产阶级反动思想，夺取在这些文化领域的领导权"。❶ 大规模的政治运动使大学教育被迫中断，学者遭到史无前例的厄运，人人谈"学"色变，大学教师管理制度遭到破坏，教师职务被取消，大学教师学术职业基本处于停滞状态。直到1977 年恢复高考后这场空前浩劫才得以结束。

反观这一阶段，政局动荡不安，直接影响到大学教师学术职业的发展。这一时期大学的学术生产力也较为低下，学界基本没有多少可圈可点的成就，因而也直接决定了学术生产关系的非正常化。而这种非正常化的学术生产关系反过来又严重阻碍了学术生产力的发展。

三、中国大学教师学术职业的确立与逐步成熟时期（20 世纪80 年代至今）

党的十一届三中全会以后，我国的高等教育事业获得新生，学术职业重新确立。1978 年，国务院批准了教育部《关于高等学校恢复和提升教师职务问题的报告》。1979 年试行《关于高等学校教师职责及考核的暂行规定》，把高校教师划分为助教、讲师、副教授、教授四个职级，并对每个职级的职责作了具体的规定。1982 年，教育部印发《关于当年执行〈国务院关于高等学校教师职务名称及其确定与提升办法的暂行规

---

❶ 黄崴.教师教育体制：国际比较研究［M］.广州：广东高等教育出版社，2003：172.

定〉的实施意见》，自此，我国高校教师职务工作步入经常化、规范化和制度化的轨道。

1985 年《中共中央关于教育体制改革的决定》颁布后，中国大学在追求"内涵发展"为主的改革思路下，以欧美高教模式为主，参照世界各国大学发展经验，开始重视大学科研。大学学术职业发展迅速。一些早年留学海外的学子回国，纷纷加入大学教师的行列。为了规范教师管理工作，高校相继进行以教师职务聘任制为核心的人事制度改革。

20 世纪 90 年代，社会主义市场经济体制建立。随着经济建设步伐的加快，我国开始全面推进高等教育体制改革，学术职业进入了发展的巩固期。1993 年《中华人民共和国教师法》颁布，以法的形式规定了教师的各项权利、义务和教师管理制度。要求各级政府保障教师的培养与培训资格，还对改善教师工作生活条件，提高教师社会地位和福利待遇作了规定。1995 年《中华人民共和国高等教育法》颁布，又以法的形式保障了大学学术职业的学术权力，规定"高等学校设立学术委员会，审议学科、专业的设置，教学、科学研究计划方案，评定教学、科学研究成果等有关学术事项"。自此，不少大学纷纷实行教授委员会制度，推出大学教师人事制度改革，使中国大学的内部学术管理体制日益完善，学术权力在高校管理中的作用也日益引起社会的广泛关注。潘懋元老先生认为："20 世纪 80 年代以来，大学的学术民主管理机构陆续得到恢复重建。例如：各大学普遍设立了学术委员会、教师职称评审委员会、学位委员会等，尽管这些组织所行使的学术管理权是有限的，但不可否认，教师民主参与学术管理的权利开始受到重视。"❶2014 年 1 月教育部颁布《高等学校学术委员会规程》，规定大学最高学术机构是学术委员会，并对学术委员会中行政领导委员的比例进行了限定，充分体现了教授治学的大学理念。大学纷纷制定各校大学学术委员会章程，加快《高等学校学术委员会规程》的落实。

随着国家政治、经济领域的对外开放，高等教育迎来了面向国际化

---

❶ 潘懋元．中国高等教育百年［M］．广州：广东高等教育出版社，2003：163.

发展的趋势，高校教师的国际化水平大幅提高。大学教师的聘任，越来越青睐具有洋博士文凭的海外学子，全球招聘、特聘国际知名大学教授成为很多大学教师招聘的亮点；对教师学术成果的评价，以国际水平为标准，引入国际同行评价制度；大学教师的国际学术合作与交流也日益成为大学教师学术职业发展的常态。

可以说，这一阶段是大学教师学术职业走上正轨并迎来发展的机遇期。我国高校经过改革开放 40 年的调整，高校教师政策和各项管理制度逐渐完善，其学术生产关系基本适应学术生产力的发展，高校的学术生产力水平逐步提高。特别是在学术竞争的国际化背景下，高校的国际学术生产力对与之相适应的学术生产关系提出了更高的要求。

第四章 中美大学教师学术职业发展机制的比较研究

美国是公认的世界高等教育中心和科技中心，拥有世界最多的知名研究型大学，荟萃了不仅出生于本土也包括来自其他国家的最为庞大的世界一流科学家群体，囊括了自诺贝尔奖设立以来近半数的获得者。因此，在国际化背景下探讨中国大学教师学术职业发展的机制，自然少不了从美国大学教师学术职业发展机制中汲取有益经验。根据前述对学术职业发展机制的内涵界定，我们把对大学教师学术职业发展机制的研究聚焦在学术生产力以及与之相适应的学术生产关系上。

第一节 中美研究型大学的学术生产力比较

为了了解美国一流研究型大学学术生产力的具体状况，本研究将近年《美国新闻与世界报道》（*U.S.News & World Report*）全美大学排行榜所列的美国前 10 名大学作为分析对象，与中国第一批进入"985 工程"的 9 所高校在学术生产力方面进行国际比较，进而为中国研究型大学教师学术职业发展机制创新提供经验借鉴。

一、中美一流研究型大学的基本情况

《美国新闻与世界报道》对美国大学及其院系的排名具有较高的知名

度和权威性。本研究据此排名，选取近年来排名前10的全美一流大学作为美国研究型大学的代表（见表4-1）。

表4-1　美国前10所一流大学（排名不分先后）

序号	大学
1	哈佛大学
2	普林斯顿大学
3	耶鲁大学
4	哥伦比亚大学
5	芝加哥大学
6	麻省理工学院
7	斯坦福大学
8	杜克大学
9	宾夕法尼亚大学
10	加州理工学院

"985工程"，是中国政府为建设若干所世界一流大学和一批国际知名的高水平研究型大学而实施的高等教育建设工程。20世纪90年代末，中国首批进入"985工程"的国内最好的9所研究型大学，代表着中国的最顶尖大学，简称Top9。这9所大学相互认同，相互促进，组建了自己的"俱乐部"，即中国的"常春藤联盟"（C9）。因此，本研究选取这9所高校作为中国研究型大学的代表（见表4-2）。

表4-2　中国第一批"985工程"的9所高校（排名不分先后）

序号	大学
1	北京大学
2	清华大学
3	复旦大学
4	浙江大学

序号	大学
5	南京大学
6	上海交通大学
7	西安交通大学
8	中国科技大学
9	哈尔滨工业大学

二、中美研究型大学学术生产力的静态比较

（一）中美研究型大学学术生产的资源配置指标

学术生产的资源配置指标有多个，本研究主要选取教师和科研经费两个核心指标。

（1）教师数量。9 所中国研究型大学的教员绝对数并不比美国前 10 所一流大学的教员数少，有的大学甚至还高于美国。但从师职比来看，中国普遍高于美国，比例为 0.54~1.91，即 1 名教员配备 1~2 名职员为其学术活动的开展做好相关的服务工作，反映出中国研究型大学职员数的不足，这一点从各自大学的教职数和职员数也可以得到证明。事实上，在美国研究型大学，职员数的配备是和教员数保持一定比例的，越是教员数多的大学，其职员数也越多，两者的比例大约为 0.11~0.29，即 1 名教员配备 3~9 名职员为其学术活动的开展做好相关的服务工作（见表 4–3、表 4–4）。

（2）科研经费投入。2016 年美国大学中科研经费投入最高的是宾夕法尼亚大学，达到 12.96 亿美元，最低的普林斯顿大学是 3.05 亿美元，最高的为最低的 4 倍多。即使是加州理工学院也是 3.71 亿美元，其师均科研经费在这 10 所大学里排名第一，达到 100 万美元（折合人民币约 680 万元），而排名最末的哥伦比亚大学和芝加哥大学，其师均科研经费也在 16 万美元（折合人民币约 109 万元），最高的为最低

的 6 倍多。雄厚的科研经费让每一位从事学术研究的教师都有机会去争取科研资助，而这一点是中国大学教师望尘莫及的。在首批 "985 工程" 9 所高校的科研经费中，2016 年最高的是北京大学，达到 3.34 亿元，最低的是中国科技大学 0.11 亿元，最高的是最低的 30 倍。师均科研经费在这 9 所大学里排名第一的是复旦大学，达到 10.9 万元，排名最末的是哈尔滨工业大学，师均科研经费不足 4000 元，最高的为最低的近 30 倍（见表 4-3、表 4-4）。

表 4-3　2016 年美国前 10 所一流大学的教师数与科研经费

序号	学校名称	教员总数（人）	教授（人）	副教授（人）	助理教授（人）	职员（人）	师职比	科研经费（百万美元）	师均科研经费（百万美元）
1	哈佛大学	2 459	1 221	172	263	18 724	0.13	1 077.25	0.44
2	普林斯顿大学	1 112	476	99	178	6 460	0.17	305.15	0.27
3	耶鲁大学	3 536	1 007	427	748	15 319	0.23	881.77	0.25
4	哥伦比亚大学	5 299	1 339	652	1 395	18 207	0.29	837.31	0.16
5	芝加哥大学	2 647	852	417	602	11 389	0.23	421.00	0.16
6	麻省理工学院	1 619	645	206	163	13 599	0.12	946.16	0.58
7	斯坦福大学	3 786	1 164	407	419	16 837	0.22	1 066.27	0.28
8	杜克大学	3 928	1 220	837	1 161	18 029	0.22	1 055.78	0.27
9	宾夕法尼亚大学	2 303	879	320	344	18 029	0.13	1 296.43	0.56
10	加州理工学院	370	243	5	44	3 292	0.11	371.06	1.00

数据来源：http://nces.ed.gov/ipeds/datacenter/InstitutionByName.aspx?stepId=1；https://ncsesdata.nsf.gov/herd/2016/html/HERD2016_DST_21.html.

表 4-4　2016 年中国首批 "985 工程" 9 所高校的教师数与科研经费

序号	学校名称	教员总数（人）	教授（人）	副教授（人）	助理教授及以下（人）	职员（人）	师职比	科研经费（亿元）	师均科研经费（千元）
1	北京大学	3 250	1 388	1 204	658	5 885	0.55	3.34	102.77
2	清华大学	3 401	1 394	1 492	515	6 283	0.54	2.42	71.16

续表

序号	学校名称	教员总数（人）	教授（人）	副教授（人）	助理教授及以下（人）	职员（人）	师职比	科研经费（亿元）	师均科研经费（千元）
3	复旦大学	2 655	1 078	974	603	2 658	1.00	2.90	109.23
4	浙江大学	3 497	1 567	1 361	569	2 271	1.54	2.90	82.93
5	南京大学	2 202	992	882	328	1 384	1.59	1.02	46.32
6	上海交通大学	2 835	891	1 072	872	3 082	0.92	1.53	53.97
7	西安交通大学	3 144	892	1 110	1 142	1 644	1.91	0.63	20.04
8	中国科技大学	1 541	630	735	176	1 074	1.43	0.11	7.14
9	哈尔滨工业大学	3 805	1 177	1 566	1 062	2 310	1.65	0.14	3.68

数据来源：各大学官网。职员数均为校本部职工，包括行政人员、教辅人员和工勤人员。科研经费因数据不完整，只计入了人文、社会科学的经费拨入情况，包括科研活动经费、科研基建费、科技活动人员工资、企事业单位委托项目经费、自筹经费、国外资金和其他收入。

（二）中美研究型大学学术生产的公共空间指标

中美研究型大学在学术刊物数量与级别、国际性或权威性的研究中心或基地等方面存在很大的差距。美国研究型大学的主要学术出版物一般都出现较早。早在 19 世纪后期，随着知识传播形式的变化以及日益增多的学会科学专业期刊的出现，美国研究型大学就开始创办各种专业期刊，如芝加哥大学在哈珀任校长的 15 年间，先后创办了十余种学术刊物。而约翰·霍普金斯大学在吉尔曼校长的推动下，先后创办了《美国数学杂志》（1878 年）、《美国化学杂志》（1879 年）、《美国哲学杂志》（1880 年）、《美国语言学杂志》（1880 年）、《生理学杂志》（1881 年）等，被誉为"美国学术期刊的发源地"。正是在这两所大学的带动下，其他研究型大学纷纷效仿，到 20 世纪初，几乎所有的研究型大学都创办了不同学科的学术期刊。❶ 这些学术期刊现已成为学界认可研究新成果的标志。我们今天所知的美国哪所研究型大学的哪个学科在全世界知名，也是这些专业期刊的悠久历史和在世界学术同行中的认同权威使然。因此，无论是世界哪国的大学学者，都以能在这些国际权威期刊上发表文章作为衡量自身及他人学术影响力的一个重要指标。

反观中国首批 9 所研究型大学的主要学术刊物，可以发现，最早出现的学术刊物，仅清华大学的《清华大学学报（自然科学版）》是 20 世纪初（1915 年）创办，其余是在 20 世纪 50 年代、80 年代、90 年代和 21 世纪初创办，这不长的办刊历史从侧面反映了我国大学的起步晚。如被公认为中国最高学府的北京大学，其前身京师大学堂也只是在 1898 年创办成立。复旦大学创建于 1905 年。清华大学创办于 1911 年，最初为清政府利用美国退还的部分庚子赔款创建的留美预备学校"游美学务处"及附设"肄业馆"，1925 年才始设大学部。由此可见，我国的研究型大学本身就无法和已有 300 多年历史的美国研究型大学相比拟，更不用提其学术出版物了。而且，从办刊水平来看，尽管我国研究型大学的学术刊物发展迅速，但真正能面向世界，具有国际影响力的国际性学术刊物还非常少，大多还处在国内核心期刊的地位。

从中美在研究型大学中设立国家实验室的情况来看，差别也非常明显。美国早在 20 世纪 40 年代开始在研究型大学设立国家实验室（见表 4-5），领域范围涵盖航空航天，核聚变、核武器及导弹技术等，这与 20 世纪 50—90 年代美苏争霸时期，美国推行称霸世界，实施"星球大战"的军备竞赛战略密切相关。"冷战"结束后，这些国家实验室仍然作为美国军事防御、高科技生产、生活的研发主力，以其高精尖的科研实力，力挺美国继而称霸世界，成为全球超级大国。

---

❶ 贺国庆.德国和美国大学发达史［M］.北京：人民教育出版社，1998：168.

表 4-5　美国设在研究型大学中的国家实验室概况 ❶

实验室	成立时间	成立原因	人数（人）	每年经费（亿美元）	隶属部门	所在大学
直线加速器中心	1962 年	高能物理研究	1 314（2000）	1.5（2000）	能源部	斯坦福大学
等离子体物理实验室	1951 年	核聚变能科学研究	484（2002）	0.75（2002）	能源部	普林斯顿大学
喷气推进实验室	1944 年	导弹推进技术研究	5 175（2001）	13（2001）	美国航空航天局	加州理工学院
阿贡国家实验室	1946 年	核武器研究	3 526（2000）	4.7（2000）	能源部	芝加哥大学
林肯实验室	1951 年	雷达等	2 245（1995）	3.44（1995）	国防部	麻省理工学院

注：根据各大学实验室主页介绍资料整理。表中括号为年份。

中国目前的实验室大致可分为：校级/所级、市级、省/部级、国家重点实验室和国家实验室。国家实验室是实验室序列里级别最高的实验室，是一个国家相关领域最高科技水平的象征，它体现国家意志，实现国家使命，代表国家水平。建设国家实验室已经成为我国国家科技创新体系建设和科技条件平台建设的重要内容。目前我国公开的已建成的国家实验室有 5 个：同步辐射国家实验室（合肥）、正负电子对撞机国家实验室（北京）、串列加速器核物理国家实验室（北京）、重离子加速器国家实验室（兰州）、材料科学国家实验室金属研究所（沈阳）。在2003 年后国家试点筹建的 15 个国家实验室中，只有青岛海洋科学与技术国家实验室正式获科技部批准组建（见表 4-6）。

表 4-6　中国已建成、正在筹建和准备筹建的国家实验室

序号	国家实验室名称	年份	依托单位	城市
1	同步辐射国家实验室	1984	中国科学技术大学	合肥
2	正负电子对撞机国家实验室	1984	中国科学院高能物理研究所	北京

---

❶　赵文华，黄缨，刘念才.美国在研究型大学中设立国家实验室的启示［J］.清华大学教育研究，2004（2）.

续表

序号	国家实验室名称	年份	依托单位	城市
3	串列加速器核物理国家实验室	1988	中国原子能科学研究院	北京
4	重离子加速器国家实验室	1991	中国科学院近代物理研究所	兰州
5	材料科学国家实验室金属研究所（转为沈阳材料科学国家研究中心）	2000	中国科学院金属研究所	沈阳
6	北京凝聚态物理国家实验室（筹）（转为北京凝聚态物理国家研究中心）	2003	中国科学院物理研究所	北京
7	合肥微尺度物质科学国家实验室（筹）（转为合肥微尺度物质科学国家研究中心）	2003	中国科学技术大学	合肥
8	清华信息科学与技术国家实验室（筹）（转为北京信息科学与技术国家研究中心）	2003	清华大学	北京
9	北京分子科学国家实验室（筹）（转为北京分子科学国家研究中心）	2003	北京大学、中国科学院化学研究所	北京
10	武汉光电国家实验室（筹）（转为武汉光电国家研究中心）	2003	华中科技大学、中国科学院武汉物理与数学研究所、中国船舶重工集团公司第七一七研究所	武汉
11	磁约束核聚变国家实验室（筹）	2006	中国科学院合肥物质科学研究院、核工业西南物理研究院	合肥
12	洁净能源国家实验室（筹）	2006	中国科学院大连化学物理研究所	大连
13	船舶与海洋工程国家实验室（筹）	2006	上海交通大学	上海
14	微结构国家实验室（筹）	2006	南京大学	南京
15	重大疾病研究国家实验室（筹）	2006	中国医学科学院	北京
16	蛋白质科学国家实验室（筹）	2006	中国科学院生物物理研究所	北京
17	航空科学与技术国家实验室（筹）	2006	北京航空航天大学	北京

序号	国家实验室名称	年份	依托单位	城市
18	青岛海洋科学与技术国家实验室	2006	中国海洋大学、中国科学院海洋研究所等	青岛
19	现代轨道交通国家实验室（筹）	2006	西南交通大学	成都
20	现代农业国家实验室（筹）	2006	中国农业大学	北京

注：2003 年的 5 个为国家批准筹建的国家实验室，2006 年的 10 个为国家确定准备筹建，其中只有青岛海洋科学与技术国家实验室于 2013 年 12 月获得科技部正式批复，其余科技部还未给予批准立项。

从这些已建和筹建的国家实验室来看，共有 6 个国家实验室设在中国首批"985 工程"高校。由此可见，中国的这些国家实验室也是依托基础好、实力强、水平高的研究型大学和科研院所，但与美国研究型大学里的国家实验室相较，无论是科研实力、研究团队水平、实验硬件条件，还是从论文发表、科研成果转化、科研项目立项层次都存在很大的差距。即使是我国最早成立的国家实验室，时间也晚了美国近半个世纪。实验室科研队伍力量不足，规模较小，基本没有像美国那样达到千人以上的。从研究领域来看，组织开展的跨学科、跨领域的综合交叉研究还不是很多。隶属部门和经费支持渠道比较单一，每年的实验室建设经费有限且极不稳定。而且，实验室为企业提供咨询的能力有限，科研技术成果实现产业化应用的力量薄弱。最令人忧虑的是，建设国家实验室的任务还非常艰巨，第二批筹建国家实验室没有经过批准立项，"筹"字难除。要建成一批像美国那样的国际一流实验室，还需要面对技术、管理体制、经费等各种挑战。

（三）中美研究型大学学术生产的创新性指标

从 2017 年中美研究型大学在 SCI、SSCI、Nature、Science 上论文发表量和诺贝尔奖获得人数的对比来看，除 SCI、SSCI 论文发表量中国的研究型大学并不比美国逊色，甚至远超美国外，Nature、Science 论文发表量非常少，诺贝尔奖获得人数为零（见表 4-7、表 4-8）。

表 4-7　2017 年美国前 10 所一流大学 SCI、SSCI、Nature、Science

论文发表量及诺贝尔奖获得者人数

序号	学校名称	SCI/SSCI （篇）	Nature （篇）	Science （篇）	诺贝尔奖 人数（人）*
1	哈佛大学	4 293	42	41	39
2	普林斯顿大学	2 892	18	20	1
3	耶鲁大学	4 853	20	12	23
4	哥伦比亚大学	7 106	43	26	60
5	芝加哥大学	4 716	24	15	45
6	麻省理工学院	6 540	71	52	33
7	斯坦福大学	8 590	68	51	38
8	杜克大学	5 853	18	4	3
9	宾夕法 尼亚大学	7 193	28	10	14
10	加州理工学院	3 331	29	39	12

注 * 诺贝尔奖人数为历年累计数据。

数据来源：Web of Science（数据库：Web of Science TM Core Collection；引文索引：SCI, SSCI；文献类型：Article；出版年：2017 年；将大学名称作为"地址"检索词）；Web of Science（出版物名称：Science；文献类型：Article；出版年：2017 年；将大学名称作为"地址"检索词）；Web of Science（出版物名称：Nature；文献类型：Article；出版年：2017 年；将大学名称作为"地址"检索词）。

表 4-8　2017 年中国首批"985 工程"9 所高校 SCI、SSCI、Nature、

Science 论文发表量及诺贝尔奖获得者人数

序号	学校名称	SCI/SSCI（篇）	Nature（篇）	Science（篇）	诺贝尔奖人数 （人）
1	北京大学	5 712	14	12	0
2	清华大学	9 248	20	13	0
3	复旦大学	6 677	4	3	0
4	浙江大学	10 946	3	6	0
5	南京大学	12 776	2	5	0

序号	学校名称	SCI/SSCI（篇）	Nature（篇）	Science（篇）	诺贝尔奖人数（人）
6	上海交通大学	10 209	8	2	0
7	西安交通大学	6 030	2	1	0
8	中国科技大学	5 941	8	7	0
9	哈尔滨工业大学	5 618	1	0	0

数据来源：Web of Science（数据库：Web of Science TM Core Collection；引文索引：SCI, SSCI；文献类型：Article；出版年：2017年；将大学名称作为"地址"检索词）；Web of Science（出版物名称：Science；文献类型：Article；出版年：2017年；将大学名称作为"地址"检索词）；Web of Science（出版物名称：Nature；文献类型：Article；出版年：2017年；将大学名称作为"地址"检索词）。

三、中美研究型大学学术生产力的动态比较

（一）学术生产的资源配置指标（输入）

1. 研究型大学教师分层人数及比例

在美国研究型大学教师中，具有助理教授以上的学衔、高学衔层级的学术人员接近70%，是美国高校学术师资力量的主体。中国的趋势也是如此，接近60%的高校教师具有高级职称，中级职称及其以下的高校教师近几年来明显减少。

2. 政府投入研究型大学的 R&D 经费

美国研究型大学中，政府对其投入的研发经费占这些大学研发经费的比例，虽然从2003年的71.84%到2016年的62.99%，一直在逐步降低，但也平均保持在69%（见表4-9、图4-1）。中国政府投入教育部直属研究型大学的研发经费，从2010年的48.78%到2016年的62.57%，虽然一直处于增长趋势，但平均占比为55.86%，与美国的差距还是非常明显的（见表4-10、图4-2）。

表 4-9 2003—2016 年美国研发经费排名前 10 高校的研发经费整体投入情况

单位：千美元

年度	联邦政府资金	州及地方政府资金	大学自筹资金	企业资金	非营利组织资金	所有其他资金	合计	政府资金占比（％）
2016	8 096 940	205 191	2 565 031	869 978	1 071 665	371 289	13 180 094	62.99
2015	7 576 891	256 745	2 201 983	780 798	1 000 264	430 231	12 246 912	63.96
2014	7 564 923	296 566	2 084 211	727 910	911 914	376 562	11 962 086	65.72
2013	7 696 564	258 051	2 129 950	580 942	900 163	357 677	11 923 347	66.71
2012	7 764 085	285 384	1 662 931	642 702	947 736	317 393	11 620 231	69.27
2011	7 921 161	321 168	1 502 357	602 889	854 424	299 132	11 501 131	71.67
2010	7 242 886	307 779	1 324 652	717 195	823 346	300 277	10 716 135	70.46
2009	6 082 176	302 779	1 612 912	666 665		945 509	9 610 041	66.44
2008	5 810 673	275 824	1 331 231	648 698		914 232	8 980 658	67.77
2007	5 768 595	254 992	1 171 681	659 973		759 431	8 614 672	69.92
2006	5 860 997	152 113	1 081 397	440 418		750 319	8 285 244	72.58
2005	5 705 057	155 043	1 033 193	417 760		708 979	8 020 032	73.07
2004	5 481 130	198 842	1 033 757	354 205		631 578	7 699 512	73.77
2003	4 998 632	260 395	299 761	1 105 082		656 389	7 320 259	71.84

注：2010 财年以前的《美国高等教育研发情况调查》在研发经费统计中将"非营利组织资金"纳入"企业资金"一项中，未单独统计。

数据来源：http://www.nsf.gov/statistics/srvyherd/#tabs-2.

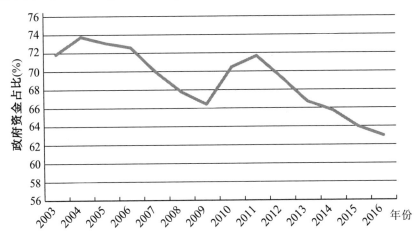

图 4-1 2003—2016 年美国研发经费排名前 10 高校的研发经费政府资金占比

表 4-10　2010—2016 年中国教育部直属高校研发经费投入情况

单位：千元

年度	政府资金	企事业单位委托项目经费	自筹经费	国外资金	其他	合计	政府资金占比（%）
2016	3 374 872	1 447 841	364 731	149 282	56 625	5 393 351	62.57
2015	3 164 205	1 440 429	294 357	157 983	58 593	5 115 567	61.85
2014	2 539 314	1 491 119	373 042	133 841	61 982	4 599 298	55.21
2013	2 473 610	1 450 251	389 689	122 778	39 294	4 475 622	55.27
2012	2 370 710	1 387 818	327 019	123 789	46 503	4 255 839	55.70
2011	2 013 629	1 294 706	339 340	118 717	131 413	3 897 805	51.66
2010	1 574 420	1 089 148	341 441	114 330	108 515	3 227 854	48.78

注：因数据有限，统计表中的研发经费投入仅是教育部直属高校人文和社会科学的数据。政府资金包括科研活动经费、科研基建费和科技活动人员工资三者之和。

数据来源：《中国教育统计年鉴》（2010—2016 年）。

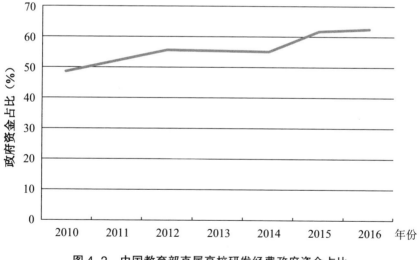

图 4-2　中国教育部直属高校研发经费政府资金占比

（二）学术生产的创新性指标（输出）

美国排名前 10 的研究型大学在 SCI、SSCI 上发表论文量，哈佛最突出，2008—2015 年一直都数以万计，而中国首批"985 工程"的研究型大学从 2009 年开始，发表量才全部过千。后来突飞猛进，很多大学甚至超过美国不少的一流大学（见表 4-11、表 4-12）。但是从 Science、Nature 这两个代表学术界的权威指标来看，中国和美国还有较大差距（见表 4-13、表 4-14、表 4-15、表 4-16），而这也真正反映出了国际学术舞台上中国高校学术的水平，无怪乎"钱学森之问"戳到了中国学人内心的痛点！

表 4-11　2008—2017 年美国前 10 所一流大学 SCI、SSCI 论文发表量

单位：篇

年度	哈佛大学	普林斯顿大学	耶鲁大学	哥伦比亚大学	芝加哥大学	麻省理工学院	斯坦福大学	杜克大学	宾夕法尼亚大学	加州理工学院
2017	4 293	2 892	4 853	7 106	4 716	6 540	8 590	5 853	7 193	3 331
2016	9 863	2 913	5 457	7 229	4 658	6 726	8 407	5 726	7 109	3 325
2015	14 747	2 783	5 649	6 825	4 587	6 291	8 101	5 708	6 975	3 202
2014	14 707	2 699	5 668	6 698	4 393	6 059	7 429	5 543	6 870	3 191
2013	14 077	2 779	5 378	6 414	4 358	5 816	7 117	5 367	6 540	3 151
2012	13 724	2 680	5 143	6 091	4 070	5 444	6 676	5 206	6 203	3 140
2011	12 806	2 567	4 793	5 661	3 667	5 307	6 304	5 007	6 023	3 055
2010	11 671	2 216	4 329	5 179	3 629	4 766	5 840	4 531	5 540	2 878
2009	11 000	2 126	4 069	5 122	3 230	4 426	5 374	4 195	5 200	2 612
2008	10 549	2 118	3 934	4 835	3 116	4 247	5 156	4 098	5 086	2 528

数据来源：Web of Science（数据库：Web of Science TM Core Collection；引文索引：SCI, SSCI；文献类型：Article；出版年：2017 年；将大学名称作为"地址"检索词）。

表 4-12　2008—2017 年中国首批"985 工程"9 所高校 SCI、SSCI 论文发表量

单位：篇

年度	北京大学	清华大学	复旦大学	浙江大学	南京大学	上海交通大学	西安交通大学	中国科技大学	哈尔滨工业大学
2017	5 712	9 248	6 677	10 946	12 776	10 209	6 030	5 941	5 618
2016	5 111	8 470	6 215	10 109	11 409	9 323	5 409	5 281	5 140

续表

年度	北京大学	清华大学	复旦大学	浙江大学	南京大学	上海交通大学	西安交通大学	中国科技大学	哈尔滨工业大学
2015	4 582	7 908	5 825	9 353	10 267	8 684	4 638	4 611	4 534
2014	4 481	6 858	5 145	8 969	9 310	7 712	4 129	4 233	3 915
2013	3 786	6 246	4 877	8 002	8 185	6 770	3 345	3 483	3 533
2012	3 160	5 233	4 133	6 889	6 759	5 693	2 795	3 112	3 166
2011	2 874	4 724	3 719	6 132	5 984	4 847	2 438	2 809	2 712
2010	2 535	4 207	3 193	5 296	5 100	4 235	2 025	2 457	2 470
2009	2 161	4 071	2 876	5 157	4 733	3 975	1 764	2 350	2 399
2008	1 852	3 453	2 478	4 939	3 712	3 515	413	2 302	1 778

数据来源：Web of Science（数据库：Web of Science TM Core Collection；引文索引：SCI, SSCI；文献类型：Article；出版年：2017 年；将大学名称作为"地址"检索词）。

表 4-13　2008—2017 年美国前 10 所一流大学 Science 论文发表量

单位：篇

年度	哈佛大学	普林斯顿大学	耶鲁大学	哥伦比亚大学	芝加哥大学	麻省理工学院	斯坦福大学	杜克大学	宾夕法尼亚大学	加州理工学院
2017	41	20	12	26	15	52	51	4	10	39
2016	59	19	20	23	8	78	56	11	18	41
2015	68	27	18	29	26	59	46	9	19	35
2014	71	16	20	24	17	52	45	11	16	37
2013	68	21	22	31	17	62	37	17	6	33
2012	71	15	25	15	12	43	24	12	10	35
2011	65	20	22	30	12	46	34	18	13	36
2010	64	14	30	23	9	41	39	13	11	36
2009	61	13	23	18	18	41	37	8	18	30
2008	64	15	18	12	11	38	28	19	8	32

数据来源：Web of Science（出版物名称：Science；文献类型：Article；出版年：2007—2017 年；将大学名称作为"地址"检索词）。

表 4-14   2008—2017 年中国首批"985 工程"9 所高校 Science 论文发表量

单位：篇

年度	北京大学	清华大学	复旦大学	浙江大学	南京大学	上海交通大学	西安交通大学	中国科技大学	哈尔滨工业大学
2017	12	13	3	6	5	2	1	7	0
2016	8	8	1	3	2	3	1	5	1
2015	11	8	4	3	3	2	1	2	0
2014	4	5	1	3	0	1	2	2	0
2013	4	7	2	5	3	3	2	3	0
2012	8	7	1	1	2	1	2	3	1
2011	5	3	2	1	3	0	1	2	0
2010	3	2	3	1	0	2	1	3	0
2009	4	3	3	1	1	2	0	1	0
2008	2	0	0	0	2	0	0	0	0

数据来源：Web of Science（出版物名称：Science；文献类型：Article；出版年：2007—2017 年；将大学名称作为"地址"检索词）。

表 4-15   2008—2017 年美国前 10 所一流大学 Nature 论文发表量

单位：篇

年度	哈佛大学	普林斯顿大学	耶鲁大学	哥伦比亚大学	芝加哥大学	麻省理工学院	斯坦福大学	杜克大学	宾夕法尼亚大学	加州理工学院
2017	42	18	20	43	24	71	68	18	28	29
2016	82	15	24	34	19	60	48	11	28	23
2015	86	18	38	37	19	57	59	14	15	31
2014	103	15	33	32	28	59	44	19	16	24
2013	84	16	20	30	16	55	42	6	26	27
2012	107	12	37	16	18	63	56	26	15	35
2011	88	10	29	24	10	46	37	18	16	25
2010	75	15	26	23	21	41	43	13	18	31
2009	76	14	20	29	14	42	29	16	2009	28
2008	88	17	24	11	16	41	30	11	23	33

数据来源：Web of Science（出版物名称：Nature；文献类型：Article；出版年：2007—2017 年；将大学名称作为"地址"检索词）。

表 4-16　2008—2017 年中国首批 "985 工程" 9 所高校 Nature 论文发表量

单位：篇

年度	北京大学	清华大学	复旦大学	浙江大学	南京大学	上海交通大学	西安交通大学	中国科技大学	哈尔滨工业大学
2017	14	20	4	3	2	8	2	8	1
2016	9	13	5	2	6	4	3	5	1
2015	14	22	6	4	3	5	2	5	1
2014	16	14	3	3	4	0	1	4	1
2013	6	5	2	3	0	0	2	5	0
2012	4	8	1	2	0	3	0	4	0
2011	4	5	2	0	1	2	0	1	0
2010	6	5	2	4	2	2	1	1	0
2009	4	3	3	1	0	6	0	2	0
2008	3	2	0	0	2	1	0	4	0

数据来源：Web of Science（出版物名称：Nature；文献类型：Article；出版年：2007—2017 年；将大学名称作为 "地址" 检索词）。

　　如果上述表 4-11 至表 4-16 是根据 "网络科学"（Web of Science）引文索引数据库的 SCI、SSCI、Nature 和 Science 论文发表数，只说明了中美两国研究型大学科研论文的数量差异，据莱顿大学科学技术研究所的 "莱顿排名"，❶ 可以清楚地将中美两国研究型大学科研论文发表的数量和质量差异综合反映出来。表 4-17 莱顿的数据不仅可以被用于确认 2012—2015 年发表论文数超过 5000 篇的大学的数量，而且可以用于确认发表论文中 10% 以上位于领域前 10% 的大学数量，这就将定量和定性评估结合在一起。从表 4-17 可以看出，美国研究型大学里论文发表量世界排名第一的哈佛大学与中国研究型大学里论文发表量世界排名第

──────────

　　❶　莱顿大学科学技术研究所（Center for Science and Technology Studies Leiden University）的 "莱顿排名"（the Leiden Ranking），采用 "网络科学"（Web of Science）引文索引数据库的论文索引影响力数据评级得出。莱顿排名将论文数量和论文质量（进入学科前 10% 的高被引论文比例）的指标分开制定。

三的浙江大学，前者是后者的 1.66 倍。但同为两组对比大学科研论文发表量最低的加州理工学院和中国科技大学，后者比前者的论文发表量多出 2607 篇。

表 4-17　莱顿排名关于中美研究型大学科研论文情况

大学名称	科研论文发表量（篇）	论文发表量的世界排名	被引率处于领域前 10% 的论文比例（%）
哈佛大学	31 678	1	22.50
普林斯顿大学	5 312	168	22.00
耶鲁大学	11 071	40	19.20
哥伦比亚大学	12 178	23	17.80
芝加哥大学	7 425	93	18.80
麻省理工学院	10 277	49	25.00
斯坦福大学	15 113	8	22.30
杜克大学	11 413	33	16.00
宾夕法尼亚大学	13 235	17	17.00
加州理工学院	5 268	172	21.20
北京大学	13 779	15	10.20
清华大学	14 930	11	11.80
复旦大学	12 336	21	9.90
浙江大学	19 061	3	9.20
南京大学	9 703	56	9.60
上海交通大学	18 245	5	8.40
西安交通大学	9 799	53	8.40
中国科技大学	7 875	82	12.20
哈尔滨工业大学	9 613	58	9.10

数据来源：莱顿大学科学技术研究所（CWTS Leiden Ranking 2017, http://www.leidenranking.com/ranking/2017/list）。

美国研究型大学中，被引率处于领域前 10% 的论文比例最高的是麻省理工学院，占 25%，中国研究型大学里被引率处于领域前 10% 的论文比例最高的是中国科技大学，占 12.2%，前者比后者多 12.8%；美国研究型大学里被引率处于领域前 10% 的论文比例最低的是杜克大学，占 16%，中国研究型大学里被引率处于领域前 10% 的论文比例最低的是上海交通大学和西安交通大学，都占 8.4%，前者比后者多出 7.6%；而同是两国研究型大学科研论文发表量最低的加州理工学院和中国科技大学，被引率处于领域前 10% 的论文比例相差 9%。

四、学术生产力比较结论

通过比较发现，我国研究型大学学术生产力的总体特征和存在的问题有以下几方面。

（1）为了实现建设世界一流大学的目标，我国研究型大学立足于本国大学的历史与发展阶段特征，面向世界，逐渐重视大学的国际学术影响力，其中一个最普遍而又有力的举措就是把教师的职称评定、职位晋升、奖励乃至学生的博士毕业都与在国际学术期刊的论文发表挂钩，因而创造了世界大学国际学术排名中，中国学术论文发表数量逐年增加，挺进世界前几名的奇迹。

（2）从衡量学术生产力的三个重要指标，即学术生产的资源配置指标、学术生产的公共空间指标、学术生产的创新性指标来看，基于中国的国情和经济发展实力，以及中国的教情和大学的历史，资源配置及公共空间这两个作为大学学术生产的重要保障条件，与美国研究型大学存在的差距不是短期就能够缩小的。而以在 SCI、SSCI、Nature、Science 论文发表量作为衡量大学学术生产力核心评价指标来看，中国有些研究型大学在 SCI、SSCI 上的发表数量排名位居世界前列，甚至远高于美国的有些知名大学，但中国研究型大学在 Nature、Science 上的论文发表量普遍与美国研究型大学的差距还相当大。

（3）中美两国研究型大学的学术生产力除了数量的差距，如以"高被引论文比例"作为衡量学术生产力的质量指标，中美研究型大学的学术生产力在质量方面的差距更加明显，而这也是近几年来社会批评我国学界盲目追求"学术泡沫"的原因所在。

第二节　中美研究型大学的学术生产关系比较

通过第一节的比较可见，中美研究型大学在学术生产力方面存在较大的差距。不仅如此，从中国高校在国际上的学术影响力来看，中国高校在国际学术竞争的排名中也比较靠后。根据学术生产力和学术生产关系的辩证统一关系，分析两国研究型大学学术生产力差距的关键影响因素——学术生产关系，可以为改革我国学术职业的学术生产关系提供思路。因为美国大学学术对全世界的影响之大，所以挖掘美国大学学术生产力背后影响因素及介绍美国大学学术制度成功经验的研究成果非常多。本书在借鉴这些研究成果的基础上，试图围绕学术运行系统的全过程揭示美国大学教师学术职业发展机制的另一重要影响因素——学术生产关系。

如前所述，在学术生产过程中，学术生产关系主要是指在学术产生系统、学术资源配置系统、学术管理系统、学术保障系统和学术生态系统的五大系统中，参与研究、创造及应用新知识的人员及组织之间的隶属利益关系，它由学术人、学术协作、学术制度和学术文化这四大要素构成。由于这些隶属利益关系都要通过各种学术制度加以规范和维护，因此本书在对学术生产关系进行比较分析时，鉴于学术制度这一要素对学术职业发展的重要性和可比较性，只围绕学术制度这一核心要素进行展开，而不对学术人、学术协作和学术文化进行比较，因为学术人、学术协作和学术文化这三个要素宽泛而抽象，难以比较。

一、对学术制度的基本认识

学术职业的学术制度，就是在大学范围内，教师受到管理和约束的各种规定。在学术职业形成和发展巩固的过程中，学术制度扮演着重要角色，直接影响着大学学术生产力的发展水平。美国大学正是有了这些完备而规范的学术制度的管理，学术职业实现了比较合理的学术人力资源配置，也带来了学术产出的较高效益和较强的国际竞争力。在一定意义上可以说，美国大学学术制度促进了美国大学的勃兴。

二、美国研究型大学的学术制度

（一）学术产生系统

大学学术职业是一种知识生产活动。按照生产要素，应包括生产者、生产资料（包括生产工具和劳动对象）和生产方式。通俗地讲，就是什么样的生产者，用什么样的生产资料，怎样进行生产。引申到大学学术生产，可以理解为优秀的教师与学术资源相结合进行知识的生产。

1. 教师聘任制度

世界各国学术职业的聘用条件和晋升程序各有差异，但有三点却是共同的。一是博士学位已普遍是进入研究型大学大门的"入场券"，成为学术职业入口的必备通行证。二是教师晋升学术生涯阶梯的每一步，都会在严格的个案审核和遴选程序中遭遇竞争和淘汰。三是大学筛选优秀人才，学术成就成为教师最重要的学术资本。除了以上这三大共同点外，美国大学的教师聘任制度还有自己的特点，以保证教师从准入、聘任伊始就是择优录取、任用。

（1）任职标准

美国学术职业的专职教师分为两类：终身教职系列（tenure track faculty member）和非终身教职系列（non-tenure track faculty member）。要从非正式教职转为正式教职，一般要经过公开招聘的程序，首先转换系列，实现并轨。终身教职系列学术职业学衔由低到高分为助理教授（assistant professor）、副教授（associate professor）和教授（professor）三个层级（见表4-18）。

表4-18　美国高校教师职务系列的一般设置

教师类别			美国高校专职教师的聘用条件
可申请终身教授的教师	部分有终身制申请权的助理教授	他们独立开展教学科研活动，且都具备指导博士研究生的资格	一定要有本专业的博士学位，要在教学和科研上有一定的经历并显示发展的潜力
	副教授		除了要有博士学位外，还需要在高等教育教学研究中有五年以上的工作经验，更重要的是在教学质量上和科研及论著上要有显著的成果
	教授		除了要具备副教授的条件以外，还要在教研和论著的质量和数量上要求更高，科研和论文要在这一专业领域有国内或国际上的影响
非终身制教授	无申请权的助理教授，绝大部分专职讲师		非终身聘任的教师基本集中于低学衔职位，约有90%的专职讲师属于这种类型
专职研究人员（research fellow）			专攻研究项目，同时指导各类研究生

资料来源：杨丽丽.美国著名大学教师聘任制研究［D］.武汉：华中科技大学，2006：10.

在美国，高校学术人员取得本校的学衔不能带走，一旦教师流动到其他院校工作，需要按新学校的规定重新评定学衔。

不同的学衔级别，会有不同的准入标准，不同的晋升程序。即使是同一学衔，美国各高校的任职标准都会不同，在这方面全国只有一个基本任职标准，即要求具有博士学位和一定的教学经历。各学衔要求的科研成就大小，由各校自己规定（见表4-19、表4-20）。

表4-19　美国大学各级学术职务基本任职标准

职称	基本学术标准
教授	博士学位；科研中取得重大成就；有8~10年以上的教学工作经验；有一定的管理能力
副教授	博士学位；在其所在专业领域获得公认的成就（论文、著作、发明等）；有5~8年的教学经验
助理教授	博士学位；具有从事高校教学和科研工作的能力；有2~3年的教学经验

资料来源：李志峰，易静.美国高校学术职业分层的历史变迁与制度安排［J］.高教发展与评估，2010（3）.

表 4-20　美国研究型大学各级学术职务任职年限

大学	教授聘任年限	副教授聘任年限	助理教授聘任年限
斯坦福大学	非终身教职，最长不超过 6 年	非终身教职，一般为 6 年，最长不超过 7 年	3-4 年，最长不超过 7 年
耶鲁大学	没有限制	非终身教职，一般为 7 年，最长不超过 10 年	7 年，最长不超过 10 年
麻省理工学院	教授即为终身职位	非终身教职，一般为 5 年，最长不超过 8 年	5 年，最长不超过 8 年
哥伦比亚大学	教授即为终身职位（以 Clinical 开头的除外）	非终身教职，一般为 7 年，最长不超过 8 年	新任教职第一个聘期为 1 年，后一个聘期 1~3 年
康奈尔大学	如果不是终身教职，最长不超过 5 年	非终身教职，最长不超过 5 年	6 年，最长不超过 7 年
加州大学伯克利分校	教授即为终身职位	副教授即为终身职位	8 年，最长不超过 10 年（每一聘期 2 年）

资料来源：丁伟忠，俞蕖.美国十五所一流大学优化学术人力资源的制度分析［J］.中国高校师资研究，2009（3）.

除终身教职外，一流大学教师系列其他教师的聘任，实行"非升即走"，即教师在任期届满后如果没有晋升，就要面临被学校自然解雇的结局。

强调师资"远缘交杂"是美国一流大学的共同特征。美国高校学术职业准入还有一条不成文规定，即美国的学术职业从获得博士学位后步入学术生涯，必须离开本校到其他高校应聘。除非本校毕业的候选人外审确实比外校候选人高出一筹，并且颇有发展潜力的可以作为特例加以考虑。

而且，美国大学聘任终身教授，一般也是从外校乃至全世界范围内筛选。许多学者为了升任美国大学终身教授一职，甚至不远万里应聘，工作热情极为高涨，大学学术质量也处于世界巅峰。这一制度保证了大学间教师的合理流动，形成了浓厚的学术氛围，规范了资源的整合。以斯坦福大学为例，始终把"选聘一流的教授，建设一流的大学"作为建校的重要指导原则。历任校长通过构建和维持"优异的顶峰"（优秀的教授队伍），不惜重金从全国甚至全世界聘请优秀教师，将斯坦福大学带入世界一流大学的行列。

（2）选聘程序

高水平学术队伍建设的第一步，而且很关键的一步就在于人才的选任。美国高校学术人要经过层层选拔，全面考核，最后才能成为学校的教师。这样严把学术职业入口关，就是为了挑选到优秀的学术人才进入大学从事学术职业。现在几乎每一所美国研究型大学里都有关于教师聘任的书面文档。不仅各校之间存在不同，而且一些大学内部各个学院之间也不存在统一的程序模式。但总的来看，美国高校学术职业的聘任程序是相当复杂且严格的。

2. "近亲繁殖"防范制度

"近亲繁殖"曾一度是美国高校的基本问题之一，教员"近亲繁殖"长期被视为大学教员雇用的特征之一。早在1910年，哈佛大学有64%的教员毕业于本校，当时这一现象在其他大学中也广泛存在。但是，在19世纪末20世纪初，随着美国学术职业化进程的加快，美国高校开始越来越关注教员聘任问题，并将时兴的生物和社会进化论中的"近亲繁殖"（inbreeding）一词引入以形容本校毕业生留任本校教学的危害。迈克尼利（John H.McNeely）就曾对6000多位美国大学教师进行问卷调查，结果发现大量聘用本校毕业生做教师将对大学组织的效率与发展产生负面影响，大学教师亦难以在学术上成就斐然。❶阿莱尼莫托（Arionmoto）也指出，一些国家大学发展的经验表明，小规模的大学"讲座系统"（chair system）采取学徒培养模式，这种封闭的学术生产系统容易产生学术近亲繁殖和学术裙带（nepotism）问题，不利于大学教师学术职业的发展。❷为了防止学缘关系"近亲繁殖"，美国一些研究型

---

❶ John H. McNeely.Faculty Inbreeding in Land-GrantColleges and Universities［M］.Washington D.C：Government Printing Office，1932：1.

❷ Akira Arionmoto.Constructing University Visions and the Mission of Academic Profession［C］//Reports of COE International Seminar Constructing University Visions and the Mission of Academic Profession in Asian Countries：A Comparative Perspective.Hiroshima：Hiroshima University，2007.

大学规定，教授不能从本校教师中产生，必须从校外教师中聘任。❶ 在经过长达百年的历史演变后，来自外部的制度法令以及学术场域的内在规范，学术"近亲繁殖"防范制度逐渐被美国研究型大学所接纳并制度化为一种约定俗成的惯例，主要表现在以下几方面。

第一，一些顶级大学一般要求不留本校毕业生，而从全国乃至全世界搜罗人才。即使是本校毕业，也要有其他大学或科研机构或者企业求学工作的经历，尤其是名牌大学工作的经历。

第二，美国各高校纷纷制定"反裙带关系"的政策条文。"反裙带关系"政策的实施确保了在学术聘任中以"学术能力"作为唯一的衡量标准。

第三，学术能力成为学术评审的标准，使得每一位学者都愿意根据学术界的普遍主义规范来行动，积极参与学术共同体中的交流，努力去维持和扩大自己在学术共同体内部的声誉。

第四，除了在初级教员的聘任中，许多高校采纳了"学术近亲繁殖"防范机制，而且，在激烈的市场竞争下，各高校都致力于在终身教职阶段控制"学术近亲繁殖"，其中一个做法就是控制本校教师直接晋升为终身教职的数量。

第五，美国一流大学"学术近亲繁殖"防范机制还体现在教师来源的国际化上。选聘具有不同文化背景的世界各国精英协同开展工作，呈现国际化趋势。排名前 30 位大学拥有国外学位的全职教师比例平均达到 8%，有 6 所大学超过 10% 的教师拥有国外学位，兼职教师国际化比例平均为 6%，其中，麻省理工学院全职教师的国际化程度最高，达到14%；兼职教师国际化程度最高的是普林斯顿大学，达到 17%。拥有跨国学习背景的教师比例更高，如哈佛大学，最高学位在国外授予的教师比例为 9.4%，而拥有留学背景的教师比例高达 34.9%，某些专业拥有跨国学习经验的教师甚至超过 50%，如比较文学专业达到 100%，古典文

---

❶ Burton R. Clark.The Higher Education System：Academic Organization in Cross-National Perspective [M].Berkeley：University of California Press，1983.

学专业也达到 77%。❶ 另外，这些大学的教师来源地也不是集中在某一所或某几所学校，而是遍布世界各地，例如加州理工学院共有 290 多名教师，分别来自世界各地 79 所不同的大学。就接收在国外获得博士学位教师的情况来看，也达到了 7% 左右的比例。❷

3. 学术生产的集群化

（1）学术共同体

在美国，大学学术共同体表现更为明显。其特点主要有：

第一，学术共同体的主体都是有着共同追求、遵循同一范式、有着很强的专业取向、在相关领域已取得一定成就或已接受过良好专业训练并有一定科研基础的专职教师或科研人员。

第二，各高校因不同的研究领域存在不同的学术共同体，如物理学共同体、化学共同体、生物学共同体等。一个发展成熟的学术共同体，往往还有成熟的思想理论和学术阵地，如报纸、专业学术期刊等。

第三，学术共同体有相应的内在制度。学术共同体要有以学术为中心的制度安排和规则。比较常见的制度主要有反学术抄袭行为规范、科研道德和诚信制度、学术奖惩机制等。

第四，学术共同体的活动形式多样。主要有学术讨论会、专题讨论会、研究项目、学术沙龙等。

（2）无形学院

"无形学院"是指在民间以松散柔性方式形成的一种研究网络。世界上有不少名气很大的"无形学院"，比如意大利伽利略首创的"山猫学会"、德国物理学家劳厄喜欢的"卢茨咖啡馆"、爱因斯坦为"院长"的"奥林匹亚科学院"、日本科学家汤川秀树组织的"混沌会"、英国剑桥的"三一中心"和"卡文迪许实验室"等。"无形学院"的存在，无论对于大学内部学术的发展和繁荣，还是对于大学教师学术职业的发展，都发挥着极其重要的作用。"无形学院"在美国通常以跨地区性的行会

---

❶ 姜远平，刘少雪. 世界一流大学教师学缘研究［J］. 江苏高教，2004（4）.
❷ 姜远平，刘少雪. 美国一流大学教师学缘结构有何特点［N］. 中国教育报，2007-09-24.

利益团体——学会等形态显现。各种学会随着交流的日益频繁，跨越了院校、地域甚至是国家的边界，相同学科的学术权威云集，包括大学之外所有正式、非正式的科研机构和"学科性"协会，他们基于对高深学问和研究的共同看法而自愿联结。如美国物理学会（American Physical Society，APS），发行10余种科学期刊，每年举办20多项科学会议，有4万多名会员。《物理评论快报》（*Physics Review Letters*）、《物理评论系列》（*Physics Review*）、《现代物理评论》（*Review of Modern Physics*）这三大学会期刊享誉世界，在这个物理学会里，物理研究名人辈出、人才济济，曾获得诺贝尔物理学奖的华裔物理学家李政道、杨振宁皆出自于此。

（3）跨学科研究

跨学科研究（Interdisciplinary）是大学学术职业发展的重要体现。跨学科合作带来的是知识的重新组织与整合，正是欧内斯特·博耶（Ernest L. Boyer）所认为的"整合的学术"❶，它能使不同领域的大学学者互相了解、互相借鉴，在相异知识基础上的学术思想碰撞，更容易促进学者学术灵感的焕发。正因如此，积极寻求多元主体共同参与大学的知识创新，成为当今国际高等教育治理的共识。而跨学科研究对于学科交叉融合，对大学知识创新的促进作用，在世界各国一流大学中已经得到普遍重视，各大学纷纷通过设立跨学科研究机构和建立跨学科研究基金等多种形式打破学科壁垒，动态地组建结构合理、和谐合作、由学科带头人领导的、有创新能力的跨学科学术团队，吸引、聚集不同学科的人才形成合力，开展跨学科研究。在当前美国大学教师开展的多领域合作中，跨学科研究成为其中主要类型之一。❷通过开展跨学科研究，打破

---

❶　博耶所认为的"整合的学术"是"从不同的学科和广泛的知识背景出发，在知识和范式之间建立起联系；同时，打破原有知识体系的僵化分割，为新学科的成长和知识的应用提供交汇点"。参见：Rita Johnson.The University of the Future：Boyer Revisited［J］.Higher Education，1998（36）.

❷　其他两种为多学科研究和超学科研究。多学科研究（Multidisciplinary）作为最基本的形式，是指多个不同的学科以平行或连续的方式共同解决某一问题，而没有跨越各自的学科边界；超学科研究（Transdisciplinary）包括来自不同学科的大学教师、非专业人士和其他利益相关者的共同参与，他们超越学科的界限，用全局性方式统筹整个学术系统。

了学术的藩篱，提升了大学学术生产力。如我们熟知的斯坦福大学"马丁·路德·金书信文件集"项目，就是一个典型的创新合作研究项目，经过 10 年时间，由 16 位不同学科的高级学者、48 位不同专业研究生和 106 名本科生共同完成。

（4）产学研合作

美国研究型大学尤其是世界一流新型工科院校的快速发展，与这些大学的教学、科研及社会经济和企业等各个领域的合作密切相关。一方面，企业与高校之间在科技人力方面联系紧密，高校研究人员为企业提供研发咨询和智力支持，成为高校和企业之间知识传播的一个重要媒介。如以斯坦福大学、加州大学伯克利分校为中心的硅谷，以北卡罗来纳大学、杜克大学和北卡罗来纳州立大学为中心的研究三角园区（RTP），以犹他大学、犹他州立大学、杨伯翰大学为依托的盐湖城园区，以及以华盛顿大学为中心的西雅图科技园等孵化了一批新兴企业，大学教授成为这些企业的主要"智库"。另一方面，知名企业与高校合作建立研究中心，进行科研开发合作。以硅谷为例，这里聚集了数十万名工程师、数千家高科技公司；全球 100 家最大的高科技公司中，有惠普、英特尔、苹果、思科、雅虎等 20 多家在此落户；硅谷吸引了美国 1/3 的风险投资，年创工业总产值达 2000 多亿美元，成为世界上最大的微电子工业中心。❶

（二）学术管理系统

1. 学术晋升制度

晋升的标准和程序是美国研究型大学教师晋升政策的核心内容。关于这方面的研究成果很多，本研究仅就其中最有特色、最能影响学术生产力的关键因素加以简单分析。

（1）严格的晋升标准

美国的学术职业从获得博士学位后步入学术生涯，每一级次学术职

---

❶ 张杰.面向世界科技前沿，面向国家产业现代化——我国研究型大学创建世界一流工科的思考［N］.科学时报，2010-04-08.

位的攀升，都有严格的晋升条件。

单纯从时间累积上，就有诸多的条件限制。

据相关研究表明，要晋升教授的副教授，需要博士学位和 10 年的教龄；如果硕士毕业，则需要 15 年以上教龄。要晋升副教授的助理教授，需要博士学位和 6 年以上的教龄；如果硕士毕业，则需要 9 年以上的教龄。这只是对晋升时间的要求，还要做到教学、科研和服务性工作的足够优秀才有机会顺利晋升。

针对不同级别间、不同重要程度的晋升，教师晋升标准有不同的侧重。

晋升考评一般都通过教学、科研和服务三方面来展开。对于教学和科研的晋升考核指标，会按重要性进行排名。教学方面，排在前三名的指标是系主任评价、同行评价、系统的学生评价。科研方面，排在前三名的指标是在高层次刊物上发表论文数、专著数、本校的同行评定。服务也会因学校的不同而有不同的要求。

对于在教学、科研和服务这三方面的考评，大学对处于不同职业阶段教师的期待是不同的。通常的情形是，对初级教师的晋升，只是在教学和研究领域有所期待，对服务几乎没有要求。对高级教师的晋升，对服务会有较高的期待。而在晋升到终身教职的职位时，对学术的要求是非常高的：要有杰出的学术成就，同时也要有出色的教学能力。而且，在实际的评价中，教学、研究、服务这三者的地位也是不同的。虽然一直以来教学在美国研究型大学里的地位都是关注的焦点，而且是教师获得晋升的必要条件，但美国研究型大学教师普遍认为研究是教师最重要的任务。特别是对晋升到带有终身教职的职位时，对教师的学术有着非常高的要求。如斯坦福大学要求候选人的学术成就不仅要在一流之列，而且要有可能成为该领域最好的学者之一，以确保教授队伍的水平。在较好的大学里，助理教授评不上终身教授的比例高达 50%，甚至更高。而且一旦申请终身教授职位没有获得通过，教师将面临被迫离校的境地。曾经引起轰动的美国《宾州日报》报道的"丹尼尔教授事件"就是一个非常典型的案例，这位宾夕法尼亚大学的助理教授就因申请终身职

位被该校拒绝而被迫离校。❶

（2）严格有序的晋升程序

美国研究型大学在晋升教师时基本上是在学系、学院和学校三个层次上进行的。和聘任一样，续聘、晋升都要在公正、透明的程序下经过激烈竞争择优晋升。

总结归纳 20 所全美著名大学采用的学术职业晋升和终身教授聘任的一般流程如图 4-3 所示 ❷。

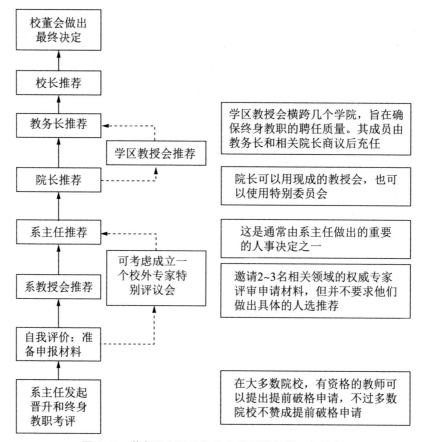

图 4-3　学术职业晋升和终身教授聘任的一般流程

❶　赵丹龄.从宾夕法尼亚大学拒聘丹尼尔教授看美国大学终身职位制［J］.中国高等教育，2000（3）.

❷　顾建民.自由与责任：西方大学终身教职制度研究［M］.杭州：浙江教育出版社，2007：156.

晋升程序的主要特点有：

第一，学术权力得到保障。在美国研究型大学里，学术人员在教师晋升上有很大的决定权。不仅教师晋升标准的核心是由大学的学术评议会或类似机构制定的，而且在晋升时行使评价权的也主要是系内的教授们。如在斯坦福大学，是以教授会的形式将系内的教授组织起来进行讨论和投票。而行政管理人员的责任主要是对教师晋升的证据和程序进行审核和判断，尽管学校的教务长、学术副校长、校长都拥有否决权，但这种否决权使用的频率很低。这样的一种制度设置体现了对学术权力的尊重，可以有效保证学术权力发挥重要的作用。香港科技大学孔宪铎在《东西象牙塔》❶中也讲述了自己在美国马里兰大学申请晋升时遇到的类似的问题，反映了在美国研究型大学里，晋升的决定权掌握在系里的教师手中。行政人员即便职位再高，也无法越权直接晋升他想要晋升的教师。

第二，学术力量和行政力量并存和相互制衡。在对教师进行晋升时，能够参与晋升程序的有系内教授、系主任或院长、教务长、学术副校长、校长。在晋升决定中，在学系层次既有系 / 院教授会决议，又有系主任或院长的评判；再上一层次就是代表行政力量的教务长和代表学术力量的学术理事会的顾问委员会。可见，每个层级都有行政权力和学术权力这两条线的并存，二者都能分别发挥作用，实现权力的制衡。

第三，有力的校内外监督。美国研究型大学的教师晋升决策在校内要受到来自校内外的多重监控。如在对教师进行评价时，有来自学生的评教，有来自同行的课堂观察报告。此外，还有校外专家的评价信。这种外部同行专家的评价信是美国研究型大学教师评价的特色项目，能最客观有效地反映教师在国内乃至国际学术圈内的声望。如果大学在教师晋升中不重视对这些证据的使用，利用权力之便或出于私人情感，做出不公的决策，错给一名不合格的教师授予了终身教职或教授职位，可能会使自

---

❶　孔宪铎 . 东西象牙塔［M］. 北京：北京大学出版社，2004.

身陷入法律纠纷之中，甚至会导致整个系声誉下降。这种无形的监控压力，使得大学在晋升教师时特别小心翼翼，务必要保证晋升决策的公正性。

第四，充分的反馈和申诉机制。美国研究型大学在教师晋升程序中设计了反馈和申诉机制。在事关教师晋升个人权益时，教师具有被告知晋升结果和对结果不满进行申诉，甚至诉诸法律的权利。一般在晋升决定出来后，由院长迅速通知系或特别委员会，并在一定的时间内以书面报告的形式通知教师本人。在这份书面报告里，会记录系里教师的详细投票结果，包括其在研究、教学、服务和综合四项上的得票数。如果其中有哪方面行政管理者做出的决定环节令教师和学术委员会感到不满或有疑虑时，都可以要求提供书面的声明以及解释原因，或直接进行申诉。这种反馈和申诉进一步确保了教师晋升决策的公正性和有效性。

美国研究型大学的教师晋升制度在实际运行中存在两大方面的问题，一是明文规定的教师晋升标准与实际运作中采用的标准存在一定的偏差；二是在晋升程序运行中，参与者对权力的运用超过了规定的范围。❶但美国大学学术职业人员要想成功晋升，必须接受来自各方面的严格考验，这一点是明确的。

2. 学术评价制度

第一，学术成就成为评价的核心要素。随着科技的进步和知识经济时代对大学职能的影响，重视科学研究活动并取得突出成就已成为研究型大学的立身之本，并对学术职业的选聘和评价产生重大而深远的影响。"出版或死亡"在某种程度上成为大学教师命运的一种象征。可以说，研究型大学更多地注重高深学术研究，关注新知识的增长、不同学科领域的新突破以及重要研究成果的实际应用等特征，决定了其在学术职业的聘用和晋

---

❶ 参见：阎光才.美国的学术体制：历史、结构与运行特征［M］.北京：教育科学出版社，2011：187-191.作者认为在美国研究型大学的教师晋升实践中，学术本位的标准并不能完全得到体现，有一些因素，如教师获取经费的能力、教师的个性与政治态度，以及学校主要权力群体对权力的不适当运用都会对教师晋升产生重要的影响。

升上更加注重大学教师的学术成就、科研能力和对新知识的传播与推广。科学研究成为学术职业中最具活力和最核心的学术追求，以科学研究和创造性的学术成就作为学术职业发展的关键所在。

第二，非升即走。"非升即走"现已成为美国许多高校终身制（tenure-track）体制下通行的一项制度，并一度成为其教师聘用和升迁的重要原则。近年来，教师终身制暴露出来阻碍教师合理流动和学术繁殖的弊端引起了人们对其潜在代价问题的广泛关注。不少大学要求"废止终身聘任制"的呼声越来越高，一些州立大学陆续推行了"终身后评审制"（post-tenure review），即对终身教授每 5 年或 6 年进行一次评估，如果教授连续两年评估均不合格，大学有权解聘。还有一些大学甚至将教授终身聘任制代之以短期合同制，但所有教师都必须遵循"非升即走"的原则。显然，这种建立在合理评估基础上的"非升即走"原则，直接决定着教师的学术前途和命运，激励着他们展开竞争、追求卓越；同时，客观上促进了教师的流动和教师队伍的新陈代谢。当然，关于教授终身聘任制和"非升即走"原则在新形势下优劣的争论还在继续，但有一点可以肯定，这种强调教师聘任和晋升竞争性的激励机制仍然成为不少国家仿效美国大学进行学术体制改革的趋势。

第三，同行评议。在美国的许多研究型大学里，为保证学术职业人员招聘或晋升过程中的客观和公正，通常要对候选人进行校外专家的同行评审。同行评价在美国学术界的应用广泛，主要表现为科研基金的分配、学术发表、学术奖项的评选以及学术晋升等。如美国国家科学基金会（NSF）就是通过同行评议的方式分配科研基金。而作为学术评价认可机制中的学术发表制度、学术奖励制度以及教师的聘任与晋升制度等，均需要通过同行评议进行。虽然同行评议自产生以来就一直受到人们的批评，如有关同行专家的选择问题、关于评议造成的马太效应、匿名评审的公平性问题、评审专家工作态度问题等，❶但在科学研究领域，

---

❶　参见：阎光才.美国的学术体制：历史、结构与运行特征［M］.北京：教育科学出版社，2011：68—73.

"同行认可"是国际学术界科技评价的基本标准,同行评议仍是目前排除明显不合格的研究作品,选拔优秀人才的最有效、最重要、最可信赖的方法,并已得到广泛认同。

(三)学术保障系统

1.薪酬制度

在美国高校自主聘用体制中,教师薪酬制度普遍实行薪级制。教师薪级制以职务和薪级为两个维度。美国一流大学薪酬制度的优越性,表现出以下几个方面的特点。

(1)市场化的薪酬理念。美国一流大学的薪酬政策,会根据学术市场竞争价格以及全国各行业的平均薪酬变化随时更新,以此保证大学教师薪酬的市场竞争性。

(2)层级分明的薪酬模式与结构。美国高校不论公立或者私立,普遍实行年薪制。高校教师的收入由基本工资、绩效工资(或奖金)和福利组成。一般基本工资占教师总收入的55%~60%,福利占30%~35%,绩效工资占5%~15%。美国高校教师分类较细,学术头衔教师一般适用于按9个月学术年或12个月财政年度聘任。年薪按月支付给教师。

(3)有市场竞争性的教师总体薪酬水平。从行业薪酬看,美国高校教师的整体薪酬水平处于全行业的前列,具有很强的行业市场竞争力。根据美国劳工部劳工统计局发布的2017年22大类行业(occupations)工资水平报告显示,全行业的平均年工资收入是50 620美元,其中"教育、培训与图书馆行业"的平均年工资为55 470美元,列美国全行业年平均收入的第9位(见表4-21)。其中,大学教师的平均年工资为82 880美元,列美国共1072个行业职位年平均收入的第193位。另据美国大学教授协会的调查,美国高校各学衔教师的平均薪酬水平远高于全美家庭年平均收入(见表4-22)。

表 4-21　2017 年美国 22 种行业及全行业平均年工资

单位：美元

行业名称	平均年工资
全行业	50 620
管理行业	119 910
法律行业	107 370
计算机与数学行业	89 810
建筑与工程行业	86 190
医疗从业与技术行业	80 760
商业与金融行业	76 330
生命科学、物理科学与社会科学行业	74 370
艺术、设计、娱乐、体育与媒体	58 950
教育、培训与图书馆行业	55 470
施工行业	49 930
社区与社会服务行业	48 050
安装、维护与维修行业	47 870
保护性服务行业	47 190
销售与相关行业	40 680
生产行业	38 070
办公室与行政后勤行业	37 950
交通与物材运输行业	37 070
医疗支持行业	31 310
建设、场地清理与维护行业	28 930
个人护理与服务行业	27 270
农业、渔业与森林业	28 840
食物准备与服务相关行业	24 710

数据来源：https://www.bls.gov/oes/current/oes_nat.htm#25-0000，美国劳工部劳工统计局发布的 2017 年 22 种行业工资水平报告。

表 4-22　2017—2018 财年美国可授予博士学位大学教师的平均年薪和薪酬水平

单位：美元

教师类别	年薪		薪酬 *	
	公立大学	私立大学	公立大学	私立大学
教授	130 376	176 953	175 246	225 291
副教授	93 785	118 236	127 538	154 940
助理教授	81 626	103 873	111 618	134 554
讲师（Instructor）	62 259	76 685	86 529	101 452
讲师（Lecturer）	59 300	75 667	86 145	100 734
无级别	76 908	77 843	107 019	104 936
全美 2016 年家庭年平均收入	59 039			

注：*Compensation（薪酬）represents salary plus institutional contribution to benefits.It is best viewed as an approximate "cost" figure for the institution, rather than an amount received by the faculty member. 即薪酬包括年薪与单位替教师上缴的部分。

数据来源：https：//www.aaup.org/report/annual-report-economic-status-profession-2017—2018，美国教授协会（American Association of Professors）2018 年发布的调查报告《2017—2018 年度美国大学教师经济状况调查报告》；https：//www.census.gov/library/publications/2017/demo/p60-259.html，美国人口普查局发布的《2016 年美国收入与贫困报告》。

（4）相对稳定且具激励作用的薪酬增长机制。第一，年度增薪计划。即整体薪水幅度的提升，每位正式教职员工都能享受这一年度的加薪。第二，基于个人业绩的工资增长。基本上每年评议一次。第三，基于职级和岗位变动的薪酬调整。每一次职位变动，薪酬会有不同的增幅。各校的增幅规定也不一样，如耶鲁大学是 7%~15%，麻省理工学院是 5%~15%。如果职级没有变化而职位职责复杂性显著增加，麻省理工学院也规定需有 5% 以内的薪酬增幅。第四，薪酬公平性调整。当发现薪酬有问题时，为吸引校外人才和保留校内人才，大学会及时调整薪酬差异。

（5）完善的薪酬配套管理体制。美国大学每个教师的岗位都要面临业绩评估考核，教师的薪酬水平最终会与绩效评估的结果挂钩。另外，美国高校也鼓励教师合法合规广开财源。

2. 科研资助制度

研究经费是高校发挥其知识创新与传播作用的重要的物质基础。美国联邦政府对大学科研的资助以及制定的科研政策，是美国一批大学科研水平得到迅速提高，取得重大科技创新成果，成为世界一流大学的重要推动因素。对于大学教师学术职业来说，联邦政府科研资助的作用和意义更是非同寻常。

第一，科研经费的剧增吸引了大批来自世界各地的一流人才，带来了学术职业的全球流动。世界一流大学科研经费的增多，带来了科研活动的大量增加，许多大学科学研究的领域不断细化和分化，为此设立了更多的研究职位和大量讲座教席吸引国际上最顶尖的教师。为了某些研究领域能达到世界一流的水平，招募全世界最优秀的研究人才，带来学术职业的全球流动，使美国大学和科研机构成为高级研究人才的储备场所。

第二，科研经费的剧增改善了大学的科研条件和环境，为大学教师创造卓越的科研成果提供了物质基础。许多联邦政府部门资助的研究中心、国家实验室由大学负责代管。这些政府部门科研资助经费的丰裕和科研活动的拓展，使大学有能力购置更加前沿、更加昂贵的、能支持研究生教育和科学研究所需的研究设施、设备、图书等资源，从而为大学教师进行学术创新提供优良的科研环境。

第三，科研经费的剧增提高了大学学者的社会地位。随着世界一流大学科研的发展，大学学者凭借自身的科研能力和学术影响力，获得了前所未有的职业声誉，因而也拥有了多重身份。他们是普通公民，又是大学教师，还是某一学科领域的科学家，在面对不同问题时，他们会以不同身份、不同方式就自己感兴趣的问题向政府表达意见。❶ 在有关高等教育的政策问题中，他们可以以普通公民身份给政府官员写信、打电话表达观点，也可以通过大学教师组织参与游说。如美国大学教授协会

---

❶　Mark F.Smith, Ruth Flower.How Many Lobbyists Does It Take［J］.Academe, 2000, 86（1）.

（Association of American University Professor，AAUP），就是美国大学教师的利益集团。为保护大学教师利益，该协会经常就退休年龄、休假制度、终身教职等问题向政府游说。而且，在面对科学政策问题时，政府和利益集团对专家知识的依赖越来越成为一种趋势。正如美国科学家联合会前主席凯利（Henry Kelly）所说："在政策制定过程中，决策者从来没有像今天这样需要专家的建议。事实上，很难有哪个主要的公共政策领域——包括能源、环境、卫生、交通、通信等——不依靠科学技术而运转。联邦的决策是个复杂的过程，需要科学团体的介入。"❶

第四，科研经费的剧增影响了大学教师学术职业相关学术制度的改革和完善。科研的发展影响了一流大学的内部管理体制和价值观念，使一流大学对教师的聘任、评价和晋升标准发生改变，教师的聘任和评价以其科研能力和科研成果为主要评判尺度。同时，学术带薪休假制度和学术奖励制度也成为推动教师学术职业发展的动力。

第五，科研经费的剧增培育了大学教师学术职业发展的学术文化。因为有了充足的科研经费作后盾，大学学者可以安心做科研，而不必为"稻粱谋"，因而科学研究中的自由、求实、崇真的精神得到更多的尊重，科研经费申请、职称晋升中的激烈竞争得到更多的理解，科学研究、教学中的创造性思维以及学科之间、研究团队之间的相互交流和交叉渗透得到更多的重视。

全美大学科研经费超过半数来自美国联邦政府，而在世界一流大学中，联邦科研资助的比例更高。根据2010—2016财年美国国家科学基金会高等教育研究与开发调查显示，全美国大学研究与产品开发总经费从2010财年的612.57亿美元增长为2016财年的718.33亿美元，增长17.26%。其中来自美国联邦政府的经费为387.94亿美元，占54.01%（见表4-23）。可以说，美国联邦政府已经成为美国世界一流大学科研经费的主要赞助者。

---

❶ Henry Kelly.Letters to the Editor：Scientists' Role in Public Policy［J］.The Chronicle of Higher Education，2002，48（18）.

表 4-23　2010—2016 财年美国高等教育研究与产品开发经费支出（按经费来源）

单位：千美元

财年	所有研发经费	经费来源					
		联邦政府	州及地方政府	机构	企业	非政府机构	其他来源
2010	61 257 398	37 477 100	3 853 183	11 940 837	3 198 278	3 740 169	1 047 831
2011	65 282 162	40 770 789	3 828 583	12 611 908	3 179 765	3 853 986	1 037 131
2012	65 744 254	40 151 011	3 695 353	13 634 941	3 272 372	4 021 574	969 003
2013	67 041 154	39 470 157	3 657 725	14 973 923	3 501 308	3 860 093	1 577 948
2014	67 154 642	37 922 314	3 869 376	15 753 517	3 724 971	3 979 951	1 904 513
2015	68 667 801	37 876 879	3 812 408	16 711 730	4 000 614	4 236 993	2 029 177
2016	71 833 308	38 793 542	4 025 280	17 974 962	4 210 563	4 614 800	2 214 161

数据来源：http://www.nsf.gov/statistics/2015/nsf15314/.

3. 学术休假制度

"学术休假"是美国高校对教师科研的平衡制度。如今全美大学都将教师的学术休假作为教师的一项基本权利加以规定，即所有教师在服务一定期限之后都可以申请享有的权利。对于加入美国大学教授协会（AAUP）协议的成员大学，要求每年要向 AAUP 汇报本校教师的基本情况，其中包括每学期学术休假的教师名单。一些大学还把学术休假作为教师的一项个人福利加以保障。

全美各校有关学术休假的政策大体一致，但不同大学对学术休假的规定因校制宜，各有特色（见表 4-24）。

表 4-24　部分美国一流大学学术休假的有关规定

大学	享受学术假资格的对象	享受学术假的任职年限	学术假期限	带薪学术假期间的工资
普林斯顿大学	全体教员	连续工作满 5 个学期以上	一般不超过 1 年	1 个学期全薪或者 2 个学期半薪
哈佛大学	全体教员	每隔 7 年	休假 1 年或半年	1 年半薪、半年全薪

大学	享受学术假资格的对象	享受学术假的任职年限	学术假期限	带薪学术假期间的工资
斯坦福大学	全体教员	没有明确规定，但在休假后至少为大学服务1年	最短1个季度或者1个学期，最长1年 周期性休假：9个月任职的教员在7年内休假不超过6个季度，12个月任职的教员在7年内休假不超过2年	1个季度或1个学期50%薪水，或者2个月全薪
耶鲁大学	全体教员	教授、副教授级别的教员第一次申请需连续工作满4年以上，再次申请需工作满6年以上。助理教授同时满足工作满3年，任教期间没有享受过学术假，休假时会继续担任助理教授职务这三个条件可以享受1个学期全薪学术休假	最长1年 周期性休假7年内休假不能超过4个学期	1个学期的全薪或者1年的半薪
麻省理工学院	终身教职的教员	连续工作满6年以上	一般不超过1年	半年的全薪或者1年的半薪
加州大学伯克利分校	全体教员	申请休假者最低是连续工作满6个季度	一般不超过1年	学术年度任职人员工作时间和休假及薪水的对应

资料来源：林杰.美国大学的学术休假制度［J］.比较教育研究，2008（7）；丁伟忠.美国十五所一流大学优化学术人力资源的制度分析［J］.中国高校师资研究，2009（3）.

4. 学术奖励制度

美国作为世界上科学技术最为发达的国家之一，不同类型的、独具特色的学术奖励制度正好发挥了这方面的激励作用。

（1）健全的学术奖励体系。美国的学术奖励制度比较完善，在不断的发展中逐渐形成以政府级的奖励、民间机构的奖励以及大学内部的奖励为主要来源的奖励体系。在政府级的奖励中，最高级别的政府奖励是总统奖，主要有国家科学奖和国家技术奖。此外，与科研相关的政府部门也都设有自己的奖励。数量和种类繁多的民间奖励项目，构成了美国学术奖励的主体。大学内部的奖励，主要指综合性研究大学，这些奖项由学院或系设立，学科性较强，主要用于鼓励和资助本校学者的学术研究以及跨学科研究。这些从政府到民间再到在大学的诸多奖励，涵盖的范围广泛，对各学科领域的学术人员都能起到激励作用。而且，这些奖项各自相对独立，互不干涉，其评选标准、评审程序和运行方式都存在一定的差异，呈现出多元化的特点。

（2）多渠道的学术奖励基金来源。从奖励基金的来源看，既可以是政府、学术机构或大学的专项拨款，也可以是企业或个人的捐赠。在美国名目繁多的学术奖励中，企业和个人的捐赠资金占很大的比例。

（3）设奖机构的学术权威性决定奖励的荣誉等级。美国的学术奖励以民间奖为主，政府奖为辅。有些学会、学术机构设立的奖项，往往代表着该学科、该领域内的最高荣誉，是对学术人员学术成果的最好的认可和肯定，不存在从各市、州到联邦的奖励层次递进关系。❶

（4）着重对青年学者的奖励。美国非常重视对青年学者的培养和鼓励，并为此设立了各种奖励。如国家科学基金会设立的总统杰出青年学者奖、沃特曼奖、总统杰出指导奖。美国各种基金会，如在医学方面的丽塔·爱伦基金会、罗伯特·伍德·约翰逊基金会等，均设立了众多的奖励，旨在鼓励并资助高等院校具有研究潜质、有望走在学科前沿的青年研究人员进行学术研究，促进他们的学术产出。❷

（5）运作过程保证了奖励的公平性与高信度。从评审主体看，三个层面的奖项评审主体都是由知名专家、学术权威组成的评审委员会，这样保证了对候选人的研究项目做出全面、公正的评价。从评审的程序看，从严格标准的提名审查，到有同行评议和投票表决的评选过程，无不力求做到评审的公正性与准确性。从对奖项运作自身的评估看，对奖

---

❶ 叶小梁，汪凌勇. 发达国家科技奖励制度分析［J］. 科学对社会的影响，2003（1）.

❷ 参见：阎光才. 美国的学术体制：历史、结构与运行特征［M］. 北京：教育科学出版社，2011.

励覆盖面及奖项设置的适当调整，对评审委员会履职的适当监督，防止学术腐败现象的发生。

（四）学术生态系统

美国研究型大学强大的学术生产力与比较平衡的学术生态系统密不可分，尤其是作为学术职业核心价值的学术自由、学术规范及学术责任等要素，对整个学术职业的运行产生着重大影响。

1.学术自由制度

美国的学术自由除深受德国学术自由传统的影响外，还广泛吸取了社会生活和制度中许多共同的主张。此外，美国独特的文化传统和实用主义的精神也为美国学术自由赋予了新的内涵，从而形成的具有美国特色学术自由思想，成为美国大学学术职业共同争取和捍卫的古老信条和天然法则。其特色主要表现为以下几方面。

（1）美国大学教授协会在保护学术自由方面发挥了重要的作用。美国大学教授协会（AAUP）的宗旨是致力于促进学术自由。在其发表的《一般原则宣言》中，建议大学实行终身教职制度、教授协会裁判以及司法听证会制度，初步确立了学术自由与终身职位的关系。经过AAUP的大力提倡和推广，最终建立了以教授终身聘任制为核心的教师聘任制度，促使大学履行教师聘任、解聘、晋升的正当程序，保障教师的经济、职业安全，维护大学教师的学术自由权力。如密歇根大学在《教师手册》规定："密歇根大学依然相信终身教职是保护学术自由不可或缺的一部分，而学术自由是繁荣以大学为基础的智力活动所必不可少的，终身教职应该被授予那些担负起学校赋予的责任，并以最高标准完成这些任务的教员。"❶ 匹兹堡大学在《教师手册》中写道："在一所大学中，需要自由质疑的环境来实现大学的任务，所以终身教职是一个必不可少的元素，终身教职是一个身份的象征，它体现了大学教师对人类知识增

---

❶ The University of Michigan. Faculty Handbook：6.A General Principles［EB/OL］.［2006-09-27］.http：//www.provost.umich.edu/.

长所作出的高质量贡献和取得的巨大成就，大学鼓励独立的精神和自由的质疑，所以终身教职还有助于大学确认哪些教师是学校中最有价值的人。"❶

（2）美国大学教师工会通过集体谈判制度保护教师学术自由。美国大学教师集体谈判制度是保护大学教师学术自由和终身教职权利的有力武器。除了有《国家劳工关系法》《劳工管理关系法》《劳资关系法》为教师工会和教师集体谈判提供法律依据和法律保障外，美国全国教育协会（NEA）、全国教师联合会（AFT）、美国大学教授协会（AAUP）等，都把集体谈判作为保护教师学术自由的主要手段。有了这些条件的支持，美国大学教师工会与集体谈判运动迅速发展。教师集体谈判制度在有关教师的工作条件、福利待遇等经济类事务和学术自由、终身教职等学术类事务中发挥了积极的作用，并利用集体的力量对全国的一些教育、教师政策产生了重大的影响。

（3）黑名单制度通过制裁保护教师学术自由。从1930年开始实施的黑名单制度是美国大学教授协会用来制裁大学违反学术自由和终身教职制度的一种手段。当美国大学教授协会在监督全国大学时，一旦发现有学校当局严重侵害学术自由和违反终身教职制度，通过调查程序后侵犯学术自由的学校会列入谴责名单。而对情况改善的学校，再经协会年度代表会议讨论通过，将会从黑名单上除名。虽然黑名单制度所起的制裁效力不大，但只要学校上了美国大学教授协会的黑名单，就会给学校带来诸多的压力，因此美国大学对教师学术自由权利问题都非常慎重。

（4）大学教师思想、言论自由和学术自由一起构成保护大学教师权利的重要屏障。美国大学教师的学术自由，不同于德国大学教师只享有在校内的充分的教学和科研的自由，它还享有在校外的更高程度的学术自由，即作为公民的言论自由权利。美国大学教授协会相继颁布的一系

---

❶　University of Pittsburgh. Faculty Policies Appointment and Tenure：University of Pittsburgh Bylaws，chaper Ⅱ［EB/OL］.［2006-09-27］.http：//www.pitt.edu/.

列原则声明，最终确立的以教授终身聘任制为核心的教师聘任制度，不仅确保大学教师在校内的学术自由权利，而且还保护大学教师作为公民的言论自由权利。只有受到思想、言论自由和学术自由的双重保护，大学教师才能扮演好教师、学者、公民的多重身份，更好地履行作为公民身份和学者身份的职责。

（5）美国大学强调教师学术自由与学术责任的统一。美国大学坚持学术自由与学术责任的内在统一，享有学术自由必须履行相应的学术责任。大学教师作为公共知识分子的代表，一方面保持学术研究的独立性，享有在专业领域内从事教学、科研、出版等学术活动的自由权利，不受外界的直接干预；另一方面在对他人、对团体、对组织、对民族、对国家应尽的道德关怀和法律义务上的内外在责任，时刻关注社会现实问题并传播和引领正向的社会价值观念，积极参与社会服务等方面，肩负着应承担的学术责任和担当。"在学者个人能够自由地行使他们的学术责任时，才存在学术自由。"❶

（6）教授治学成为调节大学学术管理中教师与行政人员之间关系的准则。教师是大学学术活动的主体，对学术事务拥有不容置疑的发言权。在美国大学内部的学术管理上，教师与行政人员之间更多地表现为一种分工与合作的关系。❷

2.学术不端防范制度❸

自20世纪70年代末80年代初以来，美国研究型大学科研不端行为问题逐渐成为一个公共议题，涉案大学不乏哈佛大学、斯坦福大学、麻省理工学院、耶鲁大学等享有极高声誉的研究型大学。为了端正科研作风，在近40年中，在政府的强力主导之下，美国各界在处理科研不端行为问题上形成了较为完善的制度，制定了一套较为合理并具有可操作

---

❶ ［美］爱德华·希尔斯.学术的秩序——当代大学论文集［C］.李家永，译.北京：商务印书馆，2007：278.
❷ 别敦荣.中美大学学术管理基本特征的比较研究［J］.高等教育研究，1998（1）.
❸ 参见：阎光才.美国的学术体制：历史、结构与运行特征［M］.北京：教育科学出版社，2011：198–217.

程序以处理和预防科研不端行为。

（1）成立专门机构，重新界定学术不端定义及范围。白宫政府 1995 年成立了科研诚信委员会（The Commission of Research Integrity），并由该委员会几经修改，最终提出"科研不端行为"的新定义。"科研不端行为"指的是"在申报、开展或评议研究项目，以及报告研究结论等过程中的捏造、篡改或者剽窃的行为"。❶并将科研不端行为限制在"FFP"范围内，即捏造（Fabricate）、篡改（Fiddle、Falsify）和剽窃（Plagiarize）这三种行为。

（2）加强对科研不端行为的管理监督。科研诚信办公室作为美国处理科研不端行为的主要科研管理机构，对科研不端行为的管理和监督，包括：制定明确的举报案件处理程序，注重调查的公开、公平和公正，注意保护科研不端行为的举报者和被举报者；开展科研诚信教育和不端行为防范项目，支持学术团体开展提高其成员负责任研究行为的活动；开展"研究诚信长官培训项目"，培训相关机构中处理不端行为负责人如何受理举报案件、获取数据、保护举报者、管理询查调查委员会等。

（3）信息公开和保护个人隐私。科研诚信办公室做到信息的公开化处理。凡被科研诚信办公室最终确认存在科研不端行为的，案件信息最终会在《联邦公报》《科研诚信办公室时事通讯》及科研诚信办公室年度报告中公布。

三、美国研究型大学学术职业的学术生产方式

在当代社会，知识生产方式正在发生重大的变化，逐渐形成了新的知识生产模式。它的一个显著特征就是跨学科，即知识生产在"基础"和"应用"之间、理论和实践之间不断交互。在美国研究型大学里，学术生产也直接受到这种知识模式的影响，使大学学术生产方式呈现与之

---

❶ ORI Annual Report 2001［EB/OL］.［2008-08-10］.http：//ori.hhs.gov/reg-sub-part-a.

相适应的特征。

1.学术共同体

各大学内不同的研究领域存在着不同的学术共同体。这个学术共同体有共同的志趣和学术追求、价值、规范和制度，以形式多样的学术活动为载体，在公共学术生活空间里交流最新研究成果，探索学术前沿问题，寻求更广泛的校际和国际合作。

2.跨学科的学术团队合作

新知识生产研究领域向越来越细分的专业变异。在许多研究领域和项目中，学科边界日趋模糊，采取单一学科方式已无法解决问题，跨学科的学术团队合作必不可少。美国世界一流大学开展跨学科研究的模式成为它们提升自身大学学术生产力的重要途径。

3.多元的质量控制和评价

知识生产越来越倾向于社会问责，因此在对质量控制进行判断时，采用更大范围的质量标准。对于什么是"好的科学""好的研究"有了更综合、多维度和更多样化的要求。

4.强调社会责任，满足社会需求

知识生产越来越快地由传统的学科活动转移到新的社会情境之中。它通过所有参与者的利益、需要和专业的不断协商而生产出来。科学发现发生在以知识应用为目的并需要应用到新材料、新产品的制度中，也就是大学科学研究实验的过程和制造的过程越来越一体化。

5.多样化的研究资助模式

大学的学术生产，由多种不同的组织和机构共同参与，包括跨国公司、网络公司、高科技公司、政府组织、研究型大学、实验室、研究院以及跨国的研究机构等。在这种环境下，研究的资助模式也显现出相应的多样化。

6.跨国合作模式

在国际层面，各种跨国的正式与非正式合作模式呈增长趋势。在国际学术的合作和分工中，大学教师、知识和思想的流动更频繁。

四、中国研究型大学的学术制度

（一）聘任制度

首先，建立教师资格制度。这是中国高等学校教师的职业准入制度。1999 年 1 月我国《高等教育法》的颁布实施，使教师职务聘任制在法律层面得到确立。

其次，实施教师职务制度。大学教师职务设助教、讲师、副教授、教授四级。高等学校教师取得教师职务应当具备取得高等学校教师资格、系统地掌握本学科的基础理论等基本条件。具体任职条件由高等学校根据办学实际情况制定。

我国高等院校自 2000 年教育部发布《关于深化高等学校人事制度改革的实施意见》以来，对大学教师聘任制度进行了一系列的改革。当前高等学校教师职务制度改革的主流方向是逐步强化教师职务的岗位属性、引入竞争机制、鼓励流动，体现优胜劣汰和优劳优酬的改革精神正在多数高等学校普遍执行，这些举措极大地激发了教师创造力，提高了大学教师的学术生产力，使我国大学教师聘任制逐渐与国际标准接轨。

（二）职务评审与晋升制度

中国高等学校教师的职务评审，针对不同的职务，学术条件要求不同。从助教到教授的晋升，要求具备相应职务的教育教学能力和科学研究能力。全国各地都制定《高等学校教师职务评审工作实施办法》，各高校根据本校实际情况制定《教师职务评审组织细则》，规定各层级职务资格和评审条件、评审程序，建立评审机构组织评审。

一般而言，各大学对于晋升教授、副教授、讲师、助教，都在科学论文、著作、创造发明、教学和科研能力等方面有严格的规定。此外，晋升还有教龄上的不同规定。

从现在高校激烈的职务评审与晋升情况来看，有两个重大的变革：一是在制定学术职业晋升的标准时，绝大多数的院校采取著名的研究型大学的做法，主要依据教师的学术资历和研究出版成果。职务晋升从以前的论资排辈逐渐演变成以学术成绩和教学质量为依据。能者为上，靠熬年头等着自然晋升到高一级职称的历史逐渐终结。而且，针对一些有杰出成就的教师，还可以"破格"晋升副教授及教授。二是受北大人事分配制度改革的影响，现在不少高校的职务评审与晋升政策实行"非升即走"，在一定年限内如果不能评上副教授，就只能离职。如清华大学如果讲师申请三次之后不能得到晋升、助教申请两次之后不能得到晋升，就不能在原有的职位上就职。

（三）优秀人才奖励与资助制度

目前，教育部建立了比较完备的优秀人才奖励和支持体系。最高层次的是"长江学者奖励计划"，第二层次是"高校青年教师奖"和"跨世纪优秀人才培养计划"，第三层次是"优秀青年教师资助计划""高等学校骨干教师资助计划"等。

此外，在过去的几十年中，建立了一些政府项目奖励优秀教师和吸引有杰出才能的学者到高等教育机构工作，这些项目包括："国家杰出青年科学基金""跨世纪杰出人才培养计划""创新研究群体科学基金""高校青年教师奖""海外回归学者启动研究基金""海外回归学者重要研究基金和人才培养基金"等。

除上述的国家系列奖励外，为了更好地鼓励优秀人才从事基础研究，科学基金资助在促进基础学科建设，发现、培养优秀科技人才等方面作出了积极贡献。大学及其他机构在职称晋升和大项目评审中，越来越多地将获得科学基金资助作为重要指标。在我国，国家自然科学基金委员会（简称基金委）是最大的官方基金组织。在其大量的基金资助项目中，研究型大学在获得资助数量方面占据绝对优势。据近5年来对外公布的国家自然科学基金资助结果，按资助金额总数来计算，排名榜单前 10 位的均为国内知名的"985"高校。如 2018 年上海交通大学高居第一，总立项数高达 1021 项，项目总金额达到 5.3 亿元。中山大学立项数为 872 项，位居第二位，项目总金额达到 4.5 亿。浙江大学立项数为 861 项，项目总金额达到 5.1 亿元。华中科技大学立项数为 719 项，总金额达到 3.77 亿元。除了立项数超过 700 项的这 4 所高校外，立项数前十的高校还有复旦大学、北京大学、清华大学、中南大学、同济大学和西安交通大学。❶

除政府基金资助外，不少研究型大学自身也创立了一些科研项目基金会，用以资助本校教师的教学、科研工作。从 1994 年起，清华大学、北京大学、浙江大学等高校先后在国内和海外成立了教育基金会。这些基金会面向全社会，以发展学校与教育有关的各项工作为宗旨，而促进教师的学术职业发展（包括教授论坛、奖教金、国际交流、学术活动、成果转化、创造发明、著书立说、师资培养等）往往成为其工作任务和目标之一。如北京大学教育基金会，它的主要工作是接受和管理社会各界捐赠的资金，用于北京大学的发展建设，奖励教学、科研工作中的优秀教师，鼓励资助优秀学生，促进北京大学与海内外各界的友好关系和广泛合作，推动北京大学教育和科学事业的发展。在其"教师发展项目"里，主要设有：北京大学讲席教授基金；北京大学杰出青年学者奖励基金；北京大学学术著作出版基金；北京大学人文社科研究基金。这些基金为教师的专业提升和科学研究提供了经费资助。

（四）薪酬制度

高校师资水平及其国际地位的提高离不开高水平薪酬体系的支撑。随着近年来我国高校教师薪酬水平的提升，高校对教师的吸引力明显增加。与社会上其他职业群体的年均工资相比较，我国高校教师群体在人才市场竞争中具有一定的优势。2011—2017 年，高校教师的平均工资

---

❶ 2018 年国家自然科学基金立项数和总金额出炉［EB/OL］.［2018-11-13］. http：//www.360kuai.com/pc/90620d59bd263575b?cota=4&tj_url=so_rec&sign=360_57c3bbd1&refer_scene=so_1.

水平在全国各行业中处于前列。2017 年全国国有单位职工年平均工资为
81 114 元，而高等教育（即高校教师）的年平均工资为 115 486 元，远
高于前者，而且后者的年增长速度也多半高于前者的年增长速度（见表
4-25、表 4-26）。

表 4-25　2011—2017 年全国国有单位职工的平均工资情况

年份	平均工资（元）	比上年增长（%）
2011	43 483	13.36
2012	48 357	11.21
2013	52 657	8.89
2014	57 296	8.81
2015	65 296	13.96
2016	72 538	11.09
2017	81 114	11.82

数据来源：《中国劳动统计年鉴》(2012—2018 年)。

表 4-26　2011—2017 年全国国有单位中高等教育的平均工资情况

年份	平均工资（元）	比上年增长（%）
2011	59 038	10.00
2012	65 181	10.41
2013	72 481	11.20
2014	79 348	9.47
2015	89 526	12.83
2016	101 766	13.67
2017	115 486	13.48

数据来源：《中国劳动统计年鉴》(2012—2018 年)。

（五）人才培训制度

为了努力打造具有国际水平的师资队伍，我国政府为优秀教师提供
进一步学习和从事高级研究的机会。近几年来不断扩大教师出国研修
的规模，包括国内外访问学者计划、高级研讨班。如国家留学基金委通

过"中美富布赖特项目""青年骨干教师出国研修项目中加学者交换项目""公派高研、访学（含博士后研究）项目"等出国选派计划，提升了大学优秀教师科研水平，拓展了国际学术视野，促进了我国与世界各国的学术交流与合作。另外，不少研究型大学通过各类国际合作交流项目，鼓励教师到国外高水平大学进修学习和开展合作研究，提高教师的科研国际竞争力。

五、学术生产关系比较结论

在国际化背景下，各国高等教育国际化进程加快。中美虽然国别不同，但大学学术职业的学术制度既有相同之处，也有相互学习和借鉴的地方。

相同之处主要有：

（1）都有严格的教师聘任制度。拥有博士学位、独创能力、学术成就是教师聘任的必要条件，而且各国大学教师在学术晋升的每一个环节上，都要经过严格审核和遴选程序。

（2）都对大学进行科研资助，尤其是对重大创新项目的慷慨资助。这一点从各国国家实验室立项项目和科研经费拨款的剧增可以看出。充足的科研经费为大学学者安心从事科研工作提供了坚实的后盾，

（3）都很重视科研团队的组建和协同创新。每一项科研，都是团队协同作战，大学学术共同体以学术讨论会、专题讨论会、研究项目、学术沙龙为载体的活动形式多样。美国以各种"学科性"学会为标志的"无形学院"和中国的协同创新研究中心，都体现了学术协作、跨学科合作研究在学术职业发展中的重要性。

（4）关系学术人员切身利益的薪酬制度都在逐步完善。无论是美国大学教授的薪级制，还是中国大学教授的年薪制，都反映出国家对大学教师及其地位的重视。

（5）都在通过建立"近亲繁殖"防范制度促进大学学术多元发展。

鼓励学术流动，倡导大学人才来源的多样化，都把"反裙带关系"政策条文作为一流大学聘用人才的重要条件。

（6）都把是否具有创造性的学术成果作为对大学教师进行考核和评价的关键所在。一名优秀的大学教师必须是一位卓越的研究者，教师的学术晋升越来越被要求从事研究和取得突出的学术成果。

（7）都很认同同行评议这一重要的评价制度，并通过不断完善同行评议制度保证大学学术人员招聘或晋升，以及学术发表和学术评奖过程的客观和公正。

（8）都意识到学术休假制度对于大学教师的学术发展具有重要保障作用。但是，如何达到学术休假制度的预期效益，还需要各国根据实际情况进一步完善学术休假制度，使其正规化和制度化。

（9）都建立了比较完善的学术奖励制度。以政府级的奖励、民间机构的奖励以及以大学为主要来源的奖励体系，对各学科领域的学术人员起到了物质和精神的双重激励作用。

（10）都把平衡的学术生态系统作为学术职业发展的价值追求。都认识到体现学术职业核心价值的学术自由、学术规范及学术责任等要素，会对整个学术职业的运行产生重大影响。

由于各国的国情不同，采用的学术制度也存在一些不同之处。通过对比，中国可以从美国方面找到可借鉴和学习的经验。

（1）在教师聘任制度上，两国的各大学在任职标准、选聘程序和晋升条件上各不相同，相比较而言，美国大学对教师的择优录取和任用不仅标准严格、程序复杂，而且具有竞争激烈性和高度选择性。而中国大学教师资格的准入、职务的评审和晋升要求不高，竞争不足，"自动认定"和"名额分配"的做法仍在少数学校实行。

（2）在科研资助制度上，美国联邦政府对大学科研进行资助的目的和效用明显。为了招募全世界最优秀的科研人才为其所用，为了使大学学者安心做科研，创造出卓越的科研成果而不惜重金。而且，政府是美国高校科研成果的主要购买者，注重对科研成果的转化与利用。科研拨款以同行评议的方式选择资助对象，评审严格，程序公正公开，选出最优秀的申请者进行资助，而且对科研成果有严格的绩效评估。中国政府对大学的科研资助，多以计划项目形式下达，追求短期效益，对于人才的作用发挥和科研成果的实际效用考虑不多。在决定资助对象时，虽采用同行评议的方法，但也存在指定和委托等方式。

（3）在研究团队建设上，美国大学的任何一个实验室，就是一个紧密型的科研团队，跨学科分工合作，有明确的任务分解，有长远的研究目标，有大家都认可的科研经费分配和成果署名机制。中国大学也强调创新团队，但相对松散，在经费分配、学术研讨、人员组成等合作攻关的细节与美国还存在差距。

（4）在薪酬制度上，美国大学教师薪酬制度的优越性，体现了大学教师职业在美国具有的强吸引力和市场竞争性。而中国大学教师的薪酬制度，不仅不能完全体现大学教师职业的优越性，而且高校受制于国家和地方政府的收入分配政策，也不享有像美国大学那样的薪酬分配调整自主权。

（5）在"近亲繁殖"防范制度上，美国可谓是严格强硬，学术"近亲繁殖"防范制度逐渐被美国研究型大学所接纳并制度化为一种约定俗成的惯例。中国的一流大学现在虽然也在学习和采用，但尚未成为研究型大学选人、用人的一种普遍标准。

（6）在同行评议制度上，同行评价在美国学术界的应用广泛，主要表现为科研基金的分配、学术发表、学术奖励以及教师的聘任与晋升等。而中国的学术同行评议制度不仅应用范围有限，而且实际操作环节还有待通过制度和方法来提高同行评议的客观公正性。

（7）在学术休假制度上，全美大学都将教师的学术休假作为教师的一项基本权利加以规定。而且，不同大学对学术休假的规定因校制宜，各有特色。而中国目前仅有几所大学提出试行，但在具体执行上还有待时日。

（8）在学术奖励制度上，美国的学术奖励基金来源渠道多元，在名目繁多的学术奖励中，企业和个人的捐赠资金占很大的比例，而且非常看重对青年学者的奖励。奖励的运作过程，力求通过严格的评审以确保奖励的公平性与高信度。中国的学术奖励，一般以政府为主，企业和个人的捐赠较少，青年学者的奖励项目数量有限，奖励评审的过程还需要更加公开透明。

（9）在学术自由制度上，美国大学的学术自由思想的形成，非一日之功，除深受德国学术自由传统的影响外，自身也经历了学术自由思想的成熟—学术自由原则的确立—学术自由制度的形成和发展这样一个漫长的历史过程。最为显著的特点是学术自由与终身教职相联系，用大学教授协会和黑名单制度保障大学教师学术自由和终身教职制度。美国大学的自治权利和教师的学术自由权利受到国家法律的保护，在美国大学内部的学术管理上，凸显教授治学。而中国大学的学术自由，既无思想之说，更无制度保障。学政不分，学术权力与行政权力之争一度让中国大学教师治学苦恼。

（10）在学术不端防范制度上，美国极为重视学术诚信。大学为防止科研不端行为成立专门机构，对科研不端行为加强管理监督，并为预防和处理科研不端行为形成了较为完善的制度和可操作程序，做好处理不端行为时信息公开化和保护个人隐私工作。中国大学近几年来也很重视学术诚信问题，但在具体落实相关制度和处理科研不端行为时，一般表现为大事化小，小事化了，制度制衡和惩戒发挥的作用还是有限。

第三节　中美大学教师学术职业发展机制的案例分析

一、美国：耶鲁大学教师学术职业发展机制

耶鲁大学作为美国常青藤联盟的成员之一，并且在《美国新闻与

世界报道》的排行榜上始终位居前三名，是举世公认的世界一流大学。该校在教授阵容、学术创新等方面堪称一流。可以说，耶鲁大学的发展与其优秀的教师队伍密切相关。

2017 年，耶鲁大学共有 16 429 名学生（其中本科生 5 964 名，研究生及专业学生 7 469 名，国际学生 2 996 名），教师 4 807 名，职员 9 666 名。❶

耶鲁大学的教师岗位分梯级教师系列、非梯级教学系列（如辅助或者访问）、研究系列这三种类别。每一类别在聘用程序、学术休假、福利待遇等方面存在差别。梯级岗位包括在初级阶段，有助理教授、可转变身份的讲师；在高级阶段，有终身副教授、教授以及期限聘任的副教授。

（一）聘任制度

1. 严格的聘任程序

耶鲁大学为了保证各项任职标准在每个岗位选聘中得到贯彻，由经济学诺贝尔奖得主詹姆士·托宾（James Tobin）教授担任主席的委员会于 1981 年制定了一套聘任程序（见图 4-4），教师聘任从岗位申报到最后得到批准，每一个环节都要经过严格的筛选程序。这一聘任制度对耶鲁大学教师的聘任起到十分关键的作用，而它与前面所介绍的美国高校学术职业人员的基本聘任制度大体上是一致的。

2. 教务长具有相当大的聘任权力

在聘任的权力上，耶鲁大学的《教师手册》中有一条款专门规定了聘任的权力："只有当某个终身岗位的设置得到教务长的认可，才允许聘任或晋升（至该终身岗位）。耶鲁的非终身教师只有等相关学科领域有了获得设置批准的岗位，才有资格成为终身教师的候选人。在终身岗位（通常这些岗位因人员退休或者辞退而产生空缺，虽然它们要被重新分配）被填补之前，必须有教务长的批准。岗位的分配过程中通常会有

---

❶ 耶鲁大学官方网站，https://www.yale.edu/about-yale/yale-facts.

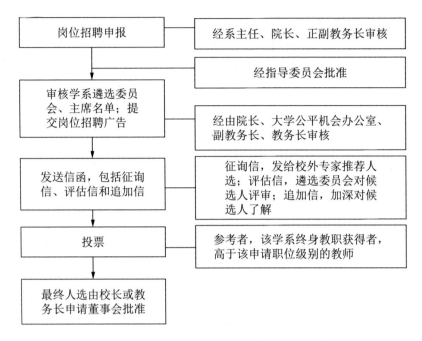

图 4-4　耶鲁大学教师聘任程序

合适的咨询团体向教务长提交有关建议。只有在董事会批准了校长或者教务长的推荐，一项聘任才算最终完成。除非得到董事会的认可，否则任何人都不允许被聘任至耶鲁大学的任何学术岗位。"事实上，一般情况下董事会的认可具有形式性，而作为耶鲁行政领导第二号人物的教务长监管整个大学所有的学术政策、学术活动。如果教务长或与校长都认为有必要，可以任命特别委员会并启动特别程序对教师聘任中的不公平、某个岗位的薪水额度等做出决策。

3. 高标准学术要求的教授终身制

耶鲁基于开放性入选和比较性评估原则，在全国范围内挑选教师。终身岗位的选聘更是如此，且范围扩大到国际。终身岗位的标准于1965年由罗伯特·达尔（Robert Dahl）担任主席的特别教师委员会加以修改，"教授岗位的候选人应该有能力与世界上该学科领域的首要领军者相竞争"。特别委员会还认为，在终身制类别（tenured rank），候选人"必须在著作和教学方面证明自己在学术性和原创性方面有着一定的声望。候选人对学者生活和学者群体的福利所作贡献也在考虑之列"。

在教师聘任程序中，校外同行专家的评议格外重要。耶鲁大学对一名教授的学术评价，主要依靠同行专家评价他在学术上是不是位于世界前列，这是招聘和晋升中的唯一标准。

（二）学术交流访问制度

耶鲁大学"学术访问教师"计划（visiting appointments）把学术访问教师分成教学访问和研究访问两种类型。该计划的形式包括聘请校外机构的教师来耶鲁任教、通过国际交流计划输送教师到外部机构进行学术访问。❶

邀请校外学术机构的教师到耶鲁去任教一个学期或者一个学年，有时甚至还超过一年。带薪交流一学期或更长时间的教师有资格获得健康津贴和退休方面的福利。在大学里从事学术教学计划的教师，被任命到耶鲁大学进行教学交流活动时，将会被给予一个在耶鲁大学进行研究的主题，而这个主题是与他们在自己的母校所从事研究主题相同的。在其他大学机构里没有专业职称的教学访问教师如果到耶鲁大学进行学术交流，除了建筑系，都将会被任命为讲师。而当耶鲁大学的教师在其他大学机构进行专职教学活动时，耶鲁大学很少对这部分访问教师进行任命。但如果需要对兼职访问教师实施任命，前提是必须用不到一学期的时间征得耶鲁大学教务长和来访机构系主任或学院院长的同意。

研究访问教师隶属于另一个大学机构，其研究会得到耶鲁大学的赞助。这类教师一般需要至少两年的研究经历，拥有硕士、博士学位，或者同等学力。他们的工资通常来源于耶鲁大学基金或合同赞助，但不会超过他们自己本校给的工资。和在自己本校的研究主题相比较，他们在耶鲁大学所做的研究主题会附上"交流"前缀。研究访问教师必须适应所有大学的研究和培训需求。人文科学的教师，其研究访问学者计划必须征得教务长的同意。在专业性院校，必须征得系主任的同意。

---

❶ Yale University Faculty Handbook［EB/OL］．［2011-03-10］.https：//www.yale.edu/.

（三）专利、版权制度

耶鲁大学鼓励教师们想尽各种办法使他们的科研成果能够被传播和有益于公共服务。在大学的赞助下，为了便于教师的发明能获得专利和许可，耶鲁成立了合作研究办公室（The Office of Cooperative Research），旨在通过商业发展有助于研究成果的传播和产生收入，以奖励发明者的发明创造和资助科研及大学里其他教育项目。

在大学的专利政策下，大学拥有教师利用耶鲁大学设施或在大学资助下创造的任意一项可获得专利的发明。在大学的版权政策下，总体来看，大学一般不主张拥有由教师创造的可获版权的发明所有权，除非这项成果是基于某项规定任务，或者基金资助合同规定学校拥有所有权，或者教务长认为对耶鲁资源有重大的贡献意义。大学获得的版税收入主要用来资助科研和教育。❶

（四）支持研究和学术活动制度

耶鲁大学有许多支持教师科研的办公室。在教师与潜在的和实际的科研经费赞助者进行对话中介入合适的大学办公室，以及在方案策划、研究协议筹备、发展运作和资助关系时，和有关的大学办公室进行商讨，这些对于教师来说都是很有必要的。

（1）科研管理办公室（The Office of Research Administration）主要负责科研实施的评估和与研究项目有关的一些办公室的融合和有效运行。

（2）拨款与合同管理办公室（The Office of Grant and Contract Administration）提供多种知识和服务，以及项目策划阶段的咨询服务。该办公室帮助教师确定基金来源，解释代理机构的指导方针和在科研、教学和培训计划方面提供建议。它主要是负责对所有的方案进行评估，以确保其与联邦、州、地方法律法规，以及与耶鲁大学的政策保持高度一致。

（3）拨款与合同财务管理办公室（The Office of Grant and Contract

❶ Yale University Faculty Handbook［EB/OL］.［2011-03-10］.https：//www.yale.edu/.

Financial Administration）是负责外部资助管理。该办公室管理账单和领取研究经费、准备财务报告和管理开支，以确保和赞助条款保持一致，也对开发和洽谈耶鲁大学的基础设施、管理成本比率（间接成本）和它的边际效应率负责。

（4）法人和基金会关系办公室（The Office of Corporate and Foundation Relations）隶属于开发办公室，负责建立和优化大学与私人部门之间的关系。当要满足教师和机构的需要而去寻找支持时，该办公室代表耶鲁大学去筹资和获取基金。它与教师和管理者的联系紧密，保持与负责捐赠基金董事会的关系，并且为教师在捐赠利益、方案完善、策略提交，以及管理工作方面给予建议。

（5）合作研究办公室（The Office of Cooperative Research）负责把耶鲁大学的科研成果转化成对公众有用的商业化技术。该办公室将评估那些具有潜在商业价值的发明。如果潜在市场是有希望的，该办公室将会准备给予合适的专利申请和其他的合法保护，而且还会寻求商业合作伙伴进行协议谈判，以促进具有市场前景的发明商业化。

（五）学术休假制度

为了积极促进教师的研究兴趣和专业发展，让教师获得自我专业发展的自由时间和机会，耶鲁大学给教师们提供形式多样的休假，如短期休假、学术休假（Sabbatical Leave）和研究休假。而且，根据是否提供薪水还可以分为带薪休假和不带薪休假。教师休假期间，在大多数情况下，大学基金会（包括总拨款、捐赠或赞助项目）会为教师提供全额或部分或少量的薪水，而在另外的情况下，全薪或者部分薪水有可能来自外部团体或其他机构。尽管如此，有资格申请带薪休假的教师仍然被鼓励去从大学外部机构那里获得休假时的经费资助。并且，教师通过咨询拨款和合同管理办公室、开发办公室下的法人和基金会关系办公室，使其帮助他们确定与休假目的相适应的机构或基金会。

对于连续执教满 4 年且无带薪休假经历的教授或副教授，和工作满

3年且任教期间没有享受过学术假，休假时会继续担任助理教授职务的助理教授，均可以享受一个学期的全薪学术假。而执教耶鲁6年并且没有带薪休假经历的教师，一般也可以享受学术休假。一个全薪一学期的学术休假有可能会和无薪一学期的学术休假联合形成一个全薪全年的学术休假。在其医学院，执教两年的副教授或教授，可以获得全薪一学期或半薪一年的学术休假。❶ 而且，他们在前一次休假结束后，在耶鲁大学任教满6年，也将有资格申请学术休假。

（六）表达自由政策

1975年，耶鲁大学表达自由委员会主席C.范恩·伍德沃德（C.Vann Woodward）教授发表声明："大学的基本功能是通过教学和科研发现和传播知识。为了实现这一功能，和世界各地的各个行业自由地进行思想交流是非常必要的。一所大学为了确保最大限度地实现学术自由，必须尽可能地做任何事。"❷ "耶鲁大学的成员要坚定地遵守双方相互宽容和相互尊重的原则，对任一教师成员进行身体的约束、强制或胁迫的行为都是与大学基本原则相违背的。而且，任何有计划地阻止大学功能或活动（如报告、会议、典礼或其他公共事件）的实现，以及对在大学校园里或大学教室里任何人的合法活动进行阻挠的行为，也是对这些原则和大学对教员、职工或学生身体行为规范的违背。"❸

（七）教师薪酬制度

耶鲁大学教师的薪水、研究资助、休假和其他专业发展机会的组合具有较强的吸引力，保证了耶鲁大学能吸引和留住杰出人才。

教师得到的薪水是在年工资水平基础上定的，但它的增长不是自动的。教师的年工资的正常调整是在每个学年的7月1日。工资的调整会

---

❶ Yale University Faculty Handbook［EB/OL］.［2011-03-10］.https：//www.yale.edu/.

❷ Report on the Committee on Freedom of Expression［EB/OL］.［2011-03-10］.https：//www.yale.edu/yalecollege/publications/woodward.

❸ Yale University Faculty Handbook［EB/OL］.［2011-03-10］.https：//www.yale.edu/.

反映多个影响因素，包括活动水平、在教学和科研方面个人能力的表现、对大学的贡献、特定领域的工资比较、预算约束、学科或专业、相关的艺术、临床医学和其他活动。耶鲁大学除医学院教师的教学聘用期是按 12 个月学术年来计算，一般的教学型教师聘用期通常是按 9 个月学术年，研究型教师通常是按 12 个月学术年来计算的。新的聘用生效时间通常是在 7 月 1 日或 1 月 1 日。

除了学术年工资，实行 9 个月聘期的教师可能会得到来自大学管理基金的额外夏季补助。在 7 月和 8 月得到的薪水被认为是在学术年期间作为服务补偿而得到的额外酬金，其月酬金的最高额是年薪的 1/9。但如果没有完整履行 9 个月服务聘期，需要按比例归还他们得到的 7 月和 8 月补助金。

此外，还有来自大学管理基金的其他补助，即对教师在学术年期间履行所有义务所给予的补助，包括正式和规定的责任，例如带班；正式但未规定的责任，例如个人科研追求和论文研究的管理，以及非正式参与的大学其他活动。

耶鲁大学还给予聘用连续两个学期或更长时间的所有教师（他们至少有一半时间在工作或正处在阶段性退休时间）一些附加福利。这些福利包括：医疗保险、牙医保险、人寿保险、残疾保险、长期护理计划、死亡抚恤金、耶鲁大学退休账户计划、耶鲁大学延税储蓄计划、完成大学退休计划的贡献、弹性福利计划、耶鲁抵押计划、耶鲁购房计划、教职员子女奖学金计划、大学课程审计、学费补助福利，等等。这些附加福利可能会不时地改变。每项福利的条款由各自的文件规定。每位教师会自动录入到耶鲁大学退休账户计划，他们可以在聘用期的任意时间提出申请，任何可获得的奖金通过工资单生成。

（八）新聘教师科研支持政策

耶鲁大学很重视对新聘教师科研能力的支持，学校为新聘教师设立了科研启动基金。为了尽快地使年轻教师努力从非终身岗位向终身岗位晋升，尽可能地减轻他们的职业心理焦虑，校方会给予他们更多的机会和经费出席专业会议、主持和参与科研项目和科研活动，保证每位新教师的学术独立。

二、中国：北京大学教师学术职业发展机制 ❶

北京大学不仅是中国综合实力最强的大学，而且在世界多个权威机构进行的大学综合排名中，稳居世界前列。在 2017 年和 2018 年《泰晤士报高等教育》世界大学排名中连续两次进入全球前 30 名。❷2018 年美国 US News 世界大学排名，北大位列全球第 68 位。❸

北京大学之大，因大师而大。自 1898 年创建以来的 120 余年里，北京大学教师队伍人才辈出。两院院士、教授、博士生导师、长江学者、国家杰出青年科学基金获得者，以及国家重点学科、重点实验室的数目，均居全国高等院校之首。全校教师队伍中，高端人才和优秀青年人才成为人才队伍建设的核心力量，如理学部的两院院士、长江特聘和杰青人才已占到学部教师总数的近 1/4，国家青年千人、青年拔尖、青年长江和基金委优秀青年基金获得者占学部教师总数的近 1/5。截至 2017 年 12 月 31 日，在北大高层次人才队伍中，两院院士 45 人，百千万人才国家级人选 55 人，千人计划入选者（除青千外）66 人，万人计划入选者（除青千外）25 人，国家杰出青年科学基金获得者 205 人。在事业编制教师队伍中，北大校本部共有 2624 名全职教师，占全校事业编制人员的 49.5%。其中男性 1 910 人，占 72.8%；女性 714 人，占 27.2%。❹随着改革的不断深入，教师队伍已经形成了年轻化、学历高、来源广的结构优化特点。全校教师队伍年龄集中在 36~50 岁年龄

---

❶ 此案例中关于薪酬与福利制度、学术奖励制度和学术自由制度等相关内容来自《北京大学教师手册 2016》《北京大学教师手册 2018》《北京大学教师手册 2019》。

❷ World University Rankings 2017，2018；Times Higher Education 2017，2018.

❸ Top World University Ranking 2018；US News 2018.

❹ 120 周年校庆在即，北大亮出师资家底［EB/OL］.［2018-03-29］.http：//www.sohu.com/a/226721669_479698.

段，总体而言正是年富力强的工作阶段。校本部全体教员中有89%以上具有博士学位，新进教师队伍的人员都具有博士学位。有中国籍教员2 553人（含港澳台22人），占97.3%，中国籍教员中有17个民族，汉族占95.6%，少数民族占4.4%。来自12个国家的外国籍教员71人，占2.7%。来自境外高校毕业的教师，占比31%，国内其他机构的教师仅占25%。❶

北京大学始终把建设高素质教师队伍作为学校工作的重中之重。近十多年来一直致力于学术职业制度的改革，始终把建设高素质教师队伍作为学校工作的重中之重。

（一）教师学术道德规范建设

为了防止学术活动中道德失准、行为失范的问题在北大发生，北大通过一系列建章立制工作，为加强学术道德规范建设提供有力的制度保障。先后制定《北京大学学术道德规范建设方案》《北京大学学术道德委员会工作办法》《北京大学教师学术道德规范》《北京大学教师行为规范》等一系列重要文件。为规范学术评价机制，建立学位论文失范追究导师责任制度。另外，学校分学科加大力度建设学术道德与学术规范类课程，同时编发不同学科的学术规范细则和典型案例，充分利用学校各种资源，以多种渠道和途径加强宣传和教育工作力度，营造学者自律的良好学术道德氛围。

（二）教师人事制度改革

创建世界一流大学的关键是人才，是教师队伍建设，而建设一支优秀教师队伍的关键是具有科学合理的人事管理制度。和全国其他高校一样，北大原有教师人事管理体制的基本特征主要表现为：（1）教员队伍只能进不能出，只能上不能走，没有淘汰；（2）职务晋升以内部提升为主，缺乏外部竞争压力；（3）职务晋升标准过分注重候选人论文数量和

---

❶ 北京大学2017年人力资源发展报告［EB/OL］. http://hr.pku.edu.cn/rlzyndbg/index.htm.

申请者之间的相对水平，过分注重内部平衡，过多地考虑资历的因素，而对论文质量水准和候选人在全国学界的地位注意不够；（4）部分院系新教员招聘"近亲繁殖"严重，博士生"自产自销"比例过大，不利于活跃学术气氛和鼓励学术创新。这种传统的教师人事制度存在的诸多问题和弊端严重影响了大学教师的学术竞争力，不利于优秀人才的脱颖而出。为此，北大选择教师体制作为"突破口"进行人事管理制度的改革，努力营造有利于优秀人才脱颖而出、有利于建设高素质教师队伍的环境和氛围。

2003 年北京大学提出《北京大学教师聘任和职务晋升制度改革方案》，改革的核心内容是教师的聘任和职务的晋升制度。按校方权威解释，改革方案提出的新的教师人事管理体制的基本特征可以概括为：（1）教员实行聘任制和分级流动制；（2）学科实行"末位淘汰制"；（3）招聘和晋升中引入外部竞争机制；（4）原则上不直接从本院系应届毕业生中招聘新教员；（5）对教员实行分类管理，教师岗位分为教学科研岗位和专任教学岗位两类；（6）招聘和晋升中引入"教授会评议制"。这一改革虽已过去十余载，但当时改革方案提出的有关教师聘任和职务晋升的一些基本思路和做法，为现在教师人事制度的完善做了很好的奠基。可以说，当年聘人用人制度上的突破之举，体现出非常大的改革力度，对整个高等教育改革具有象征性和导向性的进步意义，也是以北京大学为首的我国一流大学开始与世界一流大学接轨迈出的关键性一步。

第一，在教师聘任上，严格遵循公开、公平、公正的招聘和聘任原则，按照发展需要、职位特征和人才发展规律建立学术职位的招聘和聘任体系。制定"教学科研职位分系列管理办法"，自 2014 年 1月 1 日起在全校逐步推行。教学科研系列为助教、讲师、副教授、教授。科研研究系列为研究实习员、助理研究员、副研究员、研究员。新进教研系列人员全部纳入"预聘（Tenure Track）—长聘（Tenured）"框架。教研分类管理为各类教师的职业发展提供多样化的机会与途径。

第二，在考核评价上，采用年度考核和聘期考核相结合的模式。年度考核为一般性的年度工作总结；聘期考核则是针对教师在当前聘期内的师德师风、工作能力、工作态度、工作目标完成情况的全面考核。聘期考核的结果是调整教师岗位以及是否续签聘用合同的重要依据。针对获聘教研系列预聘职位的教师（助理教授和副教授），学校在聘期内进行一次中期发展评估（Mid-term Review），在聘期第 6 年进行长聘职位的聘任评估，该评估决定教师能否获得北京大学长聘职位。针对获聘教研系列长聘职位的教师（副教授和教授），为助力其不断提升教书育人和科学研究水平，每三年进行一次综合评估（Post-tenure Review）。

第三，在职位晋升上，北京大学借鉴世界上优秀研究型大学通用的做法和经验，制定符合学校实际的职位结构、晋升标准和晋升程序，注重教师所在学科共同体对教师师德师风、教学研究成果、学术能力水平和学术发展前景等的国内、国际同行评价，聘任与之专业技术要求相一致的教师职位。针对不同职位类别的教师，北京大学采用分类晋升原则，即教研系列、教学系列和研究技术系列，各自依据本系列职位类型分别晋升，不跨类别晋升。其中，教研系列职位晋升包括预聘职位晋升、长聘职位晋升和教授职位晋升；教学系列职位可依次晋升为讲师、高级讲师（教学副教授）、教学教授；研究技术系列职位可依次晋升为副研究员、研究员。出现师德师风问题者将一票否决不予晋升。

（三）薪酬与福利制度

北京大学根据体现岗位和贡献，体现竞争性、增长可预期的原则，按照教师分类分级管理体系，致力于为各类各级教师提供与岗位和贡献相匹配、具有人才市场竞争力的薪酬，以吸引、培养各类师资人才。北大的薪酬制度分为岗位绩效工资制度（Position-merit Salary System）和协议基本年薪制度（Contracted Salary System）两种类型。岗位绩效工资制度主要由岗位工资、薪级工资、绩效工资和津贴补贴四部分组成，其中岗位工资（13 个等级）和薪级工资（65 个等级）为基础工资。学校自 2005 年起试行新体制单位新进人员年薪制，按照《北京大学年薪制人员薪酬管理暂行规定》进行管理。岗位绩效工资制度和协议基本年薪制度，都会适时根据国家规定标准的调整、晋升，以及根据考核结果进行薪酬的调整。

北京大学根据学校资源为教师提供相应的福利。福利有货币化和非货币化两种形式。货币化的福利通常是对特种岗位、特殊工种或特定贡献的补贴或奖励，具有岗位或身份的限定性；非货币化福利通常是普遍的，具有普惠属性，主要福利包括周转公寓、子女教育及补助、抚恤金等。

（四）学术奖励制度

学术奖励制度主要分为两类：对教师科研成果奖励和对特聘岗位的奖励。对教师科研成果的奖励主要指国家、地方政府和学校的奖励，包括：国家科技奖励、教育部高等学校科学研究优秀成果奖、北京市科学技术奖励、哲学社会科学优秀成果奖、其他奖励如北京市、相关部委、行业、各类非政府组织以及北京大学人文社会科学研究优秀成果奖、著作出版基金，等等。在北京大学，还设置了一些特聘岗位，根据这些岗位要求给予受聘人相应的津贴作为奖励。

北京大学校内人才体系分为 6 大类，分别是：哲学社会科学资深教授、讲席教授、博雅特聘教授、人文特聘教授、博雅青年学者、其他青年学者。

1. 哲学社会科学资深教授

2005 年 1 月，北京大学设立哲学社会科学资深教授岗位，给予与院士相当的待遇。截至 2017 年 12 月，北京大学在校哲学社会科学资深教授共 13 人，他们中已退休的被授予博雅荣休教授称号，在职的被聘为博雅讲席教授。

2. 讲席教授

为吸引和稳定一大批高层次人才来校工作，北京大学于 2009 年 3 月发布《北京大学讲席教授职位管理办法》，设立"讲席教授"职位，主要有：博雅讲席教授、千人讲席教授和其他校聘讲席教授。截至 2017 年 12 月，学校已聘任 69 名博雅讲席教授（校本部 60 名，医学部 9 名），认定 11 名博雅荣休教授。其他校聘讲席教授是学校利用捐赠资金，设立部分学科讲席教授，聘任一批优秀学者，如人文讲席教授、瑞声慕课讲席教授、北京大学访问讲席教授、徐淑希政治学讲席教授、新奥讲席教授等。

3. 博雅特聘教授

博雅特聘教授是学校各学科领域具有高尚师德和良好学风的杰出学者和学术带头人，承担一线教育教学任务，活跃于学术研究前沿，热心于提高学校声誉的公共事务。2017 年，校本部长江学者特聘教授及杰出青年基金获得者纳入博雅特聘教授范畴，共计 212 人。

4. 人文特聘教授

为稳定一流学术人才，建设高水平师资队伍。北京大学于 2010 年 6 月发布《北京大学人文特聘教授管理办法》，在中国语言文学系、历史学系、哲学系、考古文博学院设立 30 个"北京大学人文特聘教授"职位。该职位人选主要从相关学科的在职教授中遴选。该职位为北京大学的全职职位，每次聘期 2 年，可以续聘；受聘人除享受原有的工资福利待遇外，会获得每年 10 万元人民币的人文特聘教授津贴。

5. 博雅青年学者

为加快北京大学青年师资人才队伍建设，改善青年学者的工作条件，在世界范围内吸引最有竞争力的青年学者来校工作，促进优秀青年学者脱颖而出，北京大学于 2016 年 4 月发布《北京大学博雅青年学者聘任办法（试行）》。2017 年校本部具有"四青"头衔的青年人才已纳入博雅青年学者范畴，共计 212 人。从 2018 年 1 月 1 日起，各院系在引进人才和中期评估时择优推荐预聘职位的具有良好师德师风的优秀青年学者参评博雅青年学者。

6. 其他青年学者

根据《北京大学人文杰出青年学者奖管理办法》的规定，自 2010

年起，北京大学人文基金设立专项奖励人文杰出青年学者。该奖项面向中国语言文学系、历史学系、哲学系和考古文博学院50周岁以下全职在岗工作的青年学者，每年评选50名获奖者，平均每人每年资助6万元。截至2017年12月，已累计资助400次。

此外，还有985岗位。北京大学于1999年起在教学、科研、教学辅助和管理等方面，按不同岗位的工作职责、任务，设置关键岗位、重点岗位、基础岗位等，受聘上述岗位的人员享有学校的985岗位津贴。各院系根据学校统一部署，每年开展一次985岗位的聘任工作，在学校下达给院系的岗位总指标范围内，根据学术工作业绩等进行择优聘岗，动态调整。在待遇上，学校985岗位等级与985岗位津贴一一对应。教师985岗位设置共分A、B、C三大类岗位，A类岗位为关键岗位，B类岗位为重点岗位，C类岗位为基础岗位。A、B、C三大类岗位各分为三级，包括A类（A1、A2、A3），B类（B1、B2、B3），C类（C1、C2、C3）。教授职务系列人员在前一聘任年度无授课任务或新的聘任年度授课任务不落实者，不得晋升岗位级别。前一聘任期内未完成岗位任务或考核不合格者，应降低岗位级别聘任。

（五）学术交流及访问制度

为了促进学校面向世界一流大学建设的进程，作为北京大学人才队伍建设格局的组成部分，制定系列学术交流及访问制度来开展高水平的学术交流，活跃学校的学术氛围，提高教师的学术水平。

1."请进来"

《北京大学海外学者讲学计划》，2011年3月7日颁布实施。主要对象是在国际学术界有一定影响，希望利用学术休假等机会在北京大学从事一定的教学活动（满足学校教学管理要求，学习者通过考核后有学分的教学活动，包括正常学期和暑期学校），或开办比较实质性（内容前沿，有较多师生关注和参加）的学术讲座和交流的海外学者（见附录2）。

《北京大学海外学者访问研究计划》，2011 年 3 月 7 日颁布实施。主要对象是在国际学术界有一定影响，希望利用学术休假等机会在北京大学承担一定的科研任务的海外学者（见附录 3）。

《北京大学海外名家讲学计划》，2011 年 3 月 9 日颁布实施。该计划分为"系列讲座类"及"讲课类"，旨在鼓励各院系邀请在国外大学或学术机构享有终身教授职位的知名学者来校举办系列讲座及开设学分课程（见附录 4 和附录 5）。

《北京大学大学堂顶尖学者讲学计划》，2012 年 6 月 1 日颁布实施。旨在全球范围内邀请各领域的顶尖学者来校举办讲座、开设课程和开展合作研究，以增强北大创建世界一流大学的综合竞争力。北大计划每年邀请至少 10 位世界级顶尖学者来北大讲学、交流。受邀学者须为国际知名教授或学科领域内的顶尖学者，具有前瞻性、战略性的眼光，引领本学科保持或赶超国际领先水平。

2."走出去"

主要是教师公派出国（境）研修。派出渠道主要有：（1）国家公派。指获得教育部、国家留学基金委等政府部门资金资助，并经学校批准同意派出从事合作研究、任教、攻读学位等出国（境）事务。（2）单位公派。指申请人获得境外学术或其他机构基金资助，并经学校批准同意派出从事合作研究（包括校际交流）、任教、攻读学位等出国（境）事务。（3）人文基金高级访问学者项目（见表 4-27）。

表 4-27 北京大学公派出国（境）项目

项目名称	可申报学科	申报时间
国家留学基金全额资助项目助学	列入《国家留学基金优先资助学科专业领域》的相关学科，详见国家留学基金管理委员会网站	每年 2—3 月
青年骨干教师出国研修项目	列入《国家留学基金优先资助学科专业领域》的相关学科，详见国家留学基金管理委员会网站	第一批：每年 2—3 月 第二批：每年 8—9 月
区域问题研究与外语高层次人才项目	外国语及区域问题研究相关专业	一般每年春季学期

项目名称	可申报学科	申报时间
与有关国家互换奖学金项目	由项目简章确定	根据所去地区，每年2月、12月各一批
法中科学基金博士后项目	医学、药学、材料、光学、力学、电子学、信息系统、化学等	一般每年秋季学期
哈佛大学博士后项目	由项目简章确定	一般每年秋季学期
美国乔治敦大学博士后项目	由项目简章确定	一般每年春季学期
富布赖特研究学者子项目	人文社会学科	一般每年春季学期期末至秋季学期初
富布赖特外语助教子项目	外国语	一般每年春季学期
太古/国泰访问学者奖学金项目	人文社会学科	一般每年春季学期
中德学者短期合作交流项目	由项目简章确定	一般每年春季学期
DAAD/DFG 项目	由项目简章确定	一般每年春季学期
国家汉办公派汉语教师项目	对外汉语及文史哲专业	不定期
校际交流项目	全校教学、科研、教辅管理人员	一般每年 11—12 月
哈佛燕京学者项目	人文社会学科	一般每年春季学期期末至秋季学期初
单位公派出国任教项目	对外汉语及文史哲专业	学期中
人文基金高级访问学者项目	中文、历史、哲学、考古4院系的副教授以上教师	学期中每月 10 日前
其他项目	根据所在院系学科发展需要，由单位或本人申请，拟赴留学单位邀请并资助	学期中

（六）支持青年教师专业成长制度

1. 青年骨干教师培训

青年骨干教师培训的内容主要包括思想政治与师德师风、政策制度与行为规范，学生培养与学术发展、经验分享与学术交流等，目标是提升青年骨干教师的教学能力和科研水平，强化师德师风教育，提高思想觉悟和政治素质，促进学科交叉和合作研究。培训对象一般为45岁以下青年骨干教师。

2. 北京大学优秀青年人才计划

"北京大学优秀青年人才计划"简称"百人计划"。该计划于2005年出台实施。目标是根据学校学科规划布局的需要，从国内外引进在相关学术领域已崭露头角，具有学术发展的独立性和良好学术发展潜力的优秀青年学术带头人。该计划的人才招聘、考核和续聘管理按照《北京大学优秀青年人才引进计划》（校发〔2007〕203号）、《〈北京大学优秀青年人才引进计划（试行）〉实施细则》（校发〔2005〕281号）、《〈北京大学优秀青年人才引进计划〉考核实施细则（试行）》（校发〔2009〕19号）等相关文件执行。

3. 北大人文社会科学青年教师科研启动基金项目

人文社会科学青年教师科研启动基金项目的资助对象是2008年1月以来新入职的青年教师。基金项目的设立旨在鼓励他们独立开展研究工作，帮助他们顺利度过科研起步阶段，并为将来获取进一步的科研资助奠定基础。

（七）学术休假制度

2016年7月，北大发布《北京大学教研系列教师实行学术假的规定》，规定教研系列教师取得长聘职位后，每合格服务5个学期，可以休1个学期的学术假。如合格服务时间超出休学术假所要求的服务期，其超出部分可转为下一次学术假的合格服务时间。连续合格服务时间超过10个学期以外的部分，则不再累计。每次学术假不得超过2个学期（见附录6）。

（八）教授治校制度

北大的优良传统是爱国进步、民主科学和学术上的宽松与自由。早在蔡元培担任北大校长的十年，就推行教授治校、民主自由制度。至

1920 年 9 月，北京大学教授治校的管理体制基本成熟。早在 2003 年北大新的教师人事管理体制改革方案中就提出"招聘和晋升中引入教授会评议制"，可见北大一直坚持把追求学术自由，提高学术权力作为保持并发扬北大优良传统的重要基石。

1. 学术委员会

学术委员会一直是北京大学治理结构的重要组成部分，其发端可追溯至 1917 年蔡元培就任北京大学校长期间所颁布的《国立北京大学学科教授会组织法》。中华人民共和国成立以来，北京大学一直在积极探索学术委员会制度，力求充分发挥学术委员会作用。2004 年，北京大学依据《中华人民共和国高等教育法》和教育部有关规章制定《北京大学学术委员会章程》。章程规定学术委员会负责"审议学科建设与发展战略、教学科研改革的重大政策与措施；审议学科、专业设置和教学、重大科研计划方案；评价教学、科研成果；审议教师职务聘任；审议学校、学部、院系负责人认为应当提交审议的事项，以及其他按国家或学校规章规定应当审议的事项"。2015 年 9 月，北大正式实施新版《北京大学学术委员会章程》，进一步明确了学术委员会为学校最高学术机构的定位。设立专门工作委员会和独立的办事机构，健全学术治理体系和组织架构。北大学术委员会由院系学术委员会、学部学术委员会、校学术委员会三级组成。院系学术委员会为院系或相关学科所涉及单位共同组成的学术审议机构。学部学术委员会为所属院系共同组成的学术审议机构，共设人文学部、社会科学部、理学部、信息与工程学部、医学部五个学部。

把教师的评聘权力真正交给学术委员会或教授委员会。根据《北京大学章程（2017 年修订稿）》（校发〔2017〕185 号）、《北京大学教研职位招聘与晋升工作细则（试行）》（2014 年 1 月 7 日），在教师的聘用中，有一个基本流程环节就是"必须经过院系学术委员会面试并审议"；在教师的职位晋升程序中，"各教学科研单位通过教授会、同行专家鉴定、学术委员会、党政联席会对申请人进行审议"，最后还要"通过校学术委员会审议"。就连"北京大学优秀青年人才计划"人才选聘，也要经过"院系学术委员会审议和学校专家评审委员会评审"。

2. 学术同行评议制度

在教研职位招聘时，招聘委员会（小组）（Search Committee）要有来自院外的学科专家 1~2 人、合作研究者代表 1 人等。在教师聘任和职位晋升中，重视同行专家评议的作用发挥，而且在院（系）一级的学术评议中也加强同行评议，特别是校外专家评议在决定职位晋升中的作用。另外，在 11 个院系试点开展国际同行评议。❶

---

❶　王庆环. 北大综合改革，改什么［N］. 光明日报，2014–12–04.

第五章　中国大学教师学术职业发展机制的问题调查

第一节　中国大学教师学术职业的人力资源现状

大学学术职业要发展，必须有大量优秀的教师。本书选取教育部直属高校作为研究对象，采集有关人力资源方面的数据，一窥中国研究型大学学术职业在人力资源数量、结构和国际化程度方面的现状。

一、教师数量

截至 2016 年，全国普通高等学校 2596 所（含独立学院 266 所），全国普通高校专任教师 160.20 万人，其中教育部直属高校教师为 15.22 万人，占全国的 9.50%。2011—2016 年，教育部直属高校的教职比逐年提高，教职比为 1.36~1.55，即 10 名教师配职员 6~8 名（见表 5-1）。

表 5-1　2011—2016 年全国普通高校和教育部直属高校教师情况

年度	全国普通高校			教育部直属高校		
	专任教师（万人）	职员（万人）	教职比	专任教师（万人）	职员（万人）	教职比
2011	139.27	68.44	2.03	14.18	10.41	1.36
2012	144.03	68.38	2.11	14.44	10.37	1.39

续表

年度	全国普通高校			教育部直属高校		
	专任教师 （万人）	职员 （万人）	教职比	专任教师 （万人）	职员 （万人）	教职比
2013	149.69	70.47	2.12	14.60	9.43	1.55
2014	153.45	68.40	2.24	14.85	10.37	1.43
2015	157.26	68.57	2.29	15.01	10.44	1.44
2016	160.20	69.42	2.31	15.22	10.62	1.43

注：职员数量指校本部教职工数量不计专任教师数后的余下数，具体指行政人员、教辅人员和工勤人员。

数据来源：全国普通高校数据来自《中国教育统计年鉴》（2011—2016），教育部直属高校数据来自各高校网站的加总数和教育部官网。

二、教师结构

（1）从年龄结构看，我国大学的专任教师年轻化明显。从2016年教育部直属高校专任教师的年龄结构来看，30~34岁的教师占师资总数的15.14%，35~39岁的教师占师资总数的20.90%，40~44岁的教师占18.36%，45岁以下青年教师占师资总数的59.12%，成为教学科研的主力（见表5-2）。

表5-2 2016年教育部直属高校专任教师年龄结构情况

单位：人

年龄段	2013年	2014年	2015年	2016年
29岁以下	8 499	7 877	7 467	7 201
30~34岁	27 993	25 602	24 013	23 034
35~39岁	29 789	31 145	31 645	31 806
40~44岁	25 261	26 466	27 292	27 934
45~49岁	23 833	21 666	20 832	21 225
50~54岁	17 270	21 874	24 945	26 572
55~59岁	10 124	10 078	9 938	9 824

续表

年龄段	2013 年	2014 年	2015 年	2016 年
60~64 岁	2 075	2 669	3 223	3 562
65 岁及以上	1 195	1 149	1 096	1 021
合计	146 039	148 526	150 451	152 179

数据来源：来自各高校网站的加总数和教育部官网。

（2）学历结构趋向高层化。2016 年，教育部直属高校专任教师中，研究生毕业的教师占到 90% 以上。其中博士毕业的教师比重达到近 70%。本科毕业及以下的教师在高校逐年减少（见表 5-3，图 5-1）。从中国首批"985 工程"9 所高校的专任教师来看，2013 年最高学位是博士的教师平均占到 76%，到 2016 年平均占到 82%，3 年增长 6%（见表 5-4）。但相较哈佛大学（Harvard University）、德克萨斯大学奥斯汀分校（University of Texas-Austin）、南加州大学（University of Southern California）和圣地亚哥大学（University of San Diego）这 4 所美国研究型大学最高学位是博士的教师占比都是 90% 以上的情况，中国研究型大学还有很大的差距。

表 5-3　2013—2016 年教育部直属高校专任教师学历结构情况

年份		2013	2014	2015	2016
合计		146 039	148 526	150 451	152 179
研究生毕业	博士（人）	90 224	96 365	101 315	106 200
	比例（%）	61.78	64.88	67.34	69.79
	硕士（人）	37 068	35 098	33 582	32 065
	比例（%）	25.38	23.63	22.32	21.07
本科毕业	学士（人）	18 196	16 617	15 193	13 606
	比例（%）	12.46	11.19	10.10	8.94
专科毕业及以下	专科及以下（人）	551	446	361	308
	比例（%）	0.38	0.30	0.24	0.20

数据来源：各高校网站的加总数。

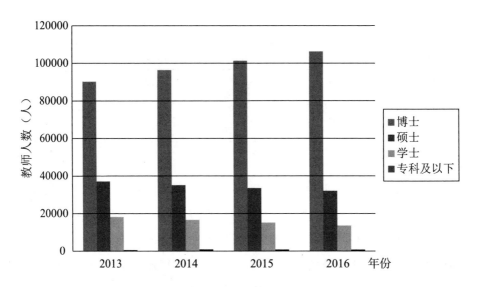

图 5-1　2013—2016 年教育部直属高校专任教师学历结构

表 5-4　2016 年中国首批"985 工程"9 所高校具有博士学位的专任教师情况

学校名称	专任教师总数（人）	最高学位是博士的教师	
		总数（人）	比例（%）
北京大学	3 250	2 713	83.48
清华大学	3 401	2 925	86.00
复旦大学	2 655	2 203	82.98
浙江大学	3 497	3 083	88.16
南京大学	2 202	1 865	84.70
上海交通大学	2 835	2 265	79.89
西安交通大学	3 144	2 262	71.95
中国科技大学	1 541	1 255	81.44
哈尔滨工业大学	3 805	2 937	77.19

数据来源：来自各高校网站的加总数和教育部官网。

（3）专任教师职称结构趋向高级。从 2013—2016 年教育部直属高校专任教师职称结构变化来看，专任教师中具有高级职称的人数及其占比逐年增长，具有中级职称及其以下的人数及其占比逐年递减。2013—2016 年具有高级职称的专任教师数占师资队伍总数平均为 64.46%，具有中级职称及以下者占师资队伍总数平均为 35.54%（见表 5-5，图 5-2）。而且，2013—2016 年来具有高级职称的教师群体中，拥有博士学位的学者逐年递增，拥有硕士学位的学者逐年递减；正高级别的博士学者平均占到 81.63%，副高级别的博士学者平均占到 69.27%（见表 5-6，图 5-3）。

表 5-5　2013—2016 年教育部直属高校专任教师职称结构

级别 / 占比	2013 年	2014 年	2015 年	2016 年
合计（人）	146 039	148 526	150 451	152 179
正高级（人）	38 701	40 179	41 576	43 020
占比（%）	26.50	27.05	27.63	28.27
副高级（人）	53 064	54 672	56 298	57 517
占比（%）	36.34	36.81	37.42	37.80
中级（人）	47 539	46 646	45 966	45 183
占比（%）	32.55	31.41	30.55	29.69
初级（人）	3 897	3 825	3 532	3 036
占比（%）	2.67	2.58	2.35	2.00
未定职级（人）	2 838	3 204	3 079	3 423
占比（%）	1.94	2.16	2.05	2.25

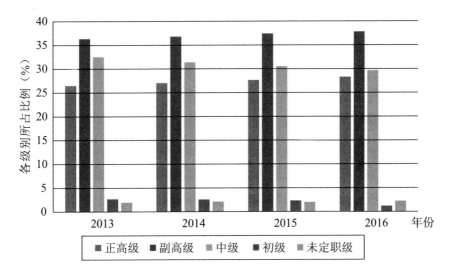

图 5-2　2013—2016 年教育部直属高校专任教师职称结构

表 5-6　2013—2016 年教育部直属高校高级职称专任教师拥有博士、硕士学位情况

级别	学位	人数 / 占比	2013 年	2014 年	2015 年	2016 年
正高级	博士	人数（人）	30 316	32 486	34 439	36 362
		占比（%）	78.33	80.85	82.83	84.52
	硕士	人数（人）	4 807	4 440	4 228	4 096
		占比（%）	12.42	11.05	10.17	9.52
副高级	博士	人数（人）	34 693	37 436	39 730	41 792
		占比（%）	65.38	68.47	70.57	72.66
	硕士	人数（人）	10 400	9 862	9 730	9 511
		占比（%）	19.60	18.04	17.28	16.54

数据来源：来自各高校网站的加总数和教育部官网。

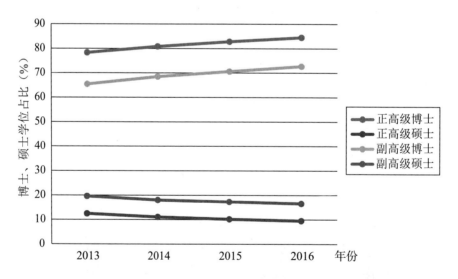

图 5-3　2013—2016 年教育部直属高校高级职称专任教师拥有博士、硕士学位占比

（4）在学缘结构上，高校教师的学术背景更为丰富多样，"远缘杂交"的程度不断提高。近年来，我国部分高校也开始注意到教师学缘结构的重要性，在教师选聘时，一些院系作出强制性规定，尽量不让本院

系毕业的学生直接留校任教。如浙江大学对新教师的招聘原则中有一条基本标准，就是尽量争取多聘用名牌高校和中科院系统的优秀毕业生，聘用外校毕业生不得少于聘用毕业生总数的 1/3；北京大学在 2003 年的人事制度改革中就把"原则上不直接从本院系应届毕业生中招聘新教员"作为一条基本原则，目前，北大本校毕业生只占到教师总数的 1/3，国外引进和国内引进的各占 1/3。厦门大学规定各学院拟聘的新教师至少有一级学历是在其他学校取得的，甚至有学院还作出规定，不留本院毕业博士生做教师，其标准高过学校规定。中国人民大学已将"不得选留本校应届毕业生任教"写入教师选聘工作实施细则。在该校人事处网站发布的《中国人民大学教师选聘工作实施细则》上有这样的规定：聘用的教师须在国内外重点大学经过本科—硕士—博士的专业学习，原则上不得选留本校应届毕业生任教。而对于具有很强教学科研水平和较大发展潜力的本校优秀毕业生，也要求其攻读博士学位期间有一年以上在海外一流大学学习研究经历。❶ 尽管这些学校在教师准入政策上有这种强制导向，但"近亲繁殖"的现象在国内高校还是屡见不鲜。

三、国际化程度

教师的国际化水平在很大程度上代表了学校的国际化水平。我国自"985 工程"实施以来，名牌大学专任教师中有海外博士学位的比例持续增长。

（一）教师队伍中外国籍教员

随着高等教育国际化的加快，研究型大学吸引了不少外籍教师。如 2017 年，北大有来自 12 个国家的外国籍教员 71 人，占事业编制教师队伍的 2.7%。其中美国籍教员人数最多，有 38 人，占 53%；其次是加拿大，有 11 人，占 15%。复旦大学有来自近 20 个国家和地区的 50 多位

---

❶ 孙琛辉. 高校毕业生留校现状调查：学术近亲繁殖如何消除［N］. 科学时报，2011-08-04.

全职外籍专业教师活跃在近 20 个院系的讲台上。上海交通大学专任教师中境外教师数为 154 人。❶

（二）教师的跨国学习背景

但凡研究型大学，对所聘教师的学历非常重视，不仅要求高学历，而且还要求是国外一流大学授予的学位；如果没有国外授予的学位，也必须有跨国学习的背景。中国研究型大学在这方面因为数据的缺失不便做统计分析，但我们从 9 所"985"高校也能一窥究竟。这些学校拥有国际化学习背景的教师比例在总体上还是很高的。如 2017 年，在北大校本部全体教员中，拥有博士学位的比例已达到近 9 成（89%），其中境外高校毕业具有博士学位的教师占 25%。上海交通大学教师中具有博士学位的为 2438 人，具有海外博士学位的为 687 人，占具有博士学位教师总数的 28.18%。浙江大学引进教师 196 名，其中获得海外博士学位的教师比例为 46.94%。

（三）教师国际学术交流

随着高等教育国际化进程的加快，研究型大学不断加强对外国际学术交流，尤其在国际学术会议、国外受聘讲学、国外进修学习和国外合作研究等方面表现出积极姿态。从人文、社会科学领域来看，参加国际学术交流的人数和提交论文的数量逐年增加。国外受聘讲学队伍中，尽管来校讲学人数远多于派出人数，但近几年来派出人数也呈局部增长趋势。赴国外进修学习的人数和来校人数基本持平。国外合作研究因国家政策原因，派出人数和来校人数除 2014 年外，逐年减少（见表 5-7）。从自然科学领域看，在国际学术会议和合作研究方面远胜于人文、社会科学。合作研究中派出和接收人数基本保持平衡，出席国际会议人数、参加特邀报告和主办次数均逐年增加（见表 5-8）。

---

❶ 上海交通大学官网，https://www.sjtu.edu.cn/resource/upload/201811/20181101_093203_785.pdf.

表 5-7　2013—2016 年教育部直属高校人文、社会科学领域国际学术交流情况

年份	国际学术会议		国外受聘讲学		国外进修学习		国外合作研究	
	参加（人次）	提交论文（篇）	派出（人次）	来校（人次）	派出（人次）	来校（人次）	派出（人次）	来校（人次）
2013	21 459	9 845	1 728	3 863	2 361	2 237	1 505	1 351
2014	18 840	9 860	2 123	4 731	2 554	2 572	1 814	1 841
2015	24 628	10 565	1 838	4 384	2 101	2 529	1 275	1 311
2016	21 786	11 211	2 131	4 502	2 496	2 761	1 228	1 537

数据来源：各高校网站的加总数和教育部官网。

表 5-8　2013—2016 年教育部直属高校自然科学领域国际学术交流情况

年份	合作研究		国际学术会议			
	派遣（人次）	接受（人次）	出席人员（人次）	交流论文（篇）	特邀报告（篇）	主办（次）
2013	15 249	15 675	78 022	44 011	9 222	1 070
2014	16 789	14 908	77 918	41 981	9 279	1 009
2015	15 768	14 582	81 544	45 259	10 805	1 072
2016	15 650	15 326	84 947	47 352	10 957	1 138

数据来源：各高校网站的加总数和教育部官网。

从 2016 年 9 所"985"高校国际学术交流情况看，在人文、社会科学领域，学术交流国际化程度比较高的大学是浙江大学、北京大学、复旦大学、清华大学，几所工科类大学如上海交通大学、西安交通大学、中国科技大学和哈尔滨工业大学相对较弱，有的在派出国外受聘讲学、国外学者来校进修学习和国外合作研究方面竟为零（见表 5-9）。而在自然科学领域，情况要乐观得多。学术交流国际化程度比较高的大学是上海交通大学、北京大学、清华大学、浙江大学和复旦大学，西安交通大学、中国科技大学和哈尔滨工业大学相对落后一点。以国际学术会议中做特邀报告为例，最多的是北京大学，占该校当年提交国际会议交流论文的 60%，最少的是哈尔滨工业大学，占该校当年提交国际会议交流论

文的 6.3%（见表 5-10）。

表 5-9　2016 年 9 所 "985" 高校人文、社会科学领域国际学术交流情况

学校	国际学术会议		国外受聘讲学		国外进修学习		国外合作研究	
	参加（人次）	提交论文（篇）	派出（人次）	来校（人次）	派出（人次）	来校（人次）	派出（人次）	来校（人次）
北京大学	1 001	536	144	151	59	182	36	105
清华大学	871	245	100	103	8	5	43	82
复旦大学	200	140	50	210	210	90	180	90
浙江大学	1 205	817	137	258	59	27	109	181
南京大学	110	77	31	79	45	16	28	34
上海交通大学	322	279	11	3	21	0	0	0
西安交通大学	65	98	47	71	35	21	24	22
中国科技大学	21	8	5	7	4	6	4	3
哈尔滨工业大学	247	78	0	23	0	11	0	0

数据来源：通过各大学官方网站整理得出。

表 5-10　2016 年 9 所 "985" 高校自然科学领域国际学术交流情况

学校	合作研究			国际学术会议		
	派遣（人次）	接受（人次）	出席人员（人次）	交流论文（篇）	特邀报告（篇）	主办（次）
北京大学	663	630	7 391	2 990	1 793	23
清华大学	1 783	887	3 685	1 244	238	41
复旦大学	876	730	1 285	600	526	83
浙江大学	255	311	3 706	1 832	537	40
南京大学	246	164	1 783	1 758	354	32
上海交通大学	1 298	1 161	6 847	2 667	530	123
西安交通大学	246	110	1 571	1 500	105	42
中国科技大学	502	1 697	1 626	1 278	376	22
哈尔滨工业大学	961	525	1 827	1 022	64	17

数据来源：通过各大学官方网站整理得出。

第二节　中国大学教师学术职业发展机制的主要问题

一、学术生产力存在的问题

虽然近些年来中国大学高影响力论文的数量在增长，但是这些论文被引率排名与国际上高水平大学相比还有很大差距，这些论文的平均引用率都排在百名开外，如我国被引论文总数进入 ESI 前 500 排名的 21 所高校里，北京大学排第 124 位、浙江大学排第 141 位、清华大学排第 143 位、上海交通大学排第 162 位、复旦大学排第 187 位，可见中国高校论文被其他国家引用不够广泛，国际学术影响力还不够大。另外，从 ESI 数据库公布的高被引学者总数看，2000 年我国大陆学者中高被引的学者有 7 位，2014 年有 141 位。从过去十几年的统计结果看，高被引作者总数比较集中，每个学科的高被引作者大都在 60~450 名之间，相对全世界 22 个学科 3000~5000 名之间的高被引作者来说，还是比较低的。❶

现在大家一说到学术成果评价，想到的就是各种国际排名和期刊影响因子，弄得我们很紧张。从学校角度出发，比较重视世界四大权威对学术机构的排名，从科研者角度出发，我们会看重发表期刊影响因子和发表论文的引用率。如果发表论文的引用数越高，说明对其他科研人员的影响力就越大。虽然学术界不应过度依赖影响因子，用这些来作为评价某某人研究的科研水平，但这是国际学术界公认的，咱中国科研者不认同也不行。

（东部某 985 高校工科副教授）

---

❶　谈谈中国大学的国际学术影响力［EB/OL］.http：//www.ict.edu.cn specials/lzmwy/builds/n20170412_40763.shtml.

要提升中国的国际学术影响力，我认为学术成果本身要具有世界水平，和欧美发达国家的研究者站在同一个层次上进行对话。但另一方面，也需要鼓励中国更多的大学学者走向国际学术组织，这是中国学者能在国际舞台上发出中国声音的重要渠道。因为国际学术组织是个很好的学术交流平台。在这个平台上，无论是对学者个人的学术进步，还是对所代表的国家都会起到重要的推动作用。现在我们高校学者的研究成果，虽然在数量和质量上都有了很大的进步，但在国际学术组织中的影响力还远远不够，亟须通过越来越多的学者加入国际学术组织中去，才能有更多的机会为中国的学术发声，尤其是在目前国家倡导"双一流"建设过程中更要加强这一点。

（在京某 985 高校工科教授）

目前在国际学术组织中担当重要职务的大多仍为欧美学者，中国学者发挥的作用还是太小。目前国际上许多专业学会的多个学部和常设委员会中，尚无中国人做到部长、副部长或秘书长。以我的化学专业为例，国际纯粹与应用化学联合会是目前世界上最权威的化学与应用化学组织。我们国家化工产业的体量在国际上排名第一位，中国化学会每年给国际纯粹与应用化学联合会所交的会费也是最多的，但中国学者担任重要职位如主席、副主席或者理事的还不多。

（中部某 985 高校化学专业副教授）

上述是从中国学术成果的国际影响力比较来看，若单纯从中国学术成果本身的具体表现看，学术成果的质量问题颇多。《中国社会科学报》曾对北京、上海、广东、湖北、山东、陕西、青海、甘肃、江苏、吉林等地 100 余位学者展开"学术成果问题反思大调查"。问卷结果显示，50.4% 的受访者认为"数量与质量不成正比"；26.9% 的受访者认为"研究内容碎片化"；22.7% 的受访者认为"选题重复太高"。❶ 与这个调研结果比较一致的是，在笔者的访谈中也有不少大学教授反映，现在大学的

---

❶ 唐红丽 . 学术成果问题根源于"评价体系"［N］. 中国社会科学报，2014-11-07.

学术研究成果原始创新、重大创新成果少，而应用创新、移植创新多，低水平重复研究多。

> 与国外比较起来，我们是描述性的成果多、创新性的成果少，尤其是在原始创新方面我们还很欠缺。这可能也和中国学术比较注重人文性、哲理性和应用性的特点有关。放到国际学术这个范围去看，我们的竞争力和影响力就体现不出来了。
>
> （中部某 211 高校教师）

二、学术生产关系存在的问题

为了了解大学教师学术职业在学术生产关系方面的问题，根据前述的统计分析和访谈调查结果，笔者总结归纳出学术生产关系四个核心要素——学术人、学术协作、学术制度、学术文化中存在的突出问题。

（一）学术人群体的诸多结构不合理

1. 教职比例偏高

从本章前述教育部直属大学的教职比以及中美大学的教职比的比较来看，中国研究型大学教职比例偏高。中国研究型大学 10 名教师配职员 6~8 名，与美国一流大学 10 名教师配职员 30~90 名相比，差距比较大。在笔者的实际访谈中，有留学背景的教师对中国大学的这种现状表示不可理解。

> 我在国外念书时，我的导师配有专门的行政秘书，处理与学术活动相关的服务工作。就连我当他助教时，也会把有些杂事直接交给行政秘书去做，他们做得非常好。而我回国后，不说财务报销有时需要亲自弄，就连打印资料、出差买机票的事都要自己来，而这些有时真的很耽搁时间。我觉得还是要尽量减少非学术活动。
>
> （在京某 985 高校教授）

在我所在的院里，教师上上下下30来人，而办公室的行政人员和教辅人员不到10个人，有很多的杂事要做，干扰太多。如果能像国外大学，降低师职比，专业的人做专业的事，这样我们会有更多的科研时间。

（在京某985高校副教授）

2. 教授偏向老龄化

从人的创造力峰值年龄段（36~45岁）的人数比例来看，2016年我国研究型大学45岁以下青年教师占师资总数的55%，但是这一年龄段拥有教授级别的教师比较少，45岁以下教授级别教师占教授总数的23%，45岁以上教授级别教师占教授总数的77%，而且学科领衔的学术人物基本上还是老年学者居多。而发达国家建设科研队伍的基本做法是注重新老交替，适时引退老龄教师，及时补充有教授职称的年轻教师，形成老、中、青相结合的年龄结构。

3. 博士化程度仍然偏低

改革开放40年来，我国高校教师的学历层次明显提高，高学历教师比例明显增多，一批研究型大学，其教师中具有博士学位的比例达到70%以上。但是，与发达国家相比，我国高校专任教师的总体学历水平还存在巨大的差距。根据上海交通大学姜远平等人的抽样调查显示，美国前500强的大学中，教师博士化的程度都高达90%以上，有的甚至接近100%，比如加州理工学院高达99.7%，马里兰大学高达99.1%。[1]而我国顶尖学府北京大学和清华大学，2017年教师拥有博士学位的比例分别为89%和86%。2019年，复旦大学、上海交通大学、浙江大学、南京大学拥有博士学历的教师比例分别为84.60%、82.44%、87.80%、87.20%。[2]

4. "近亲繁殖"现象严重

学缘结构不合理的直接原因是高校教师的"近亲繁殖"现象，任人

---

❶ 姜远平，刘少雪，刘念才. 美国一流大学教师学缘结构分析 [J]. 教育部科学技术委员会专家建议，2004（10）.

❷ 谁是华东五首？关键要看综合实力 [EB/OL]. [2019-05-24] .https://www.sohu.com/a/315986099_100242996.

唯亲的思想还没有从根本上消除。中国人民大学顾海兵等学者曾对 17 所内地大学（包括北大、清华、人大、复旦等）财经类院系做过教师来源调查，发现在 987 名调查对象中，有 604 人是在本校拿到最高学历后直接留任，占比 62%。❶ 而笔者从对高校教师的访谈中也了解到，虽然目前有些高校对本校博士毕业生留校实行了较为严格的控制制度，本校博士生毕业后留校的比例逐渐减少，但是仍有不少高校博士毕业生基本上是"自产自销"，还有的高校通过曲线回流的方式让自己的学生先在别的高校呆几年，然后再调回母校当老师。

我本科和硕士就是在我现在的大学读的，后来从别的 985 高校博士毕业后，回到我的母校，就是我所在的实验室。实验室的其他成员，要么同乡，要么同学，要么同一祖师门，要么同一学科背景，反正或多或少都与学校有点关系。

（在京某 985 高校理科实验室副教授）

在科研团队的组建上，学术领头人一般愿意找与自己研究领域相同或相近的学生、同校、同门或同乡组建团队，而与外校交叉学科的教师合作比较少。

我认为现在高校的科研团队很难有创新的东西出来，一个很大的原因是"近亲繁殖"现象比较严重，跨学科之间的学术碰撞难以产生。大家的学术基础都差不多，研究方向比较雷同或相近，在一起讨论学术问题，因学科视角而引起争论的机会不多，我们都在学术权威的领导下按部就班，这样的团队当然很少有创新性成果。

（在京某 985 高校教师）

---

❶ 转引自：120 周年校庆在即，北大亮出师资"家底"［EB/OL］.［2018-03-29］.http: // www.sohu.com/a/226721669_479698.

5. 教师国际化水平和国际声誉不高

虽然近十年来，我国研究型大学专任教师中有海外博士学位的比例持续增长，但除了特别知名的"985"高校的海外博士学位教师比例能超过 20% 外，其他研究型大学的比例均在 10% 左右，有的甚至在 10% 以下。2015 年，在中国一流大学代表的"985"高校中，校均海外博士学位的专任教师总人数 300 余人，但占专任教师总数的比例仍然较低，"985"高校平均每所专任教师中有海外博士学位的人数占比为 11.8%，而"211"高校占比为 7.5%，其他高校占比仅为 2.9%。❶

从外籍教师比例来看，根据 THE-QS 的排名，我国一流大学在该项指标上的世界排序也都在 200 名以外（见表 5-11）。而且，在中国一流大学代表的"985"高校中，校均外籍专任教师的人数较低，2015 年仅有 70 余人，与之相应，外籍专任教师占专任教师的比例也很低，校均每所外籍专任教师占比仅为 1.8%，不同层次、不同地区高校的差距甚微。❷

表 5-11　2010—2018 年中国 9 所"985 工程"高校外籍教师比例指标在 THE-QS 排名中的世界排序

年份 学校	2010	2011	2012	2013	2014	2015	2016	2017	2018
北京大学	301+	275	214	210	346	346	289	287	300
清华大学	214	203	235	263	282	282	301	327	344
复旦大学	301+	301+	301+	401+	315	315	284	230	193
浙江大学	301+	301+	301+	401+	358	358	—	—	290
南京大学	212	222	265	297	280	280	345	262	224
上海交通大学	301+	301+	301+	401+	308	308	243	211	225

---

❶ http://survey.ceaie.edu.cn/download/2015 年中国高等教育国际化发展状况调查报告 .pdf.
❷ http://survey.ceaie.edu.cn/download/2015 年中国高等教育国际化发展状况调查报告 .pdf.

续表

年份 学校	2010	2011	2012	2013	2014	2015	2016	2017	2018
西安交通大学	—	301+	301+	401+	401+	401	—	430	410
中国科技大学	301+	301+	301+	401+	401+	401	—	—	—
哈尔滨工业大学	—	—	—	—	401+	—	—	—	—

数据来源：通过 www.topuniversities.com 查找各大学排名数据。

（二）科研协作虚多实少

首先，来自不同学校、不同院系的科研团队合作比较少。在科研团队成员合作博弈中，最优合作意愿，往往最易受到种种壁垒的影响。即使实现了跨院系科研团队的组建，团队成员之间的合作与交流也不顺畅，往往"挂名"的多，真正合作的少。

教研室就是一个小团队，学科凝聚，但交叉学科交流少了些。

（在京某 985 高校工科副教授）

现在都讲团队，讲协作，这一点对于实验室的研究来说，确实非常重要。但现在从科研合作的效果看，虚多实少，跨学科组成的科研团队，有时是为了立项申报所需，离真正的学术互补还有很大的差距。

（西部某 985 高校工科副教授）

所在学校的学术团队大多是临时组建，不稳定，因为缺少长期稳定的科研项目。

（中部某 985 高校教授）

其次，学术团队自身建设不足。

学术团队的队长，就是我们说的学术带头人，往往都是某方面的行政领导，"双肩挑"，不是个院长，就是个主任什么的。他们有的只对拿到项目有兴趣，对做项目不感兴趣，而且大多数行政事务缠身，常年世界各地飞，我们连人都很少见到，更不要说有时间参与科研和顾及科研团队建设了。团队成员因各自的学科背景和性格脾气，在合作过程中知识共享不是很高，沟通也不是很深入。我觉得现在有相当一部分的科研团队有名无实，合作仅仅是停留在表面，围绕研究领域缺乏长期深入的研究，没有形成可持续协作的团队优势。

（在京某 211 高校教师）

再次，团队科研成果"挂名"现象或署名排序冲突比较严重。由于科研团队的责权利不清，一直以来，学术界针对科研团队集体成果的"挂名"或"搭便车"现象多有诟病。另外，由于有些单位在职称评聘、岗位津贴的发放考核中，过分强调个人的排名次序，导致不少科研团队内部因成果署名排序问题发生冲突和矛盾，最后影响了科研合作和科研团队建设。

最后，合作成果的利益分配存在问题。笔者通过调查了解到，科研团队中的利益分配问题是个难题，也很现实，是引起科研团队不和谐的重要原因。

现在都是由"老板"或"学术大佬""首席"来把握科研经费的使用和分配，工作实行团队作战，根据工作量进行经费分配，就像公司里的老板与雇员的关系。这种分配方式一是取决于导师的裁量，只看工作量，不看工作绩效；二是没有一套可供参考的科学合理的合作成果评估机制，时常导致真正参与研究的时间少、贡献小的人得到了较多的利益，而花了很多精力和时间、对项目研究贡献大的人得到了较少的利益，其实这样是干扰了科研团队成员的工作积极性的。

（中部地区某 985 高校教师）

我带领的研究团队，科研资助的分配，主要靠积分考核制度来定。我们的积分细分条目很多，哪个老师的积分多，科研经费自然就给得多。每年的 12 月底会将这些积分表上传到系统里，每个人的分数是透明公开的。为了激励年轻老师的科研，会给 41 岁以下的老师专门的研究专项再乘以一个系数。当然，要做到绝对的公平，也不太现实。

（在京某 211 高校教授）

（三）科研项目和经费分配不公平

首先，科研项目评审不公平和资金分配不透明，引发非议。我国基础研究的科研项目经费，能严格监督管理规划、立项、评审和验收等各个环节，力求做到公正、公开。其他一些科研项目，评审不公平现象严重。在访谈中有不少教授反映，现在课题申请难度越来越大，竞争非常激烈。在科研项目评审时，有没有"活动能力"是项目能否最终立项的关键。而且，经费分配信息不透明，大量资源用于少数明星专家，或成为某些学术权威的势力范围，而一些有创造力的青年学者却很难获得项目资金。

在高校，对教师学术能力的判断，一个重要的指标就是科研项目了。要做好科研，除了个人的学术能力，包括对学术前沿发展趋势的洞察力非常重要外，还要处理好与学术共同体的关系。特别是学术权威人物组织的各项活动，尽可能参加。只有这样多活动，多结交，才会有更多的机会在项目评审中获得他们的帮助。

（东部某 985 高校教师）

其次，科研资源配置不合理，没有根据不同类别学科的实际需求来配置有关公共资金。现行的科研经费的分类与分配，按照通行的"文理二分"的原则进行，在科研经费标准中想当然地认为理科类项目的资助额度一定就会超过文科类项目。而且，对于文科类项目，也没有考虑不同学科科研活动对科研经费的需求差异。

中国目前的科研经费除了学科分配非常不合理外，不同性质的项目，如理论型的和产业型的，采用的分配标准也不合理。而其中人员经费的分配，基本都是一刀切，不是根据项目的不同学科和不同性质划分出合理的比例。

（在京某 985 高校工科副教授）

再次，科研项目评审中存在着一些不良风气。在学界，有这样的一条"潜规则"，即"小项目大评审，中项目中评审，大项目不评审"。小圈子内"瓜分蛋糕"的现象比较普遍。中国的学术界表现出了明显的官僚气和功利性。

在科研工作中遇到的最大困难就是课题立项困难，在项目申请上花的时间和精力虽然也不少，但最后还是关系比较好用。

现在想在中国学术和科研界生存，光靠自己的学术能力虽然也有一点成功的机会，但搞好人际关系，学术圈内有深厚的人脉，搞学问似乎更有效。我们身边像这样不是单纯靠自己能力，而是靠关系路子越走越顺的例子也不少啊。

一些科研领域俨然成为某些权威或领导的势力范围，即我们所称的"圈子"，只有是他"圈子"里的人，才可能有机会得到项目，而"圈子"外围的人很难得到项目，或只能得到一些资助力度很小的课题。所以，要想在自己的研究领域做出点东西，平时就需要多和这些圈子里的同行处理好关系，多走动，多交流。

（中部和西部的 985 高校教师）

（四）教师学术主体地位不明显

与美国等发达国家教授治校，教师在学术事务中拥有不容置疑发言权的传统比较起来，我国大学教师参与大学学术管理的权力还非常受限。

第一，行政权力对学术自由的干预太多。如教授讲课、发表言论和文章，还是会受到一定的行政限制。

第二，学校行政部门对教师学术行为的干预。由于大学、科研机构仍然是"事业单位"性质，因此行政权与学术权的关系问题一直都没有得到很好的解决。从课题申报的学术"计划"，到职称评审的"名额分配"，再到学术评奖的"掺沙子"，乃至大学学术委员会的人员组成，无不体现出高校行政权向学术领域的渗透和领导。大学中行政权力过于集中，学术权力经常会受到行政权力的削弱或让步于行政权力。

第三，教授治校的民主管理体制在实施中难以落地。从 2010 年开始，相继有吉林大学、山东大学等多所高校的校长主动退出校学术委员会，提倡把学术上的决策权力交给学术权威，但时至今日，仍有不少高校安排学校及职能部门党政领导担任学术委员会委员，且超过委员总人数的 1/4。校长拥有很大的权力，不少高校仍然由校长作为学术委员会的主任委员，且很多的人员是由校长直接任命的。在成员组成中，很多高校党委领导班子也是其中的成员。此外，在高校的学术委员会里，基本没有普通教师和学生。针对这些问题，访谈中有多名教师对大学学术委员会有意见。

学术委员会本应是一个纯粹为学术管理而设的民主机构，但现在大部分大学学术委员会的组成没有严格的制度规定，大多仍由校级或院系领导担任，使它俨然已经成为行政权力和少数权威的代言人，学术委员会的性质和作用已被彻底异化。即使有些大学学术委员会为了体现教授治校，通常会选择几位教授（基本都是中规中矩型教授）参与到学术委员会中来，但在具体决策中这些教授往往也说不上话。

（在京某教育部直属高校教师）

响应教育部的号召，学校也制定了《学术委员会章程》，但文件是文件，操作是操作，两码事。各院里的领导大部分都在学校学术委员会里面。

（在京某 985 高校教师）

学校的学术委员会也就那么回事吧，我的简单理解就是，部门负责人和学校负责人的集合，教师代表，也是不痛不痒。

（西部某 211 高校副教授）

（五）学术评价制度不合理

1. 科研评价的价值导向偏颇

多数高校在科研评价的价值导向上，不重视对教师学术职业本身的发展，不去引导教师热爱科研、献身科研和服务科研，而是简单地将科研评价与教师的职称评审、岗位晋升和福利津贴等利益直接挂钩。

2. 评价主体缺乏权威性

目前高校采用以行政管理部门为核心的评价体系，学术管理行政化和官本位严重。在项目分配、学术评奖、学科评估等活动中，不仅位居学校各个主要行政职能岗位的学术官员人数众多，而且有时他们自己既参加评奖，同时自己也是评委，而真正的学术界专家和权威人士少。当学术事务管理常常被操纵在有权势的学术官员手上时，学术的权威性从何而来？

3. 评价标准不合理

（1）过于追求成果数量，对科研成果的质量重视不够

片面地以科学著作、文章发表的数量作为衡量教授学术水平的唯一标准。除了对论文数量的盲目追求之外，在很多大学中科研经费数也被作为一项重要的评价指标。一些教授为了保证科研经费总量达标，忙着拉课题、跑赞助，无暇潜心做研究。

（2）对科研成果质量的评价缺乏客观的标准

现在不少大学衡量一篇论文的水准，主要依赖于该论文发表杂志的级别是一般期刊、核心期刊还是权威期刊。近几年来不少大学也开始重视对科研论文国际化程度的考量，纷纷把 SCI 论文的数量作为评价论文质量和水平的重要指标，殊不知 SCI 也只是中国现行科研成果评价体系缺乏情况下的一种无奈选择。而且，当这些 SCI、SSCI 越来越作为大学衡量科研水平的硬性指标时，只会造成虚假的学术繁荣表象。

现在高校与以前真是不一样了，对硕士、博士研究生毕业都要求SCI论文发表，如果达不到分数或总篇数要求，研究生就只能延期毕业。对教师就更不用说了，学校规定教师职称晋升评定必须要有相应数量的SCI发表，否则就不能参评，全然不看这个人的实际科研水平如何。我个人感觉现在学术界有点"唯SCI论"了。

（中部某 985 高校生物医学副教授）

在我的学校，对教师职称晋升评定发表SCI、EI的数量是比较高的，如评副高，要求有6篇SCI或EI，评正高，要求有10篇SCI或EI，而且有1篇必须是期刊影响因子排名前10的。

（在京某 985 高校理科副教授）

（3）同行评议有效性机制没有完全建立

我国的同行评议，无论是评议程序、评议准则，还是评议活动的组织，以及评议专家的选择，里面存在的诸多问题都使得学术界普遍怀疑它的有效性。访谈中就有不少教师对同行评议的效用发出质疑。而且，同行评议中的学术道德、程序公正和利益冲突等涉及评议公正、公平和透明的问题，也常被教师们诟病。

有些同行评议，不如 SCI 评价。

同行评议在很多情况下没法真正起作用。

同行评议还需细化为小同行，大同行，细分学科，二级学科。

同行评议，在需要时具有很大的随机性。

所谓的同行评议，有时就是一场做秀，可能结果早就定了，只是需要以同行评价的形式来论证一下。

即使高校把同行评议作为了学术评价的标准，在许多时候也是被轻视或滥用的。目前大学学术权力和行政权力的冲突现象仍然存在。因为同行评议的结果大多只是诸多评价标准中一个，而一些学术以外的因素往往被冠以"综合标准"的名义成了学术评价通行的最高原则，这种"以劣币驱良币"的方式将同行评议这类学术因素挤到边缘地带，使之处于可有可无、似有似无的模糊状态。

（东、中、西部多所985高校教师）

（六）学术保障制度没有跟进

1. 学术休假制度实施有难度

（1）资金约束

美国学术休假的做法是其经费主要由学校承担或者一些基金会项目的支持。国内要执行这一制度，谁出钱？科研单位或大学是否有经济能力支持这种休假？学术休假经费究竟来源何处，是一个值得争议的实际问题。

谈创新，需要自由。要不愁吃，有闲暇，有兴趣，生活体面。而现实呢？……现在讲学术休假，太不现实。

（在京某985高校工科副教授）

（2）缺乏必要的保障制度

国外大学的学术休假（Sabbatical Leave）制度之所以运作成功，是因为有终身教授制度、年薪制和学术共同体这三方面的保障。前两者都是保障学术自由的制度，聘为终身教授之后，学校不得随意解聘，这可保障教师的教学、学术研究不受政治、经济等影响。与终身教授制度对应，学校给教师的薪资为年薪，大学教授们也会面临一定的考核，但不会有生计之忧，不会拿着论文、课题、经费去兑现工资待遇，而会按约定获得年薪。这样就可以解除教授们对学术休假期间职位和工资受影响的后顾之忧，能让教授们有充分的自主空间去做自己喜欢的研究（平时由于有教学安排，很难有整段时间投入到研究中），自然缓解长期工作带来的职业倦怠感，激发创造活力。而且，国外大学对教授们实行教师同行评价和学术共同体管理，教师们不是由任务驱动去做研究，而是根据自己的兴趣去追求学术理想，即便没有严厉的考核，他们也会比较自觉地在闲暇时间里投身于教学和研究。而这一制度舶来到中国，没有这三方面的制度保障，就很容易出现问题，要么只有文件没有落实，要么走调变形，把学术休假演变为"学术度假"和"学术福利"，甚至还有的高校将"度假福利"改换为"学科、教授权利"。究其根源，首先，教授们每年都要面临行政考核的压力，为了完成指标根本没有时间去休假，就是有假也难休；其次，目前大学对教授的管理普遍采用"任务驱动式"行政管理，当教师不带任务去休假，学术休假确实可能变为学术度假；最后，按照我国大学教授"工资＋津贴"的薪酬制度，很多教授要靠课题经费提成来获得津贴，如此一来，就是有休假制度，恐怕有相当数量的教授也不敢享受，担心一休假，好多机会就没了。

　　学校是有这样的一个规定，但还是设想层面，并未真正执行。我想就是真的落地了，老师们也是有假不能休。事情太多了，根本就停不下来去休假，一旦去休假了，那教学、科研落下了，谁来顶，谁来做。尤其是我们这些长期呆在实验室里做实验的，根本就不可能离开，不然实验数据从何而来。

（西部某 985 高校副教授）

　　实验室的课题就那么几个，小圈子敲定时，要融入这样一个圈子十分不易。如果你离开了，不要说半年，就是缺席几次重要活动，都有可能会被踢出一个项目……

（在京某 985 高校理科女副教授）

老师们平时的教学任务比较重，在教务安排上也没有条件让一部分老师学术休假，老师补给从哪里来？

教师如果真去休假了，可能会因为一个重要研究者的暂时离开而对研究课题的顺利开展造成比较大的影响。

现在学校对教师的考评制度，使教师们已经习惯了申请课题—从事研究—发表成果—再争取课题的循环工作模式，一线教师根本不会停下来（事实上也停不下来）去心安理得地享受休假。

（东中西部多所 211 高校教师）

（3）实施细节有待完善

一些大学宣布实施学术休假的制度后，大部分都只有大体框架，相关细节还没有弄清。因为学术管理体制会对高校各方面的管理工作产生影响，对于准备实行学术休假的学校来说，在人事安排、申请资格、休假待遇以及工龄计算等细节上，考虑越多越完善越好。最起码要首先解决"谁有权享受"和"享受的权利到底有多大"的问题。再往后，值得推敲的问题还很多，谁买单、谁管理、谁监督、谁评估……只有在制度和细则设定上科学、合理，学术休假制度才有可能落地生根。❶

2. 学术奖励产生负效应

从奖励的设置主体看，我国政府机构设立的奖项过多，民间学术机构设立的奖项少，规模小，权威性也不够。从中央到地方，甚至到各政府机关单位层层设奖，造成了奖励数量过多、质量偏低、奖励效度低的不良后果，同时也因过多的政府行为而造成了弄虚作假现象的出现，反而降低了激励作用。这与美国多样化的学术奖励设置形成了鲜明的对比，美国的政府奖只起到补充、调节的作用，而一些民间学术团体的奖励更具有权威性，因为学术人员更看重的是学术共同体的认可。

---

❶ 丰捷. 学术休假能否带来"从容治学"［N］. 光明日报，2012-05-28.

　　从奖励的标准看，有一些难以量化的"软指标"很难让人把握。例如自然科学奖中，设有"系统性、完整性、创造性、学术水平、科学意义"五条评审指标，每条指标都包含一些亚指标，诸如"突破性的、重大的、较大的、一定的"等，但在实际的评审过程中，这些指标是很难把握的，很容易受评审人主观因素的影响，影响到评审的质量，进而影响到奖励的公正性。❶

　　从奖励的评审主体看，评审委员会的构成也存在令人质疑的地方。学术奖励的评审委员会一般是由本学科领域内的学术权威构成。美国学术奖励的评价一般都采用同行评议的方式。我国有些学术奖励评审虽然也采用了同行评议，但由于同行评议本身存在的制度缺陷，加上评审人员的主观因素，在评审过程中难免出现偏袒或不公正的现象，造成一些研究项目优而不胜，劣而不汰。

　　从奖励的实际效应来看，具有很强的功利性。学校为了得到更大的利益，不惜重金驱动教师，将奖励与院系的经济利益或个人的经济利益挂钩。如发表一篇 SCI、SSCI、EI 论文，不同高校的奖励数额不等，少则几千元，多则上万元。在 Science 或 Nature 上发表，奖励都在万元以上。在这样的利益面前，有的高产教授，几年下来就有上百篇 SCI 收录的论文，不仅为自己带来了丰厚的直接经济利益，而且还有间接的权力和学术利益。至于这些 SCI 文章的学术贡献究竟有多少，并不是学校关心的重点。

　　我所在的学校，虽然不是全国特别知名的大学，但因为学科专业的特殊性，在全国也仅此一所。对于教师职称晋升评定，不仅有 SCI 发表的数量要求，而且在科研奖励方面，也会根据所发表论文期刊的 SCI 点数对教师进行津贴奖励。发表一篇 SCI，奖励 5000 元，发表一篇 EI，奖励 2000元。据说有些学校的奖励更高。

　　　　　　　　　　　　　　　　　　　（在京某 985 高校工科教授）

　　现在大学对教师科研的评价和考核的价值导向整个就是利益导向。

---

　　❶　王炎坤.科技奖励的社会运行［M］.武汉：华中理工大学出版社，1993：140.

而且在学术奖励上，也是这样的利益导向，论文发表多，重金奖励。所以在学术圈内现在形成了一个不太好的生态，就是教师们忙写论文忙发表，杂志社忙收版面费，最后学校忙发奖，反倒教学大家都在敷衍。

（中部某 985 高校教师）

如果在评奖中能重视科研成果的实际科学意义和重大价值，那么中国高校每年生产的学术泡沫和学术垃圾或许会少一些，科研成果被束之高阁而转化不了专利产品的财力、物力浪费也会少些。

（西部某 985 高校教师）

3. 教师薪酬普遍偏低

大学教师收入普遍偏低，这是访谈中绝大多数高校老师的心声，尤其是对于刚刚入职没几年的青年教师，养房养家是他们最大的生活压力。以访谈的几所在京 985 高校为例，虽然各校的收入分配标准略有差异，但教师们的工资水平基本情况是：讲师平均年薪为 9 万 ~10 万元，副教授平均年薪为 12 万 ~15 万元，正教授平均年薪为 18 万 ~20 万元。教师们认为，学术创新，需要自由，需要闲暇，需要有体面的生活，但现在大学教师的收入比较低，有些老师为了生计不得不从事兼职以增加收入。如果学术职业首先不能让教师们做到衣食无忧，而一味谈学术追求与理想，是不切实际的。

大学普通教师收入确实不高，当然那些学术权威人物，可能不存在这样的问题。我把我的收入和一些在非正规教育机构工作的朋友比较了一下，他们的收入普遍比我的高。这个体制是这样，没有办法。但有时面对外面公司的诱惑，像我们这种搞工程专业的，其实是有很多机会赚钱的……很纠结，在北京，要养家糊口，房子是最大的经济压力。但从学术道德出发，我又不愿为了那点钱去耽搁我的时间。究竟养家与搞研究，哪个更重要，自己有时也很迷茫。

（北京某 211 高校工科教授）

　　而且，不同地区之间，不同部委所属高校之间，不同学科之间，不同院系之间，不同职务与职称之间，乃至同一职称内部，教师的工资水平都存在很大差距。这不仅可以从《高校教师收入分配与激励机制改革研究》一书中的调查数据得以证明（大学教授中收入最高的 10% 与收入最低的 10%，收入差距达到 5.9 倍，副教授中这一差距为 4.5 倍。同一职称内部的个人收入差距更大，教授中最高收入者是最低收入者的 15 倍，副教授之间是 23 倍，讲师是 25 倍。部属院校和市属院校之间的收入差距也很明显，年收入在 10 万 ~20 万元的高收入层，部属高校高出市属高校近 10 个百分点），❶ 而且笔者也从对老师们的访谈中证实了这一事实。

　　在我们西部，985 的大学不多，我所在的大学是 985，但由于地处西南，工资收入水平在当地虽然属于中等偏上，但和北上广当大学教师的同学比较起来，我的年收入只有他们的 2/3。因收入不高，身边经常会有一些高水平高学历的老师被南方的大学挖走，那边收入高，给的福利待遇好。长期这样下去，东中西部高等教育的差距只会越来越大。

（西南某 985 高校教师）

　　我们学校老师的工资，据我了解，文理不同，收入差别还是很大的。同是讲师级别，文科老师年收入 8 万 ~10 万元，理科老师年收入 10 万 ~15 万元。即使同是教授，又分三等，不同等级的教授，收入差别大概是一个月相差 2 万 ~3 万元。

（中部某 985 高校副教授）

　　我和我老公是同学，都是搞化学研究出身，都博士毕业，教龄也差不多，只不过他和我不在同一所大学当老师。因为两所学校的待遇不同，奖金不同，他现在月平均工资比我要高 3000 多元。

（在京某 985 高校理科副教授）

---

　　❶　参见：张荆，赵卫华，等 . 高校教师收入分配与激励机制改革研究［M］. 北京：社会科学文献出版社，2014：4-5.

（七）学术生态出现失衡

1."为稻粱谋"的职业价值观

在传统的读书人那里，道德文章合而为一，职业与志业须臾不离。在市场经济大潮下，高校学术生态诸多弊端的一个显著体现就是学术研究之职业与志业的日益分途。对于现代高等学府的知识分子而言，以学术为职业日益普遍，但将其视为志业则显得相当艰难。正是在这样的一种职业价值观下，高校学者为生计而奔波，四处讲课、办班、办公司，在外兼职，甚至找关系拉项目、买卖知识和文凭，学术"市场化"和"庸俗化"现象比较突出。

2.学风浮躁

各高校的职称评定、定岗定级，以及各种优秀评选活动都与教师发表的文章数量、主持的课题项目相挂钩，即我们通常所称的"学术GDP崇拜"评价体制，所以教师们常常是疲于应酬和奔波，为项目、评奖、出书、发文章而忙忙碌碌，很难真正沉下心来专门做学问，搞科研。在一篇题为《高校改革与填表教授》的文章中，作者写道："近五年左右的时间中，我一直把相当一部分精力花费在填表上，什么博士点申报表、一级学科申报表、研究基地申报表、重点学科申报表、社会科学基金申报表，如此等等，当然还有每学年度一次的本单位考核聘任表。我有时戏称自己为'填表教授'，虽然有些夸张，但却是绝对真实的感受。而且我发现不止我一个人在围着表格转，几乎所有我的朋友与同事也都在忙于表格大战。"❶ 有的教师为了评职称，发表文章只求数量，不讲究质量。还有的高校教师在申报各类竞争性项目时，不得不进行"打包""优化组合""精心包装"，然后向评审专家游说；科研项目在提交结题报告时经常拼凑研究成果，搞学术突击。

3.学术道德失范

近年来学术道德失范现象层出不穷。一些教师在学术上为追求利益

---

❶ 转引自：孟繁华.学术的"通途"与"小路"[J].文艺争鸣，2012（4）.

和权力，将时间和精力花在人际运作、学术包装上，学术造假等学术丑闻一度成为媒体的头版头条。在中国学术界，高校的学术风气和学术诚信正面临着前所未有的严峻挑战。

4. 学术霸权

近年来，学术霸权突出表现为学者之间的山头之争、学科之间的门户之见、学术批评的地方保护主义以及学术权威的个人崇拜等。有一些所谓的"德高望重"者，对别人的学术观点视若无睹，漠视甚至否定别人的学术成就，只认可自己的学术权威，别人与他争鸣不得，在学术研究上只能按照他的观点去做，容不得别人对他有学术批评，在回应辩论时出言不逊，谩骂成习。还有一些学术大家，为了自己在学术领域始终处于领导地位，联合自己的学术亲信搞学术"统治"，在自己能掌控的势力范围内排除异己，抱团发展。

5. 学术官僚气

追求真理、一心向学，理应成为学者的品性。然而在现代社会"学而优则仕"的大环境下，中国学术领域中值得注意的现象是学术官僚化甚至是官学一体化的倾向，这一倾向主要表现为学术机构管理衙门化。目前一些学术机构官气充溢，衙门味十足。学术界出现权力与学术挂钩、当官和学者不分的现象，还美其名曰"学者型官员"或"官员型学者"。在高校，似乎有官职的教授说话才有分量，而没有官职的教授想办事都很难。因为有了职权，就可以在项目分配、评奖、评职称、选博导、学科评估以及在各种科研经费、政府补贴上得到很多的名利，甚至可以在招收博士和硕士研究生时吸引更多的学生投其门下，这也是那么多的高校学者为了能有更大的发展机会，为了能在学术界立于不败之地，而不得不卑微地放下身段，想尽办法去混个一官半职的原因所在。

6. 对学术自由的干预

现行学术制度下最为明显的学术自由问题是政府对学术自由的干预。如教授讲课、发表言论和文章，都会受到一定的行政限制。我国知名法学家、中国政法大学博士生导师郑永流教授认为，"当代中国现实中，学术自由面临的敌人主要是审批学术与等级学术"。这种制度给学术的危害是多方面的：一是给公共利益造成损害，资金向少数大学和某些学科倾斜，形成各大学、各学科间不平衡、不公正；二是学术等级活动本身耗费的社会成本巨大；三是腐蚀学术风气，降低学者人格。❶其次是学校行政部门对教师学术行为的干预。目前在大学中学术权力和行政权力冲突日趋尖锐，大学日益成为一个官僚化的机构。大学中行政权力恶性膨胀和学术权力不断被挤压，教师不再是大学的中心，而是已经成为大学的雇员，甚至在一些学校，行政管理者成为大学的主宰。

第三节　中国大学教师学术职业发展机制问题的原因

经过改革开放 40 年的调整，我国高校的学术生产力水平在逐步提高。但是，由于大学学术生产关系存在的上述诸多问题，导致中国大学教师学术职业发展出现学术生产关系与学术生产力的不相适应。以学术体制为例，尽管体制化为学术研究提供了制度性保障，但其消极作用与负面影响亦不容忽视。学者左玉河在《中国近代学术体制之创建》中提到"学术体制与学术自由之张力"的问题。他认为，现代学术体制是一种"硬性"的制度化规范，与学术研究所必需的"软性"的自由精神之间存在着较大的张力，故体制化的学术研究如何谨防政府对学术的干涉而保持其必要之学术独立，体制内学者如何不为体制所困而保障必要之学术自由，如何妥善处理"刚性"之现代学术体制与"软性"之学术自由之间的关系，显得异常重要。❷学术生产关系没有充分适应学术生产力发展的要求，严重阻碍了大学的知识生产，这从根本上反映了我国大学教师学术职业发展的机制问题，而导致这个问题的原因，一方面是学

---

❶ 学术自由呼唤宽松环境［EB/OL］.http：//news.sohu.com/52/65/news214476552.shtml.

❷ 左玉河.中国近代学术体制之创建［M］.成都：四川人民出版社，2008：699.

术职业发展中异化的学术生产方式，另一方面是中国根深蒂固的政治、经济和传统文化特征。

一、异化的学术生产方式是机制运行不畅的外在表现

作为判断学术生产力和学术生产关系是否辩证统一的中介，学术生产方式是当今大学教师学术职业发展机制运行不畅的外在表现。在我国大学教师学术职业的发展中，"异化"的学术生产方式很明显。

（一）学术生产的变态商业化

学术生产原本是一种精神生产行为，但现实中学术研究偏重于研究的当前利益和短期效应，使之越来越与大学的自由探索精神相悖。如今大学里盛行的绩效考核，给大学内部的多项活动打上了经济活动的烙印。上一节课值多少分，带一名研究生值多少分，在一本刊物上发表一篇论文值多少分，最终再把这些分数换算成货币。在此种经济利益至上的绩效考核评价方式下，换来的不是教师们安心治学的"真性情"，而是基于"知识买卖"的追名逐利：校外兼职、速成式学术发表或出版、到处充当评委或做报告。

（二）学术生产的极端政治化

早在 2006 年，邓正来先生在《反思与批判：体制中的体制外》的文集里提出了一个重要概念——知识规划。他认为："在特定的意义上讲，我们置身于其间的这个时代大体上是一个所谓的'知识规划时代'。这种'知识规划时代'所具有的最为根本的特征，乃是知识生产和再生产活动的'集体性'和'宰制性'，换言之，乃在于它是以政治性的权力和由它确定的'学术'制度安排为基础的，而这意味着这种政治性的权力和'学术'制度安排在很大程度上不仅确定了我们的知识生产方式，而且还型构了我们知识产品的具体内容。"在这个"知识规划"背景下

从事知识生产的大学教授，就这样走上了这条学术的"通途"。❶

究其根源，这条学术"通途"的产生，或许也不是这个时代的产物，而是我国千百年来"官本位"意识形态的遗留。在我国"官本位"的政治结构下，学术制度的内核被政治制度的元素所取代，导致学术组织整体的创造力被扼制。"学术官僚化"和"官学一体化"，造成行政权力机制取代学术权力机制，进而导致学术权力或学术权威的行政化运作。当下社会对大学"学术行政化、学校衙门化、学界官场化、学者奴才化"现象的批判，正是学术生产极端政治化的现实反映。

（三）学术生产的过于功利化

由于市场与社会压力的介入，使得大学的知识生产发生了重要的变化：大学以及教师们将更多的时间与资源投入到更具市场效应的知识生产领域，即那些实用性强、应用周期短的高新技术领域。大学知识生产越来越多地朝向实用化方向发展。这一点无论是从知识生产的成果来看，还是从项目或课题资助的可获得性方面都有突出的表现。特别是在组织项目申报时，申报人立足于实用性和利益获得的原则进行申报，而项目审批者也通常按照"效率原则"与"实用原则"进行资源配置。

在大部分高校，所有的职称评定、职级升迁、学术奖励都与学术发表挂钩，因此在高校膨胀的"发表欲"下，不可避免地会带给现代知识人这样的特性：实用、功利、浮躁、浅薄。而现代学术成果快捷发表的出版机制，亦为知识人此种特性之形成提供了便利。高校里要么发表要么出局的考核评价制度，使得大部分教师为了多快好省地出学术成果，与其费尽心血潜心做那些耗时长，又看不见结果的基础研究，还不如做些能立竿见影的短、平、快的应用研究。而对杂志社或出版社而言，在现代出版业极富商业化潮流的冲击下，出于经济效益的考虑，出现思想肤浅、学术水平低下的滥竽充数之作也就是很正常的事了。因此，虽然满眼的大部头，专著汗牛充栋，各类丛书、百科全书你方唱罢我登场，

---

❶ 转引自：孟繁华.学术的"通途"与"小路"[J].文艺争鸣，2012（4）.

可谓"硕果"累累，但其内容浅率简陋者有之，重复说教者有之，干瘪无货者有之，鲜有真正称得上是具有创新之思维，高深之学问，得以开发思路、发展知识、追求真理的学术佳作。而在这样一种"知识生产功利化"的学术生产方式下，带来的是知识生产创新能力低下和学术肤浅化与泡沫化。学术研究出现肤浅化和庸俗化，实际上是近代以来学术研究中功利主义思潮影响的结果。"功利主义指导下之学术研究，必然导致通俗主义、平凡主义弥漫于学界，而高深之学遂为世所大戒。"❶

（四）学术生产的变相世俗化

在中国这个"人情"味浓厚的国度，学术的运行机制很独特，从学术项目评审，到人事选拔、职称评审、学术评奖、科研评价、绩效考核，等等，都会不知不觉抹上"人情"这道世俗色彩。有学者把这种学术生产所具有的世俗化特征归结为学术系统中存在的"社会资本"。其实，在学术系统中，不仅存在着社会资本，而且其具有不同于一般社会资本的特性，主要是在学者进行高深知识的生产、传播和应用过程中使用，是一种学术性社会资本。因为高校学者们进行的学术研究，不仅需要依赖于充足的研究资金、精良的研究设备和良好的学术环境，而且还依赖于学术性社会资本，如毕业院校、师徒关系和任职院校这三种最为基本的社会资本，以及基于这三种基本社会资本派生出来的其他学术性社会资本，如同学关系、导师外的师生关系、师门关系、同事关系、同行关系、校友关系、老友关系等。而且，连学者与政府官员的关系也成为一种既特殊又重要的学术性社会资本，即俗称的"朝里有人好办事"。有学者指出，在国内重大项目拟定和申报中，"政府官员任命的专家委员会的委员负责编写年度申请指南"，"经费预定给谁基本上一目了然"，"所谓的'专家意见'不过只是反映了很小一部分官员及其所赏识的科学家之间的相互理解"，"个别官员和少数强势的科学家搞好关系才是最

---

❶　钱智修.功利主义与学术［J］.东方杂志，1918（15）.

重要的，因为他们主宰了经费申请指南制定的全过程"。❶

正是因为这种学术性社会资本的存在，其正负效应在学术界的影响也相当普遍。特别是负效应所带来的各种为人所嫌恶的潜规则就难免会发生，从而削弱了学者的学术能力、学术业绩在学术认可中的作用，导致学术圈内的利益渗透，包括利益结盟、学术权力垄断、权名交易等不良行为导致的科研评价制度的扭曲，造成学术权力的滥用与学术制度的失灵等。❷

二、中国政治、经济和传统文化特征是机制运行不畅的根本原因

（一）政治官本位思想的影响

大学是人们眼中的"象牙塔"，似乎应无涉政治，但事实上，大学与政治的关系，从来就没有终结过。我国政治结构的"官本位"意识形态深入到了社会的各行各业，大学也不能幸免。从学校层面，整个大学本身就是带有行政级别的机构，管理体现出非常明显的科层制特征。行政管理不仅层级分明，而且无论竞岗晋级，还是利益分配，学校行政（官方）都会利用手中的特权加以干预。官本位思想严重影响大学治学。因为看到有领导职位的人在各方面都有优势，一些有才干的年轻教师很难抵挡管理职位的吸引力，院校的政策也会从各方面鼓励他们成为学者型官员。在这样一种官本位思想影响下的大环境里，大学学术职业的学术评价、学术奖励、学术资源分配存在不公和学术权力弱化的现象也就不足为奇。

（二）经济利益至上思想的影响

市场经济的最大特点是利益。改革开放以后，受社会主义市场经济

---

❶ 施一公，饶毅.中国的科研文化［N］.科学时报，2010-09-03.
❷ 赵学文，龚旭.科学研究绩效评估的理论与实践［M］.北京：高等教育出版社，2007：269.

体制的影响，大学的风气也发生了很大的变化。学校为了生存和发展，需要和市场合作，扩大学校的影响力；教师们为了能更体面地生存和发展，也需要通过各种途径获得资源和利益，提高自身的学术影响力和经济收入。再加上与经济利益挂钩的学术评价制度、职位晋升制度的推动，教师们安心治学的定力很难维持。

（三）传统文化人情思想的影响

中国历来就是一个人情社会，凡事都爱以关系为切入口。如美国加州大学圣地亚哥分校付向东教授认为，有些中国特色的学术不端，反映的是深层次的文化问题。他说："国内科学项目的评审，无一不是这样：被评审的都知道评审专家名单。电话、短信到处飞，要求照顾。很多院士不是不想主持公道，但是架不住人情。"❶ 因此，中国大学教师学术职业生产关系存在的诸多问题，需要从中华传统文化中的人情思想进行反思。博士毕业入职，我们要防范"近亲繁殖"；组建科研团队，我们讲究跨学科选才；学术职务聘任、职位晋升、课题评审、学术评价，我们制定回避制度，这些都说明了在大学学术圈内关系的存在。事实上，只要有人的地方，人情就无处不在。大学里，不同利益群体错综复杂的关系，织成了一张强大的网，牵动了其中的谁，也许就动了谁的"奶酪"。

---

❶ 参见：袁于飞.把脉高校学术不端［N］.光明日报，2012-09-13.

第六章 中国大学教师学术职业发展的机制建构

切实解决好阻碍大学学术生产力发展的学术生产关系，是建构我国大学教师学术职业发展机制的根本任务和本质要求。站在国际化的视角看中国大学教师学术职业的发展，发现其学术生产力水平在逐步提高，但扩大学术生产力在国际的竞争力和影响力还需要革新学术生产关系，完善学术生产的运行方式。

第一节 大学教师学术职业发展机制的建构理念

构建大学教师学术职业发展机制，需要以一定的理念为指导，贯穿学术职业发展的始终。

一、学术职业发展以建立科学的学术观为指导

从事学术工作，需要端正学术观，这一点是与学术职业的本质属性密切相联的。科学的学术观，是对待学问的态度，就是带着对知识无比热爱和虔诚的心，历经艰辛，甘于清贫和寂寞，在自由的知识王国里独立地求取"真经"。在这一点上，许多学术前辈和大师以他们自身的学术精神和行为给我们作出了"独立之精神，自由之思想"的回答。"学

术在本质上必然是独立的、自由的，不能独立自由的学术，根本上就不能算是学术。学术上一个自主的王国，它有它的大经大法，它有它神圣的使命，它有它特殊的广大的范围和领域，别人不能侵犯。每一门学术都有它的代表人物，这一些人，一个个都抱'鞠躬尽瘁，死而后已'的态度，忠于其职，贡献其心血，以保持学术的独立自由和尊严。在必要时，牺牲性命，亦在所不惜。因为一个学者争取学术的自由独立和尊严，同时也就是争取他自己人格的自由独立和尊严，假如一种学术，只是政治的工具，文明的粉饰，或者为经济所左右，完全为被动的产物，那么，这一种学术，就不是真正的学术。"❶

科学的学术观，是以学术为业。从事学术研究的目的，不是为了谋取个人私利，而是促进学术的发展，是一心只为学术所动，不为名利所动，甚至有时要求学者作出经济上的牺牲。"学术研究的重大成果，可以促进社会某一方面的发展，甚至影响一代人或几代人，但它并不带来直接的经济效益，因而往往不会像文学艺术作品、科技发明那样受到大众的关注；它可以使研究者感到精神上的富有，但不可能为研究者带来巨大的物质财富。""如果从个人名利上考虑，人们完全不必选择做学术研究这种事情；如果受繁荣学术的使命感驱动，人们则必须致力于艰辛的学术事业。学术研究是一件非常清苦的工作，如果没有高度的社会责任感，仅有对某一课题的兴趣，是难以在学术园地里长期耕耘并有所成就的。"❷

科学的学术观，是对学术内在价值的认同，并内化为心中的戒律，即人们常说的"精神贵族"。学者应该抵制浑噩度日的市侩生活，将自己引领至高尚的境界，并保持一种"超越生活的生活观"。他们表现出遗世独立的精神气质，在热闹的聚会中没有他们的身影，在政治的纷争中也难见他们的踪迹。作为学者的使命，就是"把对于别人来说是一种工作之余的愉快休息当作工作、事情，当作自己生活里唯一的日常劳动来做"。❸

---

❶ 贺麟.文化与人生传统［M］.上海：上海文艺出版社，2001：192.

❷ 文援朝.理性研究下的非理性认识［J］.中国图书评论，2012（11）：106-107.

❸ ［德］费希特.论学者的使命、人的使命［M］.梁志学，沈真，译.北京：商务印书馆，2005：45.

二、学术职业发展要以学术生产力水平为检验标准

大学学者的学术水平是他们的立身之本，以非凡的学术成就来获取学术圈内的学术声誉和学术地位，是每一位学者的毕生追求。学术职业的发展，是以学术生产力为考核指标的。这里的学术生产力，不是单纯地指拿到多少项目，多少基金，发表了多少论文，出了多少专著，而是看他的项目里，出了多少新思想，对推动社会的前进具有多大的贡献；他发表的论文里，包含多少新观点，有多少学术价值和社会影响力。不论大学学者的数量有多么庞大，也不论中国的学术产量在过去十年取得过如何辉煌的成就，科技论文的产量在世界排多少名，更不论中国的研究发展投入占据的国际份额怎样不断增加（根据 2018 年美国科学委员会公布的《科学与工程指标》报告，从1978 年到 2016 年，我国的科学技术人员从 434.5 万人增长到 8327 万人，居世界首位。中国的专利申请量、发明专利申请量、发明专利授权量、商标注册量连续位居世界第一，有效发明专利保有量位居世界第三，中国现在是国际专利申请第二大来源国，也是国际商标申请第三大来源国。中国发表的科技论文总数长期以来在世界上排名第二，其中 SCI 收录的论文也居世界第二位。中国的研发投资占世界总投资的 21%，美国为 26%，差距在逐渐缩小）❶，论文的学术质量并没有随着规模的增加而同步提高。过去 20 年，中国学者发表的论文被其他国家学者引用的数量在下降，就像《自然》杂志中一文的标题——《中国已经成为论文生产第三大国，但质量不理想》。因此，要提高学术生产力和科技创新能力，加快追赶其他发达国家和地区的速度，在国际学术市场占有一席之地，中国不仅要在基础研究方面增大投入力度，而且还要加快大学学术职业发展，因为中国大学是科技创新的主力军，其学术生产力水平的高低直接决定了整个国家原始创新能力在国际

---

❶ 杜丽群. 改革开放 40 年的经济成就与"中国名片"［EB/OL］.［2018-05-29］.https：baijiahao.baidu.com/s?id=1634834428928650454.

上的地位。

三、学术职业发展要以大学内外资源的有机整合为保障

大学是学术职业赖以生存的家园，是学术职业发展内在逻辑的守护之神。学术职业对大学的忠诚，不仅缘于大学源源不断地为学术职业进行高质量的学术生活提供了必备的学术设施和基本条件，更源源不断地为学术职业提供了适宜的生长环境和制度性保障，是学术职业自由、安宁生存的理想家园。❶

同时，作为社会有机组成部分的学术职业，虽然主阵地在大学，但也不是世外桃源，必须要和社会发生千丝万缕的联系。没有任何一所大学能独立于社会而存在。大学需要从政府，从社会，从企业那里寻求资金投入和科研资助，需要政府创造一个有利于大学发展的外部与内部的良好环境，需要政府制定政策进行内部人事制度、工资制度等系列管理体制改革，需要越过政府对学术发展的诸多管制获取学术自由的学术环境，需要理顺大学与政府的关系，平衡大学与市场的需求，正确处理学术职业发展中的内在逻辑与产业逻辑的矛盾与冲突，构筑职业发展的坚强内在动力和外在推力，增强学术生活的吸引力。

第二节　健全大学教师学术职业发展机制的驱动要素

一、提升学术生产力的国际竞争力

大学教师学术职业与学术生产力之间内在统一的关系表明，学术职业是学术生产力孕育的活力之源和潜在主体，学术生产力是学术职业的

---

❶ 宋旭红.学术职业发展的内在逻辑［M］.武汉：华中科技大学出版社，2008：207.

立身之根本和发展之要义。在全球经济一体化的国际形势下，研究型大学教师的准入资质与竞争资质均在向国际看齐，具有国际竞争力的学术能力成为资格准入的核心标准。大学对高校教师的学术考核和职称晋升，也要求教师学术水平的国际化，即教师要具有国际一流的教学能力、科学研究能力和创新能力，能够创造出具有国际水平的科研成果，能跻身于国际学术前沿并在国际学术界产生重要的影响。这是大学教师学术职业从传统走向现代的必然。

（一）学术生产力的国际发表和高被引率

国际化背景下大学学术生产力的变革性特征，决定了学术生产力不再仅仅是传统的学术发表要求，而是要以国际标准来衡量学术成果的水平，并获得国际学术界同行的认可。通常以在国际性学术刊物发表学术文章、在国际学术组织中担当重要职务、在国际性会议上宣读论文、与国际性的研究中心进行科研合作、科研项目获得国际资金资助、论文发表的高被引率和发表期刊的影响因子等指标激发教师学术生产的国际竞争力和影响力，实现中国学者的学术自信和学术自强。

（二）学术生产力的产学研用合作

国际化背景下大学学术生产力的创造性特征，决定了教师学术职业进行知识创新与知识扩散的重要性。伴随着全球化进程的加剧，从知识维度出发，与知识创新的生成相比，研究型大学教师学术职业在创新扩散过程中发挥着越来越重要的作用。一方面，知识生产的场所从大学转向更为广阔的非大学领域，如工业实验室、研究中心、独立智囊团和咨询机构等。知识生产的过程也由封闭走向开放，大学与产业部门、独立研究机构、政府之间的竞争、交易、合作、学习促成了"后现代"工业文明中的知识生产从一维走向多元。另一方面，大学成为知识扩散的主要推手。研究型大学的教师与学生通过与产业部门的合作将已有的研究成果转化为成型的创新产品并通过市场化的渠道扩散到全世界。对于中国研究型大学教师来说，"大学智库"的命题才刚刚开始，在新一轮科技竞争中，学术与产业、产业与研究、研究与应用的合作将成为大趋势。

二、健全学术生产关系的要素——学术人

（一）学术人的界定

在对学术人进行界定前，先了解"知识分子"这一概念。两者在某种程度上具有共同的特质。知识分子作为一个有自我意识的群体，产生于17世纪。刘易斯·科塞（Lewis Coser）在其《理念人—— 一项社会学的考察》中将"知识分子"命名为"理念人"，认为"知识分子是为理念而生的人，不是靠理念吃饭的人"。[1] 正如爱德华·希尔斯（Edward Shils）所说，"知识分子对神圣事物非常敏感，对他们宇宙的本质和控制他们社会的法则进行不同寻常的深思"。[2] "知识分子是理念的守护者和意识形态的源头，但是与中世纪的教士或近代的政治宣传家和狂热分子不同，他们还倾向于培养一种批判态度"。[3] 而且，"缺少了知识分子，现代文化几乎是不可想象的。如果让他们的远亲，脑力技术人员和专家，抢占了知识分子现有的职位，现代文化很可能会因僵化而消亡"。[4]

朱利安·班达（Julien Benda）则认为，真正的知识分子，"他们的活动本质上不追求实用目标，他们是在艺术、科学或形而上学的思考中，简言之，是在获取非物质的优势中寻求乐趣的人，也就是以某种方式说'我的国度不属于这个世界'的人"。[5] 并且，在他的著作深处总是

---

[1] ［美］刘易斯·科塞.理念人—— 一项社会学的考察［M］.郭方，等译.北京：中央编译出版社，2004：2.

[2] ［美］刘易斯·科塞.理念人—— 一项社会学的考察［M］.郭方，等译.北京：中央编译出版社，2004：3.

[3] ［美］刘易斯·科塞.理念人—— 一项社会学的考察［M］.郭方，等译.北京：中央编译出版社，2004：5.

[4] ［美］刘易斯·科塞.理念人—— 一项社会学的考察［M］.郭方，等译.北京：中央编译出版社，2004：3.

[5] Julien Benda.The Treason of the Intellectuals［M］.New York：Norton，1969：43.

能找到知识分子的形象：特立独行的人，能向权势说真话的人，耿直、雄辩、极为勇敢及愤怒的人。❶

理论界对"知识分子"这一概念的外延和内涵存在诸多争论和分歧，特别是在当代这样一个高度分化的复杂社会里，知识分子处在纷繁多样的制度背景和大量制度化抚育的夹缝里，要给予这一群体统一的认识显然是不可能的，但是根据当代知识分子角色和功能，有学者对知识分子作出了类型划分：自由职业的知识分子、学院派知识分子、科学知识分子、官僚机构中的知识分子、大众文化产业中的知识分子。❷在本研究中，涉及的"学术人"正是"学院派知识分子"❸范畴，因而比较认同美国学者洛根·威尔森（Logan Wilson）对学术人的界定，"大学教师工作是以学术服务于社会的学术职业，学术是他们从事学术工作的前提和标准，作为学术人的大学教师应该具有学术地位，并应该为学术的发展做出自身的贡献，体现其学术职业的价值"。❹

（二）学术人的特点

学术人除了具备一般劳动者所具有的生物性、能动性和社会性以外，还具有自身的职业特征：以高尚的职业修养和高水平的专业能力，从事高深的知识生产。

1. 专业性

学者隶属于特定学科而产生的"专业性"是大学工作的重要特征。一个学术人自踏入学术殿堂之门伊始，就得按照学术人的逻辑，在经历正规的学院训练后，首先具备从事这项高度专业性工作所需要的广博精

---

❶ ［美］爱德华·W. 萨义德. 知识分子论［M］. 单德兴，译. 北京：生活·读书·新知三联书店，2002：15.

❷ 参见：［美］刘易斯·科塞. 理念人——一项社会学的考察［M］. 郭方，等译. 北京：中央编译出版社，2004.

❸ Academician 一词在有的著作里被译成"学院人"，用以把学院内的学者与学院外的学者区分开，而"学院人"就是我们通常指的"大学教师"。

❹ 参见：Logan Wilson. The Academic Man：A Study in the Sociology of A Profession［M］. New Brunswick：New Jersey，1995：15–243.

深的基础知识，然后通过职场上经年的学术训练，一步一步改造自己，成为一个大学某个学科或专业领域里专门进行知识生产的学术人，并在自己的学术生涯中按照行业规矩，说行业话，做行业事，矢志不移，履行一个学术人对大学、对学科、对专业的绝对忠诚。

2. 创造性

学术人是以探求真理为终身事业，以知识的研究、创新和传播为己任的人，他们在学术上的追求和最大的贡献就是探寻真理和知识的创新，这是他们之所以为学术人的本真意义所在。为了知识的创新，他们需要有闲情逸趣的好奇心和一定程度上的学术自由空间，有学者称之为"寂寞之乐"，并把寂寞看作一种制度因素，一层防止自由思想火花导致爆炸的防火墙。寂寞和自由，是孪生的一对。没有寂寞，就没有学术创造。"寂寞不是让学术变成学者个人休闲玩意，而是学术必要的制度性条件，是认知易爆物的绝缘层。"[1] "这里的寂寞，不是孤单、冷清或无聊的寂寞，而是学者所需要的一种境界和生存状态。……学术寂寞大致包含四层含义。一曰独立，即独立思考和独立思考的态度和能力。真正的学术工作是一种创造性的工作，必然以独立的思考和判断为前提。人云亦云、随波逐流之辈不会具备寂寞的能力。二曰闲暇，寂寞总是与闲暇相联系，意味着较少受到外在时间限制，能够相对地自由掌握自己的时间，表现出一种自由自在的状态。三曰孤独，寂寞含有内心宁静、恬淡、超然的意味，唯其如此，学者才能够与周围日常生活世界保持一定的距离，专注于所从事的学术工作本身，不为外界的名利等因素所左右。四曰激情，学术寂寞中必然含有乐在其中、自觉自愿的成分；强烈的兴趣和激情往往使学者沉醉于自己的工作，或多或少地忽视生活于其中的世界。"[2]

3. 异质性

大学教师的异质性，来源于大学结构的异质性。从大学的发展史来

---

[1] 洪易．寂寞是学术自由的防火墙［J］．北京大学教育评论，2006（2）．

[2] 陈洪捷．学术工作需要寂寞［N］．光明日报，2003-03-25.

看，当代大学经历了从一个培养牧师、律师和绅士学者的团体到成为一个由职业教育者组成的松散联结团体的演变过程。"它们从事和提供多科目的教学和研究，从非功利学科、纯学术学科到接近于职业教育的学科。在这个过程中，大学失去了作为一个相对同质的、由志趣相同的学者组成部分的社区的特征，成为一个由教育、背景、修养殊为不同的教授组成的各种专业学校的联合体。"❶ 不仅学者所拥有的技术和知识背景各不相同，而且，他们还是一群性格不同于常人的人。雅克·勒戈夫说："给作为学者和教授，作为职业思想家的知识分子下定义，还可以通过一定的心理特征，这些特征会僵化成精神的倒错；也可以通过一定的性格特点，这些性格特点会蜕变为怪癖和躁狂。知识分子作为一种性格执拗的人，冒有陷入冥思苦索的危险。"❷ 无论是在现实生活中，还是在小说的人物塑造上，学术人总是代表着"独有的怪异，甚至暴戾的人生风格和社会表现"❸。然而在这些"怪癖""躁狂""执拗"的外表下，所流露和所升华出来的是那种"在理性背后有对正义的激情，在科学背后有对真理的渴求，在批判背后有对更美好的事物的憧憬"❹，这正是学术创新的必备品格。在大学这个松散联结的组织里，作为学术人，他们个性迥异，各具特色，有的不善言辞，不善交际，甚至不懂人情世故；有的清高、孤傲，不合群；有的外向，有话就说，坦陈己见，喜欢标新立异，不循规蹈矩，不惧怕领导和学术权威；有的甚至给人狂妄不羁、离经叛道的印象。他们在大学这个"庇护所"里共同从事不受约束的知识追求和对高深学问的探索，并在不断地交流磨砺自己的思想。

（三）大学教师的角色冲突分析

在大学教师的角色冲突中，有学者认为，存在着"学科"和"院校"

---

❶ ［美］刘易斯·科塞.理念人——一项社会学的考察［M］.郭方，等译.北京：中央编译出版社，2004：306–307.

❷ ［法］雅克·勒戈夫.中世纪的知识分子［M］.张弘，译.北京：商务印书馆，1996：3.

❸ ［美］爱德华·W.萨义德.知识分子论［M］.单德兴，译.北京：生活·读书·新知三联书店，2002：19.

❹ ［法］雅克·勒戈夫.中世纪的知识分子［M］.张弘，译.北京：商务印书馆，1996：3.

的冲突和"教学、科研与社会服务三种活动之间的冲突"，❶ 这是由大学学者学术本性及价值造成的。此外，还有学者认为，大学教师面临"经济人—政治人—学术人"的角色冲突，这是由大学教师的身份标识决定的。因为作为人，大学教师具有"经济人"的现实性，有追求自身合法利益最大化的现实诉求；作为"公民"，大学教师具有"政治人"的公义性，在重大民生决策和社会公义上应当有自己的声音；作为"大学教师"，具有"学术人"的自律，孜孜以求探寻真理和知识的创新。❷ 这种对大学教师三重身份的分析，为我们更好地理解大学学者在当今万象丛生的社会洪流中所扮演的种种人生角色作了很好的注解。

1. 学者的顾问角色

随着现代大学与社会公私组织的联系越来越多，一些教授已不再生活在学院高墙的庇护之下，他们来到企业，来到政府充当顾问，帮助学院之外的人解决一些现实问题，并从酬劳中获得承认而成为"实用性教授"。

强调"修养到技能"这样一种教授角色转变的原因，必须从大学内外两方面去寻找。从大学内部来说，处于"象牙塔"的大学教师虽然在大学里从事清静的学术生产活动，可以在一定程度上"躲避社会环境和经济环境的压力，但不可能逃脱它的影响。尽管它可以抵御或尽量拖延社会的要求，却不能不做出某些反应。而正因为它做出了反应，就不可避免地进一步从提高修养转向教授实用技能。它所提供的服务也不可避免地促进了学院人角色的再造，他们中的许多人注定成为实用知识的零售商而不是思想观念的生产者"❸。从大学外部来说，企业和政府官僚机构面对一些现实问题时，渴望得到学院学者的见解以寻求解决问题的方法，企业和政府比以往更多地需要学院人。

学者顾问角色的产生所带来的影响也是显而易见的。目前社会公众

---

❶ 陈何芳.大学学术生产力发展论［M］.北京：光明日报出版社，2011：60–61.

❷ 刁彩霞，孙冬梅.大学教师身份的三重标识［J］.现代大学教育，2011（5）.

❸ ［美］刘易斯·科塞.理念人——一项社会学的考察［M］.郭方，等译.北京：中央编译出版社，2004：314–315.

对大学学者的顾问角色的看法认为，虽然这一事实至少在一定程度上说明了大学学者在全社会的声望的上升，"许多学院人拓宽了他们的眼界，摆脱了早期禁锢着学者的那种学术地方主义"。"扩大了他们的影响，增加了他们对应用问题的关心。"❶ 但是，其负面影响在于，"当学院中拥有众多能对现实问题提出见解的教师时，那些'不现实的教授'那些消极的陈规老套就渐趋衰微了"❷。更为严重的是，当学院人面临私人和企业官僚机构越来越多地寻求解决问题的要求，他们倾向于从探求更为一般的或更具理论性的问题中转移出来时，虽然他们得到了一批学院外的新听众，但这影响了他们原来的自我形象，也阻碍着某些学院人承担起更重大的知识任务。

2.研究主持人角色

和以前占统治地位的学术工作模式——研究者利用图书馆资源撰写著作不同，现在的学术研究，特别是随着社会科学与人文科学研究复杂性的逐渐增强，由教授、年轻助理、辅助人员组成的大学研究团队也在发展。因此，作为研究主持人的高级学者，他们在大学课题或项目的组织管理中的作用也悄然发生了变化，他们的活动从学术逐渐转向行政管理和筹集资金。申请课题、组织团队、监督进展、平衡财务预算、应对中期检查与项目评估、发表文章、撰写结题报告、申报评优……年复一年，终日在为课题、项目、基金而忙碌。正如本尼斯（Warren G. Bennis）对这个问题所作的描述："（新的社会科学家）在与世隔绝的斗室之内，是不会在研究上取得成功的……他必须会见下属和'形成融洽的关系'……他的时间有三成花在行政事务上，如会见职员；参加全体会议或讨论会；准备发言、咨询；会见领域内的专家；与同事、资助者和研究成果的使用者通信。大量时间花在为基金会准备的基金申请书

---

❶ ［美］刘易斯·科塞.理念人——一项社会学的考察［M］.郭方，等译.北京：中央编译出版社，2004：316.
❷ ［美］刘易斯·科塞.理念人——一项社会学的考察［M］.郭方，等译.北京：中央编译出版社，2004：316.

上。在这里，研究人员必须平衡预算……选择人员提出财政需求。"❶ 一个如此忙碌的研究主持人是不可能把其知识能力完全用于研究工作的。

不仅如此，连学术风向也发生了很大的转变。"现在的学术人，在进行学术研究时不仅仅要对研究的问题进行理论建构，还必须加上'实用'的考虑：市场何在（为谁写）？对政策制定有什么意义？其价值大小的衡量在于是否申报更大的课题，争取更多的资金？能否被政策制定者纳入视线，被重视和采纳？能否在更好的核心期刊上发表，被权威引文转载或索引？"❷ 殊不知，在这看似一派学术繁荣景象的背后，学术已被异化成为学术大腕竞相争权夺利的一种手段，而学术的精神和灵魂在这到处充满物欲的社会里正在成为一种奢侈品。

3. 学术官员角色

在如今的大学圈子里，"学者型官员"成了校园官场一道风景，那些在知识活动中大有前途的学者，往往在大学里被委以行政管理的重任而成为学术官员，如大学校长、副校长、院长、教务长、系主任等，有的甚至走出大学，成为拥有学者身份的政界精英，社会上对这类知识分子官员给予"学术型官员"的雅称，表现出了对这类亦学亦官两者兼顾的学术官员的赏识和赞美。

从个体的角度看，学者华丽转身成为官员，并且是继续从事学术研究的官员，当然可以看作一种进步和荣升。最重要的是，学者摇身一变成为官员，在身份变化的同时，也是抬高身段的筹码，课题立项、基金支持、文章发表、评优评奖……种种以前难以争取的机会都能逐渐获得，随之而至的是各式让人艳羡的学术荣誉和头衔：学会理事长、评审委员会成员、"长江学者"……这一方面反映出了学术界存在的一些"潜规则"——学术必须与权势联姻才能带来利益，另一方面也从侧面暴露了一些学者，特别是有很高学术造诣的学者存在权力冲动的动因所在（如沽名钓誉的冲动、炫耀攀比的冲动、追求高官厚禄的冲动）。

❶ Warren G.Bennis. The Social Scientist as Research Entrepreneur: A Case Study［J］.Social Problems，1955（1）.
❷ 蔡宗模.学术与学术人［J］.大学（学术版），2011（1）.

从大学管理的角度来说，虽然有高级学者加盟大学管理者的队伍，从某种意义上可以提升整个大学的知名度，或者以学者的远见卓识和雄心壮志重新打造大学，但优秀的学者不一定就是优秀的管理者。"因为在学术官僚化自身中还存在着一种压力。由教务长、系主任、注册员和大量各种行政人员组成的庞大内部官僚机器，形成了今天控制全体教师的官僚模式。在多数情况下，他们并不限制大学内表达一些还不流行的观点和意见。但因持有一种官僚主义的生活观，他们首先强调良性运行，把组织摩擦最小化看作主要任务，学术管理者自然不信任可能扰乱日常秩序的'麻烦制造者'。这并不是说他们不如他们教授队伍中的同行那样热爱学术自由，而是说他们更喜欢有效的运行。"[1] 而且，一些学术上有造诣的学者，一旦踏入学术官场，根本就没有时间再去认真做研究，几年下来，对学术的追求只会越来越淡薄。"任何熟悉现代学院情况的人可以很轻易地举出许多例子来说明，那些以往的成果已显示出在知识活动上大有前途的学者，一旦从事了研究队伍和（或）研究所的机构领导工作，便无法继续做出意义重大的研究。"[2] 虽然进行的研究越来越多，但获得的有价值的知识产品越来越少。从这一点来看，学术官员角色的出现也是对学术人身份逐渐进行肢解的一个重要原因。

4. 媒体公众人物角色

媒体公众人物主要分为政治公众人物（官员）与社会公众人物（非官员）。前者主要指政府公职人员等国家官员；后者主要包括公益组织领导人，文艺界、娱乐界、体育界的"明星"，文学家、科学家、知名学者、劳动模范等知名人士。前者更多地涉及国家利益、公共利益，后者则主要涉及公众兴趣和日常生活。随着媒体业的蓬勃发展，各行各业的公众人物层出不穷，其中学术界更不乏其例。近年来媒体尤其关注从事文史哲研究的学者。中央电视台开坛讲学，邀请学者宣讲《史记》《三

---

❶　[美] 刘易斯·科塞.理念人——一项社会学的考察 [M].郭方，等译.北京：中央编译出版社，2004：320.

❷　[美] 刘易斯·科塞.理念人——一项社会学的考察 [M].郭方，等译.北京：中央编译出版社，2004：318.

国演义》《论语》《庄子》。地方电视台也纷纷效仿，开设类似栏目，从大学知名学者到准知名学者纷纷亮相讲坛，大谈文史哲话题。

赞成之声认为，大学学者成为媒体新贵是时代的需要和人民的选择。第一，学问应该走出书斋，尤其是当前，普及学问十分急迫。主流媒体找到了将高深学问与群众娱乐性结合起来的办法，对普及学问或是宣传中华民族传统文化有极大的好处。如大学学者王立群、于丹、钱文忠走上《百家讲坛》，推动了"国学"热，是有价值的；第二，学者参与媒体活动，为他们提供了抛头露面的机会，并为名利双收提供了可能。因此我们不必反对学者成为"公众人物"。反对学者成为媒体公众人物的看法有三种。第一，有些学者自身学术水平有限，却在媒体上充当"专家"、特邀嘉宾，轻率地解释科学，阐释经典，有误导、愚弄或欺骗公众之嫌；第二，大学学者参与媒体活动并大肆炒作，动机在于学者自身求名和媒体收视的需要，这种利用名气换取利益的公众人物就是钱理群先生笔下批评的"精致的利己主义者"（指他们高智商，世俗，老到，善于表演，懂得配合，更善于利用体制达到自己的目的）；第三，大学学者游走于媒体与大学讲台之间，前者的娱乐性与后者的严谨性极不协调，稍有言语或行为上的不慎，会给学者带来浮躁、世俗的形象危机，尤其是当涉及大是大非问题时肆无忌惮地"乱"语，不仅会在学生或公众心目中降低其学术水准，而且势必陷入"口诛笔伐"的舆论漩涡中。

总之，笔者认为，大学学者面向公众发声，包括公共写作、公开演讲、媒体访谈等，说明了在这个互联网等新兴媒体日益发达的今天，个人言论空间越来越宽阔，是社会进步的重要体现。但是，学者作为媒体公众人物角色，有几点特别需要注意。

第一，学者必须要有真才实学，知识渊博，在学术专业领域里有一定的底蕴并颇有造诣，而不是靠电视节目、微博来吸引眼球，哗众取宠。你是教授，话语就必须要体现教授应该有的学识和教养，为人师表者应该有的严谨的思维方式和良好的学风和人品，而不同于村妇的随意或愤青的偏激；你是专家，话语就必须尊重科学规律，决不能信口开河，肆无忌惮地"乱"语，甚至传播伪科学。

第二，学者作为高端公众人物，在享有更多话语权的时候，也应该承担更多的话语责任。在社会转型期，各种社会矛盾突出，浮躁浅薄解决不了问题，社会需要更多的理智者。大学学者作为专业人士或知识分子，不仅有表达思想情感的权利，也有移风易俗、针砭时弊的义务，特别是在事关国家前途、民族命运、民众苦难的重大问题上，在涉及人权、尊严、公平、正义等普世价值的原则问题上，他们应借自己的身份去自觉主动地传达真善美的知识、价值和情感，传递言论正能量，传播新知识和新思想，启蒙和培育全民理性意识，推动社会文明和进步，自觉成为公众道德的标杆，成为公共话语平台公序良俗的倡导者和维护者，体现一个学者应有的独立的价值取向和精神境界，而不是一味地迎合公众，把自己推向低俗炒作之路。

第三，学者不能利用媒体公众人物的话语权谋取一己之私，求名求利。周国平先生在他的博客《知识分子何为》一文中提出："知识分子何为？他是要让这个世界变得更美好，让这个社会变得更美好，而他的基本方式是让人变得更美好，他改变的是人的思想和心灵。无论公开发声，还是用著作和作品说话，他要做的都是这件事。质言之，知识分子的职责是守护人类的基本精神价值，努力使社会朝健康的方向发展。"❶学者身份的高洁与不俗，就在于其具有不同于一般人的忧天下、哀民生的社会责任心，重精神寄托、轻功利追求的超脱情怀和涵养。从这个意义上来说，一个真正潜心于基础理论或重大理论问题研究的学者，针对社会大问题和大趋势在公共媒体平台公开发声，其动机应该在于宣传其理论建树对社会的深远影响，而不能为了名利出卖自己的思想和灵魂。

（四）学术人对学术职业发展的影响

在本研究中，撇开组织层面，单就学者个体层面的众多因素中，有哪些对学术职业发展产生了重要的影响，其影响的大小和方式如何，国

---

❶ 周国平 . 知识分子何为［EB/OL］.http：//blog.sina.com.cn/s/blog_471d6f680102eif0.html.

际上许多国家的学者对个人科研绩效及其影响因素开展了实证研究，综观这些研究成果，概括出学术人对学术职业发展的影响因素主要有以下几方面。

1. 大学教师的职业价值取向

与前述学术人的职业特性一脉相承的是，大学教师的学术职业对于从业者的要求远远高于一般职业，它要求从业者对知识的继承与创新保持高度的热情，从业的动机不仅是满足物质报酬的需要，还是个人终极价值的自我实现。

（1）学者的信仰

学者是献身于学术并主动地以自己的学术去关注现实，影响社会的人。学术职业的生命在于追求真理和知识，因此，在学术生产中，大学学者的信仰是"为学术而学术"，整体表现出忠于真理、超越功利、勇于创新、崇尚自由等特征。特别是在满足作为"经济人"正当利益需要的基础上，在世俗的权威、功利和迷信面前，不畏权贵，不贪图安逸享乐，以学术人的内在品质和对学术的虔诚和忠诚，换取精神人格的独立。这种以"学术人"身份严格要求自己的教师，必然会为学术和学术职业的发展做出自己的努力，这既是其职责所在，也是主动追寻自身存在价值和职业生命终极价值的重要体现。

（2）职业认同

职业生涯发展理论认为，职业认同包括职业态度、职业发展目标和选择职业的主要目的三个方面。职业态度影响着职业人的外在职业行为，进而影响人的职业发展。一般情况下，职业态度越好，对工作的重视程度就会越高，也会越努力工作，事业发展也相对较好。职业发展目标明确，会对职业发展有合理的规划，为达到目标锲而不舍。选择职业的动机符合该职业的本质特性，会对职业充满信心和忠诚。有研究表明，教师对自身职业的态度、职业发展目标和选择教师职业的动机直接影响其专业发展的需求，因为只有从主观上认识到了教师发展对于学术职业的必要性和重要性，才能促使高校教师产生提高自己专业水平，着眼于长远职业发展的需求。教师的职业态度、职业发展目标和选择教师职业的主要目的与教师发展需求存在显著的相关性。当职业认同度普遍较高，大多数教师拥有明确的职业发展目标和职业发展动机时，就会将学术职业视为实现个人价值的方式，而不仅仅是谋生的手段。❶

（3）学术人格

人格是在人求生存、求发展本性的驱使下，在后天满足人的各种生存与发展需要的各种活动中形成的。人由其参与的活动、满足其生存与发展需要的环境、内容、形式、过程和手段等不同，就形成了不同的人格特征。人有高下、好坏之分，并不是由人性造成的，而是由人主观价值追求的不同而在人的活动中所呈现出的人格中表现出来的。❷ 人生有三个选择：从政、经商或做学问。从政获得权力，适合控制型人格；经商谋取利益，适应占有型人格；做学问留名青史，最宜内省型人格。三种人格都是完整社会之所必需。❸ 大学教师的学术人格是人的基本人格智慧人格中的一种，只不过是这种智慧人格中的学术人格只是为大学教师等以学术为职业的人群所拥有的一种人格而已。之所以说学术人格是智慧人格的一种，从根本上来说，是因为学术活动也是人的智慧活动的一种，是人的智慧在学术活动领域的一种体现。❹ 大学教师应该追求自由的学术人格，诚如民国时期著名的国学大师陈寅恪写给王国维的碑铭盛赞王国维的人格，"独立之精神，自由之思想"，这既是学术职业的内在要求，也是学术职业发展的内在逻辑。

2. 大学教师的学术能力

从已有研究来看，证明了大学教师学术能力对学术职业发展的重大影响。弗鲁姆（Vroom）认为工作绩效是能力与激励这两个因素的

---

❶ 林杰，吴亚丽.普通高校专任教师职业发展的需求及影响因素分析［J］.教育学报，2011（3）.

❷ 孙绵涛.我对大学教师学术人格的认识［EB/OL］.http://blog.sina.com.cn/s/blog_7e4c16d501013vj9.html.

❸ 蔡宗模.学术与学术人［J］.大学（学术版），2011（1）.

❹ 孙绵涛.教育管理学［M］.北京：人民教育出版社，2007：420-426.

函数。❶坎贝尔（Campbell）进一步把绩效的决定因素分为能力、意愿和机会三类。❷伍德（Wood）对科研绩效影响因素所做的实证研究结果也表明，属于个人特征的能力、精力、动力、目标和自律性等因素都对科研绩效产生了影响。❸

作为教师，自身应具备相应的学术水平和研究能力。学术能力是大学教师在大学的安身立命之本。首先，在成为教师之前，要经过高规格、高水平的专业化知识训练，才能具备大学教师的职业准入资格，同时，也只有自身具备了相应的学术水平和研究能力，才能满足大学教学和研究的要求。一般来说，具备博士学位是进入学术职业的重要前提和主要标志，这也是世界各国研究型大学招聘教师的基本要求。其次，经过系统训练掌握的高深知识是大学教师从事各类职业活动的介质，这是大学教师通过教学培养人才、分学科分专业进行各种学术研究的基础。最后，随着现代学科发展呈高度分化又高度综合的趋势，对学术从业者提出了更高的创新能力要求。创造性是学术研究活动的本质特征。创造性程度是衡量一项科研成果水平高低的重要指标，科研成果的创造性越大，其水平就越高。学术研究活动的这种创造性特征决定了大学教师必须是具备较强探索能力和创造能力的人。而且，知识谱系能力是教师学术创新的重要能力之一，它为学术创新力实现学术知识创新提供了历史参照，为学术创新力实现学术知识创新的价值提供了历史合法性，为学术创新力实现学术知识创新提供了逻辑框架和坚实地基，为学术创新力实现学术知识创新提供了范式基础，大学教师提高个体自身的知识谱系能力，是进行实现学术创新的根本所在。❹

3. 大学教师的学术工作投入

在对学术工作投入的兴趣方面，哈里斯（Harris）和凯恩（Kaine）

❶ S.C. Jones，V.H. Vroom. Division of Labor and Performance under Cooperative and Competitive Conditions［J］.Abnorm Psychol，1964（68）.

❷ J.P. Campbell. A Theory of Performance［C］// Schmitt，N.&Borman，W.C.Personnel Selection in Organizations. San Francisco：Jossey—Bass，1993.

❸ Fiona Wood. Factors Influencing Research Performance of University Academic Factors［J］. Higher Education，1990，19（1）.

❹ 李育球.论大学教师学术创新力的基础：知识谱系能力［J］.比较教育研究，2011（7）.

对澳大利亚 134 名经济学专业的高校教师的问卷调研结果显示，学术职业科研绩效的高低更多地取决于学者自身的动力而不是外在的资源支持。❶中国学者杜屏、李琳琳等人在《中国大学教师科研绩效现状分析》中通过运用 Spearman 相关分析对个人工作兴趣与科研绩效分组之间的关系进行研究的结果也表明，对研究更感兴趣的教师，其科研绩效更高。❷

在对学术工作投入的时间分配方面，有研究表明，科研绩效越高的教师，教学的时间所占的比例越低，两者存在非常显著的负相关。而在研究时间比例上，绩效越高的教师，研究所占的时间比例越高，两者之间存在非常显著的正相关。❸胡清（Qing Hu）和格兰登·吉尔（T. Grandon Gill）在研究了信息系统专业教师的科研生产力后，同样支持这一研究结论，认为在其生产力提升中具有明显正影响的因素有两个：一是从事研究活动的时间，二是该校中有信息系统专业博士的授予点；具有明显负影响的因素是每周超过 11 个小时的教学工作量。❹

4. 大学教师的学术生命周期

根据对生命周期含义的理解，学术生产周期指的是学者学术职业的生命历程，即一个学者的学术生命从孕育、成熟到巅峰、老化的过程。学者学术生命周期的变化规律，对学术职业的发展具有很大的影响。学者在学术生产周期的最佳时期——成熟到巅峰，能将自己的学术创造力发挥到极致，获得学术共同体的学术承认，从而奠定自己的学术地位，为自己的学术生涯添上非常隆重的一笔。

对于创造力与年龄的关系，这方面的研究比较多。如外国学者斯孟

---

❶ Geoff Harris，Geoff Kaine. The Determinants of Research Performance：A Study of Australian University Economists［J］.Higher Education，1994，27（2）.

❷ 杜屏、李琳琳，黎万红，卢乃桂.中国大学教师科研绩效现状分析［C］.教育经济学 2010 年年会论文集，2010.

❸ Robert C. Serow.Research and Teaching at a Research University［J］.Higher Education，2000，40（4）.

❹ Qing Hu，T.Grandon Gill. Is Faculty Research Productivity：Influential Factors and Implications［J］. Information Resources Management Journal，2000，13（2）.

顿（Dean K. Simonton）给出了人的创造力与生命周期的一般模型。❶ 中国学者赵红州提出"科学创造最佳年龄区"，并经过统计分析指出杰出科学家作出重大贡献的最佳年龄区在 25~45 岁，其峰值年龄和首次贡献的最佳成名年龄随着时代的变化而逐渐增大。16 世纪杰出科学家的成名年龄、峰值年龄分别为 22 岁、25 岁，20 世纪杰出科学家的成名年龄、峰值年龄分别为 33 岁、37 岁。年龄的增加意味着随着知识的增长所造成的科学发现的困难程度的增加。❷ 而且，有学者对 1901—1999 年诺贝尔获奖者最佳年龄研究，更是一个有力的佐证。物理学奖获奖者的创造高峰期大约在 25~45 岁，年龄跨度在 21~58 岁，平均年龄为 36.1 岁。化学奖获奖者的创造高峰期大约在 25~50 岁，年龄跨度在 21~58 岁，平均年龄为 38.7 岁。生理医学奖获奖者的创造高峰期大约在 30~45 岁，年龄跨度在 23~58 岁，平均年龄为 38.9 岁。而且作出突出获奖贡献的平均年龄并没有随时代变化而有多大变化。以物理学为例，1901—1925 年，平均 37.2 岁；1926—1950 年，平均 35 岁；1951—1975 年，平均 38.2 岁；1976—1999 年，平均 37.1 岁。❸ 由此可以看出，中青年是科学创造的最佳年龄，是出成果的黄金时代。许多独创性的科学发现和技术发明都出自中青年之手。

教育部科技委《中国未来与高校创新》战略研究课题组曾经选取 200 名 1905—1970 年出生的并在国家科学技术前沿取得卓越成就的科技名师为样本，对我国大学科技名师的学术生命周期开展的研究表明，中国大学科技名师科研成果的创新高峰期为 58 岁，在其科技领域的领导高峰期为 68 岁，相隔 10 年，亦即中国大学科技创新名师培养其科技领域生力军的黄金周期是 58~68 岁。人才创新能力激发周期是反映人才学术生命周期的重要指标，是指人才从学习生涯结束或学术职业生涯开始

❶ Dean K.Simonton. Career Paths and Creative Lives：A Theoritical Perspective on Late Life Potential［C］//E Adams—Price, Creativity and Successful Aging: Therotical and Empirical Approaches, Berlin: Spring Publishing Company, 1998.

❷ 赵红州.科学能力学引论［M］.北京：科学出版社，1984：213.

❸ 张九庆.自牛顿以来的科学家——近现代科学家群体透视［M］.合肥：安徽教育出版社，2002：175.

到获得规范社会认可的时间距离。同样的研究表明，我国在大学科技名师学术生命周期之学术创新的平均激发周期约为 26 年。而且，随着不同出生时期的推移，这些大学科技名师的学术生命高峰年龄越来越年轻化。❶

当然，除上述谈到的这些个体层面的影响因素外，还有众多个人特质因素，如心理特点、工作习惯、年龄、教龄、性别、职称、职务、最后学历、最后学位获得地、是否为硕士生或博士生导师，等等，虽然这些因素都单独或交互与科研绩效之间存在着相关关系，❷但由于它们在不同的学校类别、学校等级、学科类别、研究类型和领域之间存在较大的差异，因而本研究在学术人对学术职业发展影响的单一因素列举分析中没有考虑到这些因素。而且，对于有的研究中所认为的组织层面的影响因素，如机构背景（最终学历获得机构的声望、任职机构的声望、学术自由）、研究经费和设备、同事和工作环境、接受研究生教育的机构、博士生数量等，虽然这些因素都单独或交互对科研绩效产生影响，❸但由于都是组织层面的因素，因而也不在本研究的考虑范围。

三、健全学术生产关系要素——学术协作

（一）学术协作的界定

大学是特殊的知识生产场所，大学教师所从事的学术工作就是知识生产，即知识的创新与发明。"知识生产并不纯粹是一种心理活动，也

---

❶ 教育部科技委《中国未来与高校创新》战略研究课题组.中国未来与高校创新 2011 [M].北京：中国人民大学出版社，2011：327-330.

❷ 杜屏，李琳琳，黎万红，卢乃桂.中国大学教师科研绩效现状分析 [C].教育经济学 2010 年年会论文集，2010.

❸ M.F. Fox. Publication, Performance, and Reward in Science and Scholarship [C] //J.C. Smart. Higher Education: Handbook of Theory and Research. New York: Agathon Press, 1985; Fiona Wood. Factors Influencing Research Performance of University Academic Factors [J].Higher Education, 1990, 19（1）.

不仅是一种知识内在逻辑的演进，作为一种社会性活动，知识生产还遵循着特殊的社会规则，这就是知识生产的社会机制。这些社会机制包括知识生产的分工、交流、批评机制等一系列知识演进的外部规则。"❶从知识的属性来说，除具有主观性、客观性和公共性特征外，还具有多样性。正是由于知识的多样性造成了知识生产既是分工的，也是合作的，因此，知识生产的互补成为客观现象。在这个意义上可以说，知识生产是建立在知识之间的交流与沟通的基础上的。不同知识间的交流与碰撞、沟通与理解，最后以不同的互补方式形成新的知识。因此反映在大学的多学科合作的重要意义也在于：不同学科的相互作用会使不同的思维方式和观点发生激烈碰撞，进而达到学科互相补充、生产新知识的效果。同时，不同学科的合作将导致新方法的产生，新的方法意味着一种新的思维模式，一种新的知识生产方式，它将催生新的知识。❷在本研究中，学术协作是指多学科的合作，其工作机理是基于多元知识的自由平等交流。只有不同的学术思想、学科领域的交流和碰撞，才会产生更多的创新火花。

（二）学术协作对学术职业发展的影响

1. 知识生产的公共空间

知识生产需要自由的公共空间。在这个公共空间里，通过与知识共同体或专业同行进行知识的交流、沟通、批评、交融，并达成共识。以时空与人的关系来分类，这种公共空间可以是时空与人的聚合，如在某一场合的讨论与交流，像17世纪法国的洛可可沙龙、17世纪英国的皇家学会（Royal Society）、18世纪英国伦敦的咖啡屋、中国宋明以来书院的讲会、现代各国的大学讲台、研究院所的论坛等；还可以是时空与人的分离形式，即通过其他媒介进行的非即时性的交流，如各种公开出版的报纸、杂志、书籍，电子或多媒体、流媒体、互联网等。

---

❶ 朱新梅.知识与权力：高等教育政治学新论［M］.北京：教育科学出版社，2007：59.

❷ 姜大源.德国500名科学家和教育家论未来知识社会里的知识与教育［J］.德国研究，2000（1）.

在大学知识生产的公共空间里，既有时空与人的聚合，如教师同行之间的知识交流与互相批评，还有时空与人分离，如大学自己的公开出版物，专著、教材、期刊、学报、校报等，以及藏书机构如图书馆、资料室等，这些公共空间的存在为大学学术协作提供有效的途径和条件保障，促进了学者之间的交流，有利于大学学术研究的进一步发展，也促进了大学学科的发展。

2. 学科组织

学科是大学的基础和基本构成单元。学科组织是一个学科使命明确、目标确定、学术文化浓厚的生命力强的组织。大学学者利用学科组织的学术声望和学术地位扩大了自身的文化资本。学者们在学科组织中参加重大课题研究的过程、参加专业委员会学术活动的过程、参加国外学术交流活动的过程、参加著名大学访学和进修学习的过程、参加培养研究生的过程，等等，就是在学术交往中互相交流学术信息、激发创新灵感，与外界建立良好的学术合作关系，提高自身的学术地位和学术影响力。以国家重点学科为例，现在的研究型大学都在为国家重点学科而努力。因为有多少国家重点学科，就能积聚多少学术精英人才。国家重点学科是组织化程度比较高的学术组织，从学科带头人到学科成员形成了比较合理的学术梯队，其组织规模因学科的差异而不同。学者周守军根据调查数据进行分析发现，学科组织的结构规模人数平均在 65 人，其中自然科学学科的平均人数为 72 人，人文社会科学学科的平均人数为 24 人。在人文社会科学学科内部，人文科学学科的平均人数是 16 人，社会科学学科的平均人数为 27 人。❶ 在这些国家重点学科中，不同的学科组成了不同的学术梯队，不同职称级别的学者可以利用组织资本丰富自己的文化资本。以同一学科来说，一个新进学科组织的学者或一个中级职称的学者都是在学科组织的教授、副教授和学科带头人的带领、支持下逐步成长为学科的科研骨干，这样的文化资本积累优势是非学科组

❶ 周守军.学者的文化资本——以国家重点学科为例［M］.北京：当代中国出版社，2011：75.

织成员难以享受到的。而且，在遇到重大项目、重大科学和工程问题时，需要学科会聚和学科融合❶，这些国家重点学科组织的不同学科专家学者通过合作研究，集体攻关，可以共享各学科发展的诸多信息与资源，汇聚、培育不同学科的学术队伍，共同解决科研难题。

3. 专业学会

专业学会制度是指个别学科结成学术团体，促进学术分化发展的制度。学会是以学科为核心而结成的专职人员团体。自然科学、社会科学、人文科学无不在发展中分化，从中产生了各种领域的专业学会，现在不胜枚举的学会组织还在不断衍生中。国际方面的学会/协会组织非常多，如国际大学协会（IAU）、欧洲高等教育学会（CHER）、美国高等教育学会（ASHE）、美国大学教授协会（AAUP）等。这些学会在大学外部以及内部创设，并由大学开设各种讲座、研讨会、学术沙龙和学会会议，这样，学科自我规范、自我发展起来。这种以学会的形式建立起来的"无形学院"和学术共同体，建构起了知识生产的方法、知识产品优劣的共同标准，如库恩所说的范式，以及作为知识生产共同体的行为规范。❷一般来说，研究型大学的学者都是各个专业学会中的活跃人物，他们凝聚在这些专业学会下，成为学术共同体的成员，使"大学人"（Homo Academicus）共享相似的学术理念和文化，积极参与学术共同体的各项学术交流活动，传递着科学领域最新的信息和知识，将学者个人的思想变成彼此共同的思想财富，影响着学术的性质、组织管理和活动，促进了学会对社会，对全人类发展的贡献。因此，伯顿·克拉克认为，各种学术学会是"美国学术职业内在逻辑的重要组成部分"❸，甚

---

❶ 学科会聚是不同学科的专家学者会集在一起，共同解决一些复杂、重大的科学和工程问题。学科会聚不一定形成新的学科。学科融合指的是不同学科的某些层面、某些方向上融会结合成为新的交叉学科，就如同核聚变，几个较轻的原子核聚合成一个原子核，同时释放出巨大能量，学科的会聚融合对科学技术发展有巨大的推动能量。转引自：潘云鹤，朱经武.学科会聚与创新平台——高新技术高峰论坛［C］.杭州：浙江大学出版社，2006：2.

❷ ［美］刘易斯·科塞.理念人——一项社会学的考察［M］.郭方，等译.北京：中央编译出版社，2004：3.

❸ Burton R. Clark. The Academic Life：Small Worlds，Different Worlds［C］// The Carnegie Foundation for the Advancement of Teaching. New Jersey：The Princeton University Press，1987：254.

至可以说，"今天世界范围内学术职业的共性得以增强可以理解为学会所起的作用及影响"❶。

四、健全学术生产关系要素——学术制度

制度是人类相互交往的规则的总和。如《辞海》对"制度"一词的解释："要求成员共同遵守的、按一定程序办事的规程。"❷它包含内在制度（internal institutions）和外在制度（external institutions）。其中内在制度是从人类经验中演化出来的，它蕴涵着过去曾最有益于人类的各种解决办法，如习惯、伦理规范、风俗等。这是一种非正式制度。外在制度是由政府制定的并被自上而下地强加和执行的制度，如司法制度。这是一种正式制度。外在制度配有强制性惩罚措施，这些惩罚措施以各种正式方式强加于社会并可以依靠法定暴力来强制实施。外在制度的有效性在很大程度上取决于它们是否与内在制度互补，如司法系统是否支持一个社会的道德、文化习俗、惯例和礼貌决定了法律的效力。❸任何制度都具有两种作用：一种作用是导向与激励，即它吸引鼓励符合制度或者不受制度惩罚的行为；另一种作用是抑制与惩戒，即它抑制并惩戒（这种惩戒是广义的，包括主动的与被动的，也包括物质上与精神上的）所禁止的行为。在这种意义上，制度是影响人们行为最基本的因素，它通过影响人的需要与动机，最终影响人的行为。❹

知识生产的动力，除了人类的好奇心和求知欲，还有人类社会发展的需要、国家的战略利益和科学的社会激励机制。特别是科学的社会激励机制，构成了知识生产所需要的充分的学术自由和充满学术竞

❶　[日]有本章.大学学术职业与教师发展（FD）——美日两国透视［M］.丁妍,译.上海：复旦大学出版社,2012：4.

❷　夏征农,等.辞海［Z］.上海：上海辞书出版社,1989：210.

❸　柯武刚,史漫飞.制度经济学——社会秩序与公共政策［M］.韩朝华,译.北京：商务印书馆,1999：36-37.

❹　朱新梅.知识与权力：高等教育政治学新论［M］.北京：教育科学出版社,2007：68-69.

争的制度环境。大学合理的制度安排是学术职业发展内在逻辑的守护之神。❶

（一）学术制度的界定

作为学术生产中规范、激励或压抑学者学术行为的学术制度，是影响大学学术活动和发展的关键性因素。在大学组织中，健全的学术制度包括与各有关学术组织及其成员相对应的各种规章、要求、原则和规定等，它们是对各学术组织及其成员职责的规定，或者说是对其行为的要求与规范。大学的学术生产需要这些制度发挥规范和激励作用。在本研究中，学术制度指的是建立在一定学术组织结构基础之上的学术管理制度。

当今国际化背景下，高等教育发展的新形势打破了大学中的原有利益均衡，世界各国纷纷在各自传统的基础上进行程度不同的大学学术制度改革，力求建立更加合理有效的大学教师学术职业发展机制。综观这些发达国家的改革，向我们传递的信息是：随着高等教育精英化时代的终结，学术职业的一些传统学术制度已不再适合面向国际化发展的学术职业。

（二）学术制度对学术职业的影响

大学学术职业的发展，学术地位和学术声誉的形成，都离不开大学学术制度的推陈出新。

1. 科学的大学学术制度应该是什么样的

因国别的不同，中外大学制度各有特点。学术管理制度也是一样，从德国的编外讲师制度，到美国的终身教职制度，无不闪耀着华美绚丽的光芒，照耀着两国大学学术职业的发展之路。除此之外，各国还有许多其他的学术管理制度，影响着大学的学术活动和发展。透过这些制度，折射出了科学的大学学术制度究竟是什么样子的，它们集中体现出

---

❶ 宋旭红 . 学术职业发展的内在逻辑［M］. 武汉：华中科技大学出版社，2008：203.

了哪些共同的特点。学者陈何芳认为："大学学术制度应该具有较强的灵活性、多元化、学术自治性特征，以此克服学术管束中的行政主宰、统一合理化和简单量化；大学学术制度必须体现一定的精神与价值追求，以此抵抗大学制度的急功近利与舍本逐末；大学学术制度要以学者的发展为本，而不能目中无人、为管理而管理。"❶

笔者也非常赞同这些观点，并在这些观点的基础上，总结出能让大学教师醉心于学术工作的学术制度的核心特点。

第一，学术制度应该体现大学精神。每一所大学的蓬勃发展，都有一种无形的力量在起作用，那就是大学精神。大学精神是大学的灵魂，是大学自身存在和发展中形成的具有独特气质的精神形式的文明成果，是科学精神的时代标志和具体凝聚，是整个人类社会文明的高级形式。它蕴涵着求真务实的学术精神、永恒的人文道德精神、开拓创新的科学精神和敏锐的时代精神。就像《大学》开篇所言，"大学之道，在明明德，在亲民，在止于至善。"大学的内在精神是通过每一个学者所表现出来的哲思活动为标志的，体现大学精神的学术制度是大学永葆旺盛生命力的重要因素。

第二，学术制度应该体现学者治学。（1）规定学术道德。学术制度是集体意志的体现，它规定了各项学术工作需要遵守的基本规范，能有效预防学术失范和越轨现象，降低学术活动中的学术道德风险。（2）以大学学者为本。关注大学学者的切身需要，为其安心治学提供必要的制度保障。（3）大学制度体现学者治学、尊重学术权利，让大学学者拥有充分参与学术事务决策的机会。

第三，学术制度应该体现学术竞争。以制度明确规定学者的聘任和晋升程序、评价的标准和奖励的条件，以正当、有序的学术竞争激励教师的上进，避免不良学术派系的明争暗斗。

第四，学术制度应该体现学术自由。雅斯贝尔斯在《大学之理念》

---

❶ 陈何芳. 大学学术生产力发展论［M］. 北京：光明日报出版社，2011：156–157.

中强调学术自主和学术自由是大学生命的首要原则。❶ 大学的理念是为大学之道，实现这一理念最重要的条件是，大学的教师队伍是由真正对研究和教学有特殊偏好、具备创造力、能够做出原创性研究成果的学者构成，并享有充分的学术自由。

第五，学术制度应该体现学术质量。科学研究水平和人才培养能力是世界各国大学教师学术聘任、晋升、评价与奖励的最重要的依据，学术制度要以教师的"学术能力"和"科研成就"为主要标准。

第六，学术制度应该体现学术创新。大学学术制度作为调节大学生产关系的"纽带"，必须适应知识生产和知识创新的需要，这就要求学术制度要打破不适应知识生产的不合理的生产关系，不断激发学术活力，解放大学的知识生产力。

2. 学术职业的发展需要哪些大学学术制度作保障

虽然世界各国大学因国别差异导致大学发展路径不同、大学制度不同、学术传统不同，学术管理制度呈现出多样化特点。综合世界各国著名研究型大学推进学术职业发展的学术制度，发现学术职业的发展需要完善这些学术制度作为保障：（1）教师聘任制度；（2）近亲繁殖防范制度；（3）科研资助制度；（4）学术晋升制度；（5）学术评价制度；（6）薪酬制度；（7）学术休假制度；（8）学术奖励制度；（9）学术自由制度；（10）学术不端防范制度。有了这些富有创新活力、保障学术人学术自由、追求学术质量的学术制度渗透到学术活动的各个环节，将大大促进整个学术系统的发育和成熟。

五、健全学术生产关系要素——学术文化

文化是什么？《中国大百科全书——社会学》对文化的定义有广义和狭义之分。广义的文化是指人类创造的一切物质产品和精神产品的总

---

❶ ［德］卡尔·雅斯贝尔斯.大学之理念［M］.邱立波，译.上海：上海人民出版社，2007.

和。狭义文化专指语言、文学、艺术及一切意识形态在内的精神产品。❶
人们对文化的理解通常从狭义角度考虑，认为文化是一种精神，一种软
实力，能对一个人、一个民族、一个国家的长远发展于无形之中产生积
极深远的影响力。

（一）学术文化的界定

文化引申到学术界，就形成了学术文化。人们对学术文化的界定虽
然说法不一，但其基本含义是指学术人在发展学术的过程中形成的共同
价值观、精神、行为准则及其在规章制度、行为方式和物质设施中的
外在表现。它具体体现为学术人身上学识外的学术修养与学术品行的
气质烙印。它的形成，一方面需要靠大学文化的濡染与影响，另一方
面，需要靠学术人自身的修为。

（二）什么样的文化是好的学术文化

1. 好的学术文化，体现为一种好的职业伦理规范

作为大学学者，应该奉行与之身份相一致的职业伦理规范。职业伦
理对教师群体具有刚性的价值约束和行为纠偏功能。反观中国当今学术
界面临的学术道德危机，如学术目标的庸俗化倾向、学术价值选择的失
衡、学术行为的失范、学术贿赂、学术腐败等问题，皆肇始于学术伦理
的缺失。如果大学形成了好的学术文化，实际上就是在彰显学术职业伦
理规范，张扬学术职业伦理意旨，对于规避学术不端行为，形成学术职
业的群体伦理，重建学术共同体的诚信机制具有重要作用。

2. 好的学术文化，体现为以学术为业的信仰，而非学术自利和谋食

学术活动的直接目的在于知识的增长与发展，甚至可以说，"知识本
身即为目的"❷。这就要求学术活动应遵循布鲁贝克所说的"认识论"原

---

❶ 中国大百科全书出版社编辑部.中国大百科全书——社会学［M］.北京：中国大百科全
书出版社，1992.

❷ ［英］约翰·亨利·纽曼.大学的理想（节本）［M］.徐辉，等译.杭州：浙江教育出版
社，2001：20.

则，"把以'闲逸的好奇'精神追求知识作为目的……力求了解他们生存的世界，就像做一件好奇的事情一样"**❶**。好的学术文化，应是学者严格的学术自律。学术有其行业标准，这个标准是学术共同体制定的。它源于科学和理性，即自己决定自己，不畏权威，崇尚科学非功利，为科学而科学，为知识而知识。在这种凸显知识高贵、学术神圣的本体性价值的学术文化下，任何使"象牙之塔"受到污染的学术自利者都会自惭形秽。

3. 好的学术文化，体现为学术和政治相对分立，保持价值中立的学术立场

在一个好的学术文化下，作为"社会的良心"的学者社群，会通过承担学术的"信用责任"，明白自己"能够做什么"，约束自己"不做什么"，始终站在"价值中立"或"价值无涉"的立场，秉持自己的治学信念。

4. 好的学术文化，体现为学术第一，知能善任，不看关系和面子

一个教授在大学中的地位如何，是否受人尊重，主要应该取决于他的学术水平，取决于他创造知识的能力，而不是看他是否会搞人际关系，是否有个一官半职的行政头衔，是否"朝中有人"、有强硬的后台。同样的道理，大学在教员招聘、职称晋升、奖励及工作考核中，应该把学术成就放在第一位，爱惜人才，选出真正有能力的教师从教、晋升，奖励那些真正在教学科研做出成绩的学者，而不是在招人和晋升时看门派看关系，或以"武大郎开店"的心态打击人才，力挺平庸。

5. 好的学术文化，体现为独立、自由且多样化的学术生活方式

大学里经常出现院系内分圈子、教师间内外亲疏分派别的现象，甚至有教师为了职称晋升或获奖、进修名额明争暗斗，剑拔弩张。这些都是不好的学术文化使然。好的学术文化，是让教师在大学这个松散联结的组织下相对独立，君子惺惺相惜，互相懂得欣赏，并发自内心

---

❶ ［美］约翰·S.布鲁贝克.高等教育哲学［M］.王承绪，等译.杭州：浙江教育出版社，1998：13-14.

地为别人取得的成绩和荣誉喝彩。好的学术文化，是让学者在拥有寂寞和闲逸的自由时间里，通过定期或不定期地参加各种各样的学术沙龙、学术研讨会和国内外学术会议，开展国际合作研究，进行真正的学术批评，演讲个人学习心得，交流和探讨学术观点，追随学术发展潮流。

6. 好的学术文化，体现为学者在社会改革中充当文化引领的责任担当

虽然学术与政治要相对地分立，但作为现代社会的学者，也不能如古人所说"两耳不闻窗外事，一心只读圣贤书"。除了从事知识创造、开展教学和科研之外，学者社群还要扮演"社会的良心"角色，当好社会的精神领袖、传播先进文化的引领人和带路者。因此，好的学术文化，要鼓励和激发学者在万象丛生的社会改革洪流中"铁肩担道义"，承担普通人不能承担的特殊责任。

（三）学术文化对学术职业的影响

学术文化犹如一个人或组织的精气神，因为它摸不着、看不见，所以常常为人或组织所忽略。但缺少了这股精气神，有如生命失去了光彩和活力，可以说良好的学术文化，是保持学术职业基业长青的养料。它以潜移默化的力量滋润着大学的生命力和大学教师的学术生命力。即使世事变迁，但只要这种学术文化深深扎根于每位学术人的心灵，就丝毫不会改变它在大学学术中的作用。学术职业培育并维护其固有的学术文化与信念，而学术文化与信念又通过学术人学术活动的目标定位、学术活动的价值旨趣、学术活动的行为规范、学术活动的责任伦理体现出来。可以说，自中世纪大学诞生以来，学术文化就已产生，它是大学崇尚的学术自由精神，是"大学人"（Homo Academicus）追求的学术精神、学术信念、学术伦理和学术责任。历经多个世纪的发展，大学学术文化的力量有多大，这些学术的精神就能发扬多久，持续多久。

第三节 优化大学教师学术职业发展机制的运行方式

一、学术人：坚守科学的精神特质

根据联合国教科文组织对基础研究的界定，基础研究是"旨在增加科学、技术知识和发展新的探索领域的任何创造性活动，而不考虑任何特定的实际目的"。❶ 大学教师的高深知识研究主要是指基础研究、理论研究，注重的是学理的探究。因此，大学从事学术研究的学术人员具有与其他劳动者不同的鲜明特征。

（一）默顿的科学精神特质

从知识社会学的范式来看，精神生产的存在基础主要分为两类：一类是社会基础，如社会地位、阶级、世代、职业角色、生产方式、群体结构（大学、官僚机构、科学院、派别、政党等）、"历史地位"、利益、社团、种族归属关系、社会流动性、权力结构、社会过程（竞争、冲突等）。另一类是文化基础，如价值观、精神特质、舆论趋向、大众精神（Volksgeist）、时代精神（Zeitgeist）、文化类型、文化思想、世界观（Weltanschauungen），等等。❷

美国科学社会学奠基人默顿于 1936 年在其《文明与文化》一文中提出："科学的精神特质指用以约束科学家的有感情色彩的一套规则、规定、惯例、信念、价值观和基本假定的综合体。……这种精神特质像一般的社会规范一样，是靠它所适用的那些人的情操来维持的。违反规范

---

❶ 张彦.科学价值系统论——科学家和科学技术的社会学分析［M］.北京：社会科学文献出版社，1994：52.

❷ ［美］罗伯特·K.默顿.科学社会学（上）［M］.鲁旭东，林聚任，译.北京：商务印书馆，2003：14.

的行为将受到内化的禁律的抑制，并且会受到精神特质的支持者们所表达出的反对情绪的抑制。……可以认为，这一精神特质作为科学的'文化'要素，与其'文明'要不相同的。"❶1942年，默顿在他著名的《科学的规范结构》❷一文中精确定义了科学的精神特质，"科学的精神特质是指约束科学家的有情感色彩的价值观和规范的综合体。这些规范以规定、禁止、偏好和许可的方式表达。它们借助于制度性价值而合法化。这些通过戒律和儆戒传达、通过赞许而加强的必不可少的规范，在不同程度上被科学家内化了，因而形成了他的科学良知，或者用近来人们喜欢的术语说，形成了他的超我。尽管科学的精神特质并没有被明文规定，但可以从科学家的道德共识中找到，这些共识体现在科学家的习惯、无数讨论科学精神的著述以及他们对违反精神特质表示的义愤之中。"❸并在科学的精神特质的定义上，明确指出了四种制度上必需的规范——普遍主义、公有性、无私利性以及有组织的怀疑态度，构成了现代科学的精神特质，也是科学家应当遵循的四条基本的行为规范，它们既是学术上的规定，也是道德上的规定。

1. 普遍主义 ❹

普遍主义即关于真相的断言，不论其来源如何，都必须服从于先定的非个人性的标准：要与观察以前被证实的知识相一致。无论是把一些主张划归在科学之列，还是排斥在科学之外，并不依赖于提出这些主张的人的个人或社会属性；他的种族、国籍、宗教、阶级和个人品质也都与此无关。普遍主义的规则深深地根植于科学的非个人性特征之中。这

---

❶　[美]罗伯特·K.默顿.文明与文化[J].社会学与社会研究，1936（21）.

❷　最初是以《论科学与民主》（"A Note on Science and Democracy"）为题，发表在《法律社会学与政治社会学杂志》（1942年），第115-126页。后又以《科学与民主的社会结构》（"Science and Democratic Social Structure"）为题收录于罗伯特·K.默顿的《社会理论与社会结构》。在《科学社会学》一书中，《论科学与民主》以更为贴切的标题《科学的规范结构》（"The Normative Structure of Science"）获准重印。

❸　[美]罗伯特·K.默顿.科学社会学（上）[M].鲁旭东，林聚任，译.北京：商务印书馆，2003：363-364.

❹　参见：[美]罗伯特·K.默顿.科学社会学（上）[M].鲁旭东，林聚任，译.北京：商务印书馆，2003：365-368.

一规范观念的一种表达形式是：科学家有祖国，科学无国界。

普遍主义规范的另一种表现是，要求在各种职业上对有才能的人开放。除了缺乏能力外，以任何其他理由限制人们从事科学都不利于知识的进步。

2. 公有性 ❶

财产公有制的非专门的和扩展意义上的"公有性"，是科学精神特质的第二个构成要素，公有性强调了科学知识作为公共财产的地位。科学上的重大发现都是社会协作的产物，因此它们属于社会所有。它们构成了共同的遗产，发现者个人对这类遗产的权利是极其有限的。科学家对"他自己的"知识"产权"的要求，仅限于要求对这种产权的承认和尊重。

科学的公有性是与科学发展应该交流这一规则联系在一起的。保守秘密是这一规则的对立面。充分和公开的交流是它的规定。隐匿科学发展会受到社会谴责。

科学的公有性还反映在，科学家承认他们信赖某种文化遗产，他们对这种遗产没有提出不同的要求，即牛顿的名言——"如果我看得更远的话，那是因为我站在巨人们的肩膀上。"

3. 无私利性 ❷

无私利既不等同于利他主义，也不是对利己主义感兴趣的行动。求知的热情、莫名其妙的好奇心、对人类利益的无私关怀和许多其他特殊的动机都为科学家所具有。科学家进行研究和提供成果，是为了人类知识增长这个本身利益，不应有其他私人利益或动机妨碍这个目的的实现。奉献、正直诚实、谦虚无私，是科学家基本的行为准则。科学研究包括其成果的可证实性，实际上都要受到同行专家的严格审查。无私利性的规范向实践的转变，通过科学家对其同行的最终负责而获得有效的支持。无私利的原则被约翰·齐曼称为"为科学而科学"的原则，是因

---

❶ 参见：［美］罗伯特·K.默顿.科学社会学（上）[M].鲁旭东，林聚任，译.北京：商务印书馆，2003：369-372.
❷ 参见：［美］罗伯特·K.默顿.科学社会学（上）[M].鲁旭东，林聚任，译.北京：商务印书馆，2003：373-374.

为这个原则主张一是不因个人的利害关系影响对真理的提出、接受与辨别；二是不应因个人利益影响对真理的追求。❶

4. 有组织的怀疑 ❷

有组织的怀疑与科学的精神特质的其他要素都有不同的关联。它既是方法论的要求，也是制度性的要求。科学研究者既不会把事物划分为神圣的与世俗的，也不会把它们划分为需要不加批判地尊崇的和可以作客观分析的。科学向包括潜在可能性在内的涉及自然和社会方方面面的事实问题进行发问。这种怀疑必须借用经验和逻辑的标准，不能胡乱怀疑。

（二）学术人应该具有的学术规范

1. 默顿科学精神特质观照下的学术规范

默顿对科学的四种精神特质的描述，同样适用于学术研究活动中对学术人学术规范特点的分析。学术活动的普遍主义特征要求学术人员在探索、发现真理的过程中，对待任何学术同行及同行的研究成果，价值中立，不受种族、国籍、宗教、阶级和个人品质等社会属性的影响；学术活动的公有性特征要求学术人员具有学术开放意识，把自己的研究成果公开于世，不独自占有，并自觉接受学术同行的评价以得到适当的承认与奖励；学术活动的无私利性特征要求学术人员对科学具有强烈的热爱精神，对科学具有浓厚的兴趣和好奇心。要潜心于科学研究，不应以科学研究来谋取荣誉、地位、声望或金钱等，也不应以不正当的手段在科学竞争中压倒对手；学术活动的"有组织的怀疑态度"特征要求学术人员要对未知世界充满好奇，在不断地探索中勇于质疑，发现问题，具有严谨、一丝不苟的求知精神和不屈不挠的坚强意志和开拓创新精神。这是成为一名优秀的学者不可或缺的品质，它们共同构成了学术人员的精神气质。

---

❶　［英］约翰·齐曼. 元科学导论［M］. 刘珺珺, 译. 长沙: 湖南人民出版社, 1988: 124.

❷　参见: ［美］罗伯特·K. 默顿. 科学社会学（上）［M］. 鲁旭东, 林聚任, 译. 北京: 商务印书馆, 2003: 375-376.

2. 学术人员应该具有的道德规范

学术道德和学术规范是科学研究工作者应遵循的基本伦理和规范，是保证学术正常交流、提高学术水平，实现学术积累和创新的根本保障。

中国自古就有"人无信而不立"的良好文化传统，这样的信仰和坚守，是利于学术道德的发展的。因为文如其人，学问人做学问不诚信，是与他不诚信做人密切相关联的，做学问的品性，包含在做人这个大集合当中。如在美国学界，就有一个学术道德内在自律的约定俗成：每一个学者的学术成果，都会被假定为是诚实所为的。但在极端功利主义盛行的今天，学术道德问题积弊已久，正如国家自然科学基金委员会原主任陈宜瑜在谈到科学基金发展时认为："我国社会处在转型期，各种不良风气也会从方方面面施加影响，从而增强了职业道德风险。"❶ 近年来，学术活动中道德失准、行为失范的问题时有发生。一些学者违背学术研究目的，或急功近利，粗制滥造；或媚于世俗，热衷炒作；更有甚者，丧失学术道德，以抄袭剽窃为手段换取一时之名利。这些行为和现象虽属个别，但若不加以制约，将严重污染学术环境，影响学术声誉，阻碍学术进步，进而影响整个学术群体的创新和发展。❷ 因此要倡导求实、创新、自由、独立的科学精神，无私、诚实的科学道德。只有当科学精神和科学道德内化于科学共同体每个成员的思想和行为中，科学共同体获得了自身道德伦理的主体地位，才会使科学共同体对其成员产生道德上的规范和引导作用，而不至于因道德上的迷茫、价值观的混乱在金钱和权力的魔笛声中翩翩起舞。

最为重要的是，作为学者，学术道德规范要求他必须具有人道主义道德观，"科学要为人道作贡献"。随着科学技术的进步和经济的发展，以经济利益为导向的价值观下出现了一些急功近利的科学骗子、技术扒手，他们种种弄虚作假行为已泛滥到了只能以"学术腐败"命名的地步。伪造学术成果者，剽窃论文者，还只危害到学术的风气和学术成

❶ 陈宜瑜. 科学基金发展与六个关系［N］. 光明日报，2009-01-19.
❷ 周其凤. 以四原则加强学术道德规范建设［EB/OL］.［2009-03-15］. http://news.xinhuanet.com/edu/2009-03/15/content_11015381.htm.

就，但"有些卑鄙的小人不是利用科学技术为民造福，而是利用科学技术制造伪劣产品，毒害群众、牟取暴利，这是不道德的行为败坏风俗，沦丧道德"❶。更有甚者，站到前台亲自欺骗公众，推销假冒伪劣产品。如在几年前的那场"核酸营养品"骗局中，就有多位生物化学家违背科学基本常识，误导公众。还有前几年媒体炒作中国率先进入纳米时代，在满大街都是"纳米产品"的闹剧中，也有众多纳米专家的推波助澜。

援引德国著名哲学家费尔巴哈（Ludwig Andreas Feuerbach）对科学研究活动应遵守十条规范守则作为对学术人学术规范和道德规范的总结：（1）科学家是为真理奋斗的英勇战士，但他本人要具有爱好和平的性格；（2）科学家要谦虚，对他来说，最重要的是学习而不是自以为是；（3）科学家要坚持走自己的道路，埋头于自己的课题，而不是左顾右盼；（4）科学家的最大享受是工作和进行活动；（5）科学家要简单朴素、平易近人，戒绝骄傲和自满、自命不凡；（6）科学家没有时间去考虑那些愚蠢的、荒诞不羁的思想；（7）科学家不要追求世俗的荣誉、地位和财富，而要从科学中寻找幸福；（8）诚实是科学家的基本美德；（9）科学家应是一个客观的人；（10）科学家应该是一个超脱自身的人。❷

为了学术诚信的法律化，还要加强学术诚信的立法。如德国制定《关于提倡良好科学实践和处理涉嫌学术不端案件的指南》（1998年），美国制定《关于不良研究行为的联邦政策》（2000年），英国制定《科学家通用伦理准则》（2004年），日本制定《科学工作者行为规范（征求意见稿）》（2006年），澳大利亚制定《澳大利亚负责任科研行为规范（征求意见稿）》（2006年），加拿大制定《三个理事会关于研究与学者诚信政策声明》。韩国在黄禹锡干细胞研究欺诈案发生后，于2006年5月出台《关于国家研发事业中确保研究伦理和真实性准则》（草案）。❸ 在中国，虽然已颁布《著作权法》《专利法》《知识产权保护法》等，中国科协颁

---

❶　徐少锦.科技伦理学［M］.上海：上海人民出版社，1989：84.
❷　转引自：徐少锦.科技伦理学［M］.上海：上海人民出版社，1989：508.
❸　参见：周光礼.学术诚信的培育：道德激励与法律保障［EB/OL］. http://www.cutech.edu.cn/cn/zggx/zxwz/2010/07/1276129203911238.htm.

布《科技工作者科学道德规范》，国家自然科学基金委员会出台《国家自然科学基金委员会工作人员职业道德与行为规范》，各大学也发布了大学教师学术道德规范等，但为了学术人信守学术规范和道德规范，还需要加强学术诚信的立法，以保障学术人员恪守职业道德，维护科学诚信。

（三）尊重和满足学术人的物质需求和精神需求

"学术职业变革国际调查与研究——中国研究"课题组做过这方面的问卷调查 ❶，调查结果显示，我国大学学术职业发展显现出了较高的吸引力、满意度和稳定性。我国大学学术职业之所以有这么高的吸引力和满意度，是与中国改革开放以来国家对教育和教师队伍建设的高度重视分不开的。中国政府尊重和保障大学教师的政治地位，通过落实教师工资待遇，改善教师薪酬和工作条件，加强人才培养计划，进行大学学术梯队建设等一系列措施，实现了学术职业发展的划时代变革，吸引了很多有才华、有志向的知识分子，他们愿意以学术为生，以学术为业。

但是，由于中国市场经济发展模式和计划经济体制下管理模式和管理体制对教师队伍的双重影响，在大学教授群中，追求物质财富，在外兼职、办公司的有之；只求拿到项目和课题经费，不管课题成果质量的有之；甚至利用职务之便侵吞公款、收受家长贿赂的有之。大学教授的道德修养问题一度成为新闻报道的热点，也从侧面反映了时下有些大学教授对物质利益和对财富的渴望远远掩盖了作为教师要"传道授业解惑"的职业道德操守。因此，在针对大学教师的需求进行激励时，要结合教师自身的利益诉求，调控好物质需求和精神需求的平衡，让精神层面的满足建立在丰足的物质利益基础之上。

---

❶ 2007 年 6—9 月，"学术职业变革国际调查与研究——中国研究"课题组，按六大行政区划（华东、华南、华北、中南、东北、西北）、分二层所属（中央和地方）进行比例严格的调查高校抽样，并关照到教师所在的学科、职称、性别、年龄等要素，向全国 70 多所普通公立四年制本科院校的 4200 名教师发放了调查问卷，回收 3816 份，回收率为 90.9%。转引自：宋旭红.学术职业发展的内在逻辑［M］.武汉：华中科技大学出版社，2008：222.

1. 发挥物质激励的作用，让学术职业成为比较体面的职业

大学教师作为学术人，首先还是一个"经济"人和社会人，学校要尽可能根据整个社会的生活消费水平和学校实际情况，满足其合理的物质需求，保证他们的薪酬和福利待遇，为他们潜心研究学问提供条件，使他们不再因扮演各类角色而迷失本职方向。为了避免这些高水平师资或人才的流失，还要待遇留人，条件留人。根据学校的财力，建立公平合理的薪酬制度，提高教师的工资收入水平和福利待遇，提供充足的科研经费和先进的科研设施，营造良好的学术环境，满足他们学术职业发展所需要的物质基础和发展条件。

2. 根据不同教师的学术生命周期，实行有针对性的精神激励措施

不同年龄的教师在学术生命周期的不同阶段会有不同的需求。对于处于学术生命孕育阶段的年轻学者，要给予诸如青年专项资助、青年学科带头人培训计划等这样的机会激励他们的学术产出；处于学术生命成熟期的中年教师，更希望得到尊重和自我实现，因此对他们的激励应是制定完整的、切实可行的学术职业生涯规划，给予一切可能优惠的政策，提供一切可能的科研条件，奠定他们在学术圈内的学术地位。

3. 根据教师的职业内涵和特点，激励大学教授对学术职业内在精神的满足

尊重教师的基本需要，是由教师作为一般人的自然属性决定的。而提升教师的高层次需要，则体现了教师作为高层次知识群体的社会属性要求。高校教师这一职业群体的"主要精力和生活重心是教学和研究，出于知识自身的目的追求知识，通过国内和国际专业协会建立声誉，职业回报和职业流动性随着职业者持续不断的强化专业化程度而增加"❶。因此，对大学学术人员构成激励的因素是复杂的，不能简单地从物质基础的观点来解释。高校教师在最基本的生存需要得以满足后，精神上的需求会占主导。"高校教师的物质需要是与精神需要密切相关并具有丰

---

❶ RE Rice. The Academic Profession: Toward a New Social Fiction [J].Teaching Sociology, 1986, 14（1）.

富的精神因素的。他们对物质生活条件的需要，主要是为了能够更好地从事教学、科研活动。例如要求改善居住条件，多是为了获得一个独立的空间进行学习、钻研、备课、写作。对于工资和资金，也不完全着眼于市场价值的多少，而是跟知识和人格的价值相联系的。"❶ 作为学术人，比起物质需求，他们更看重精神上的需要和满足，更是渴望学术上能得到本学科领域内学术同行的认可。同行的支持、对自己的研究工作的自主管理与掌控、管理上的宽松，这些都在很大程度上激励了学术人员。

4. 以道德规范激励学者自律，坚守学术诚信，重唤社会对学术的敬畏

中国学术界面临的学术道德危机主要表现为对学术的不诚信。我国对学术不诚信行为的权威描述来自中国科协科技工作者道德和权益专门委员会提交的一份年度报告，该报告列举了七种形式的学术不诚信行为：剽窃他人成果；伪造篡改试验数据；随意侵占他人科研成果；重复发表论文；将原本可以用一篇完整的论文发表的科研成果分为多篇投稿，降低论文质量，破坏研究工作的系统性、完整性；学术评审和项目申报中突出个人利益；过分追求名利，助长浮躁之风。❷ 近年来，这份报告指出的这些学术失信现象此起彼伏，且有蔓延恶化之势，大大削弱了社会对学术的敬畏感。究其原因，主要在于我国学术界自律的软弱和他律机制的缺失。他律机制主要表现为法律约束和责任，靠的是法律的强制执行。治理目前普遍存在的诚信缺失、急功近利、投机取巧等学术腐败行为，就亟须发挥法律的作用，尽快出台国家层面的法律。另外，相关部门进一步完善、细化相关规定和措施，从而形成相对规范的覆盖到所有学术管理部门、研究机构和大学的学术诚信体系。自律主要表现为学者的道德品质，靠的是学者自身的道德约束。因为诚信原本就是做人的基本道德准则，引申到学术领域，学术诚信自然也就成了学者最基本的道德准则。而且，学术不诚信主要是个人

---

❶ 张燮．高等学校管理心理学［M］．北京：人民教育出版社，1993：148．
❷ 转引自：周光礼．学术诚信的培育：道德激励与法律保障［EB/OL］．http://www.cutech.edu.cn/cn/zggx/zxwz/2010/07/1276129203911238.htm.

追名逐利的需求使然。因此，要遏制这种私欲的膨胀和不纯的学术动机，学术诚信也需要学术道德的支持和激励。学术诚信不但强调学者对社会的道德责任，而且强调学者对学术的道德责任。前者要求学者在学术活动中超越狭隘的个人利益，以社会大众的利益为重；后者要求学者具有献身于学术的精神，追求理智上的彻底性和精细的正确性。作为一种道德规则，学术诚信依靠内心和社会舆论评价的道德约束机制维持。学者在学术诚信的道德规则的约束或诚信的行为习惯的遵从中，实现学术创新的目的、维持学术共同体的平衡和稳定运作。

二、学术协作：致力于学术共同体的自治

（一）学术协作与学术共同体

科学的突破往往建基于众人思想的融汇。大部分创新的科学都是通过不同学科的融合，擦出火花。20世纪以来，科学与技术的发展已经逐渐走向多学科的交叉与融合，科学研究已呈现出前所未有的集群化趋势，不同专业、不同特长、不同派别的研究群体之间的通力协作，成为产生科研创造力的重要源泉。重要的突破往往是群体的工作，而非一人一时所能够完成的。做理论的学者须知道实验的结果，搞实验的学者须有理论的指引，才能够完成前沿的科学工作。即便是有独特创新贡献的大师，他们的工作也都是在前人的基础上完成的。科学的新贡献是社会合作和认识合作的产物，科学合作、学术协作成为从事科研工作的必需条件。我们从伟大的科学家牛顿那句"如果我看得更远的话，那是因为我站在巨人们的肩膀上"的至理名言，就可以看出开展科研合作无论是对于个人的发展还是科学的发展都是非常必要的。

美国作为世界知识创新的中心，拥有众多世界一流的研究型大学，这些大学开展的引领人类科学前沿的科研活动，都是在科研团队的精心组织下进行的。在这些科研团队里，不乏来自世界各地的、具有国际视

野、学术思想活跃的科学家和多学科的学术领军人才。如美国加州大学伯克利分校的砷健康影响研究项目团队、数字和文本原始挖掘团队，麻省理工学院的能源系统和经济发展科研团队等。这些研究团队就是一个个小的学术共同体，他们有着共同的志趣、价值和规范，进行学术交流与探讨，共同推动学术的发展。

在中国，面对日益激烈的国际竞争，研究型大学以推进"双一流"建设为出发点和立足点，纷纷成立"协同创新中心"，积极推进融合创新，探索学科交叉融合、科研协同创新和协同育人的新体制。这些协同创新中心的科研团队不仅仅是以往的跨学科研究团队，还是一批跨界式的新型主体，是"倒逼高校打破围墙"的高校科研联盟。

因此，在当下这样的语境中，学术协作有了更广阔的公共学术空间，学术共同体突破既有的框架，打通自然科学、人文学科与社会科学的诸多领域，打通正式与非正式的学术群体，打通社会实践与理论研究，真正将个人之学术研究与众人之学术交流、学术讨论、学术争鸣结合起来，将个人的学术研究与社会、时代密切关联起来。❶

（二）发挥学术协作中学术带头人的核心作用

上海教育出版社出版的《教育大辞典》对学术带头人的定义是："在某一学科领域有高深造诣，具有高级职称，能正确判断该领域的发展方向，及时提出和选定相应的教学、科学研究的新任务、新课题，并指导、组织教师和科学研究人员开展工作获得重要成果者。"❷通俗点理解，就是在某一学科领域享有盛誉，以学术成就赢得学术团队信任，并委以学术协作的领头羊重任的人。

学术带头人的角色定位与作用主要表现为：学术集体的代表和管理者；学术创新的先锋；学术团队的核心；招贤纳士的旗帜。一个学术团队的协作机制如何，协作效果如何，直接取决于学术带头人的学术

---

❶ 张源.转型时代的学术共同体［EB/OL］.http://www.qstheory.cn/wz/xues/201312/t20131209_300512.htm.

❷ 顾明远.教育大辞典［Z］.上海：上海教育出版社，1998.

权威与团队管理能力。

1. 建立学术带头人的学术权威

学术带头人的学术权威，不是以他的学位高低或行政职位的高低来决定的，而是以他卓越的学术及高尚的人品来决定的。

（1）一流的学术水平

在学术人成为学术带头人之前，通过大学本硕博的学位攻读和学术职业的学术训练，完成了学术带头人必备的广博高深知识和职业素养的奠基。要成为学术带头人，需要知识的不断储备和更新，需要科研实践经验的沉淀。各省的一些高等学校都对学术带头人的遴选、支持及管理制定了实施办法。在这些办法中，对学术带头人的界定、遴选范围与条件、程序、聘任与考核等都有详细规定。从这些遴选条件看，对学术带头人申请人的学术水平的要求是最重要的，主要表现为主持国家自然科学基金、国家社会科学基金或国家级、省部级科研项目；在 SCI、SSCI、A&HCI、EI 或国家核心期刊上发表文章量；学术著作；获得国家级或省部级科研成果奖项；主持项目经费数量或取得授权发明专利数，等等。可见，这些硬性指标是成为学术带头人的标志性科研成果要求。但是，无论要求的这些科研成果的数量有多少，水平有多高，关键要以这些学术成果的原创性和创造性带给人类社会的科研价值和社会价值来衡量。

（2）较高的学术影响力

学术带头人的学术权威还来自他的学术影响力。学术影响力是一个很广的概念，很难用具体的指标进行衡量，很多因素可以影响到学术影响力。目前人们对于学术影响力的理解更多的是倾向于研究产出水平，如专业奖项（国际顶尖专业奖项、国务院奖项、国家部级专业奖项）、学术发表等，但如果仅仅以此来理解学术影响力的概念未免太偏颇了。我们用来衡量学术影响力的指标，还有一个重要的考察因素，即学术同行对学术人学术造诣的评价。学术人的学术造诣，除了我们通常意义上讲的学术成果带来的学术影响力，还包括学术带头人学术交往的活跃度，如通过学科建设引领学科发展、组建创新科研团队培养优秀人才、组织学术会议提供交流平台、进行国际学术访问、参加国际学术会议并在会上作主旨发言、进行国际科研合作、独立或者联合在 Nature、Science、PRL（Phys.Rev.Lett，物理类最有声望杂志）发表学术文章等。

（3）高尚的学术人格

高尚的学术人格是所有大学教师必备的职业精神特质。学者的人格魅力与其学术影响是相辅相成的。我们对学术带头人的学术权威的景仰和信任，不仅仅表现为对其学术成就和学术水平的敬佩，更是对其高尚学术人格的折服。要治理当前学术界的不良学术风气，非常需要依靠学术带头人身上的精神正能量辐射整个学术团队，从而起到肃清浊流、振兴风气的作用。学术带头人高尚的学术人格主要表现在以下几方面。

第一，严谨治学，求真求是，求实求新。"为学问而学问"。坚持真理，不畏艰难险阻攀登学术高峰，在学术思想领域充分表达自己的自由思想和学术观点，做什么样的研究规划，采取什么样的理论立场，选用什么样的学术团队成员，皆有自己的选择权利。重学术质量，做深学问，不做表面文章，不浅尝辄止、不求甚解。对待学术炒作，不跟风、不起哄，不迎合，以严谨和负责任的学术态度维护学术界的权威和纯洁。

第二，将人品置于学术之上的高尚情操。一是具有无私的学术奉献精神。不计个人名利得失，甘受冷落寂寞而沛然自足，不顾天不顾地埋头钻研，并在学术苦旅中自得其乐。二是具有独立性和自主精神，不依附任何个人和利益集团，不为官场人情金钱所役，不行迎来送往、讨好巴结、拍马屁、说恭维话之事，在权贵面前敢于表达自己的主见和立场，体现出一个学者应有的骨气和人格。三是具有学术担当和批判精神。敢于涉足理论禁区，敢于超越前人，具有高尚的民族气节和强烈的社会责任心，以超出学术范畴的社会声誉赢得更大的学术影响力。

第三，以亲和力和感染力，感召学术团队成员。一是具有博大的学术胸襟，对于与自己学术流派不同、学术见解相异甚至相背离的学者不仅能"和平相处"，甚至能为我所用，一起潜心研究学问。二是爱惜和敬重人才，不遗余力地奖掖和识拔初入学术门径、可堪造就的青年才俊，并在学术和生活上尽自己所能关心和帮助青年学者，提携他们快速成长。只有这样，才会吸引一大批的青年学者心甘情愿地围绕在学术带头人身边，形成一个联系紧密、生机勃勃的学术团队进行学术攻关。

2. 提高学术带头人的团队管理能力

（1）注重科学合理的团队成员角色匹配，促进学术梯队的结构优化

一个优秀的科研团队，首先应该是角色数量、结构上的搭配合理。如美国科学家埃克瓦尔（Ekvall）对团队成员数量上有"临界规模"的理解，就非常清楚地说明，团队规模并不是越大越好，当一个团队成员数量超过了它的"临界规模"，往往会带来"边际效应递减"的不良影响。因此，学术带头人要在团队成员的数量上把好关。其次，组建学术团队，要坚持结构优化的原则。在学术团队成员的选拔和培养过程中，要注意学术梯队的整体建设，既要考虑学校学术研究方向的合理布局，又要考虑学术梯队的知识结构、学缘结构、学历结构及年龄结构的合理性，特别是要在跨学科、跨专业、跨院系上有所侧重，努力使学术梯队结构优化。

（2）鼓励平等自由开放的内部沟通，营造和谐的团队文化

在团队内部，鼓励成员在共同的学术目标下进行平等自由的学术探索。在常态化的、持续性的学术讨论和学术争鸣中，任何成员不论年龄、资格、师门和出身，都可以就学术和科研展开辩论，从而形成不同学科间、不同观点间相互渗透的学术氛围，形成学术面前人人平等、相互尊重和信任的学术风气，营造出和谐、民主、团结、有凝聚力的学术环境，坚决杜绝因门第观念产生小集团和拉帮结伙，坚决杜绝因学术批评或学术质疑搞人身攻击、结个人恩怨，坚决杜绝因利益分配造成人际关系紧张。

（3）实行刚柔并济的激励约束手段，调动团队成员的科研积极性

建立激励和约束机制是学术带头人加强科研绩效管理工作最基本的制度安排和重要方法。在激励机制方面，通过体现公开、公平、公正、竞争和按劳所得、按绩分配思想的竞争机制，鼓励科研创新，增大科研

奖励力度。在学术带头人的权限范围内，积极为团队成员生活福利和待遇水平的提高争取机会。制定较为完善的青年教师科研支持政策，学术带头人积极创造条件和机会带领年轻教师快速成长。在约束机制方面，加强科研的全过程管理，实施严格的考核制度。

（三）组建高效的科研创新团队

我国研究型大学普遍倡导科研创新团队建设已有十几年的历史，在现在的研究型大学里不乏以各学科为基础，或以跨学科为特点的各种科研团队，有的在全国范围内非常有影响，富有生机和活力，在科学研究方面取得令人瞩目的科研成就，但有的却是徒具虚名，一盘散沙，科研团队成员各自为政。总的来看，我国大学科研创新团队建设的整体水平并不高，大部分是依托大学重点学科和科研基地组建起来的。存在的问题也比较多，如跨学科交叉程度和团队成员之间的知识、技能互补和资源整合远远不够，团队内部管理存在障碍，团队文化建设不成气候，对团队成员的科研评价单一，激励机制不完善，等等。笔者以为，科研团队不是科研人员的简单集聚，也不是围绕某重点学科或某重要人物"扯虎皮拉大旗"，更不是为争取科研经费或应对"创新型国家"目标要求而被动组建的一个科研群体。组建高效的科研创新团队应该具备如下特点。

1. 拥有共同的学术理想和明确的科研任务

美国学者乔恩·R.卡曾巴赫（Jon R.Katzenbach）等在《团队的智慧：创建高绩效组织》中对团队的定义是"指一定的有互补技能、愿意为了共同目标而相互协作的个体所组成的正式群体"❶。志同道合，是科研团队之所以成为团队的基石。

2. 优秀的团队学术带头人

学术带头人是科研团队建设的核心。只有优秀的学术带头人才会带

---

❶ Jon R.Katzenbach, Douglas K.Smith.The Wisdom of Teams: Creating the High-Performance Organization［M］.Boston: Harvard Business School Press, 1992: 41.

领团队成员完成团队共同的学术目标。一个优秀的科研创新团队，必然出自具有原始创新思想和能力的学术带头人之手。

3. 团队人员组成稳定，结构搭配合理

科研团队一般由学术带头人和若干骨干组成。这些骨干应该是团队的中坚力量，是稳定的，不能流动性太大。而且，无论是年龄结构、专业结构，还是技能结构，都应该是搭配合理的，并在此基础上建立良好的沟通渠道，根据每个人的专长协调好成员之间的分工与合作，做到学术平等、技能互补和资源共享。

（四）创设适合团队发展的制度体系

1. 优化科研经费的分配制度

目前我国大学科研经费来源多头，科研经费分配部门过多，计划项目林立，有科技部的国家自然科学基金、科技支撑计划、"973"计划和"863"计划，中科院的知识创新工程，还有来自发改委、教育部、工程院和自然科学基金委的一些科技计划。从一定意义上讲，我国大学学术团队对科研经费的争议并不在科研经费的多寡上，而在科研经费的分配不均上。清华大学的施一公教授和北京大学饶毅教授就曾联合在《中国的科研文化》一文中抨击中国的科研经费分配体制和科研文化。他们指出尽管近年来中国研究经费持续以 20% 的比例增长，但这种增长没有对中国的科学和研究起到应有的强大的促进作用，现行的科研经费分配体制甚至在某种程度上阻碍了中国创新能力的发展。他们认为，目前正是中国打破研究经费管理中各种潜规则、建立健康研究文化的时机，一个简单但重要的起点是所有新的研究经费必须基于学术质量优劣来分配，而不再依赖私人关系。[1] 可以说，这一语道出了优化科研经费分配制度的基本原则。要从根本上改革这种"人治"的科研文化对科研经费分配的影响，必须借助于科学合理的科研分配制度。

---

[1]　施一公，饶毅.中国的科研文化［N］.科学时报，2010-09-02.

笔者认为，外部政府科研经费的分配，依托以学术共同体为主体的专业组织参与科研项目立项、经费分配和成果鉴定等环节，使目前"自上而下"为主的分配机制向"自下而上"为主的分配机制转变。内部科研经费的分配，人员经费要有合理的额度和合理的比例，不搞"一刀切"。按照基础型和应用型，应用中的理论型和产业型分类实施，制定科学的分配标准和分配导向，按照每个科研人员所承担科研项目的重要程度、任务难易程度和所作贡献按劳取酬。

2. 实施自由、开放的学术交流制度

学术的交流与碰撞，需要积极搭建各种正式与非正式的学术交流平台。通常意义上的正式交流平台主要包括学会/协会召开的专业学术会议，主办的学术期刊，开展学术讨论、学术批评、学术论坛等；非正式交流平台主要指自发组织的学术沙龙、网络交流等。

（1）完善专业学会组织，让学会发挥更大的作用

学会是以学科为核心而结成的专职人员团体，是具有独立法人资格的群众性学术团体。它为学科而生，并为学科服务。费孝通先生就把专业学会作为学科的重要组成方面。❶ 根据学科体系结构 ❷，也对应形成了国家一级学会及其下设的若干专业委员会。今天，世界范围内学术职业

---

❶ 费孝通先生认为学科大体上包括了五个方面："一是专业学会，这是群众性学术团体，它不仅包括专业人员，还要包括支持这门学科的人；二是专业研究机关；它应该在这门学科中起带头、协调、交流的作用；三是各大学的院（系），这是培养这门学科人才的场所，为了实现教学与研究相结合，不仅在大学要建立专业和学系，而且要设立与之相联系的研究机构；四是图书资料中心，为教学研究工作服务、收集、储藏、流通学科的研究成果和有关书籍、报刊等其他资料；五是学科的专门出版机构，包括专业刊物、丛书、教材和通传读物。"转引自：费孝通. 略谈中国的社会学 [J]. 高等教育研究，1993（3）.

❷ 学科体系结构大体包括学科门类、一级学科、二级学科和学科方向。关于学科体系的官方划分，目前有三种，一是国务院学位委员会 1997 年颁发的《授予博士、硕士学位和培养研究生的学科、专业目录》，其中把学科分成 12 个门类（文、史、哲、经、法、教育、理、工、医、农、管、军事），88 个一级学科和 382 个二级学科。一级学科由若干二级学科组成，二级学科由若干学科方向组成。常在申报学位点和授予学位中使用。第二种是国家技术监督局颁发的《中华人民共和国国家标准——学科分类与代码》（1992），其中分自然科学、农业科学、医药科学、工程与技术科学和人文社会科学 5 个学科门类，含一级学科 58 个，二级学科 635 个，三级学科 2058 个，这在申请专利时常常使用。第三种是国家自然科学基金的学科分类，其中分数理科学、化学科学、生命科学、地球科学、工程与材料科学、信息科学和管理科学 7 个学科门类，含一级学科 39 个，二级学科 367 个，三级与四级学科若干，在申报自然科学基金时常使用该目录。

的共性得以增强可以理解为学会所起的作用及影响。❶从目前来看，我国各级各类的专业学会组织在其日益壮大和发展中表现了强大的生命力，较好地发挥了学会应有的咨询、参谋、桥梁和纽带作用，但是与国外专业学会的组织建设和发挥的作用相比较，随着日益繁荣的国际学术发展趋势，我国的专业学会组织发挥理论支持与服务功能仍显不足，特别是在积极引导高校教师利用学会平台的自由优势进行学术批评与交流，利用学会平台的群体优势实现学科团队集群创新方面与国外还有很大差距。为此，需要进一步完善学会组织。

第一，加强学会法规和制度建设，创造高校教师及其科研团队学术自律与学术自由的学术环境。按照《社会团体登记条例》做好按期换届、年审等法律手续，并积极吸纳高校德高望重的教师担任学会理事长、理事及委员职务，鼓励一般教师参与与本学科相关的专业学会组织。按照有关法律、法规所规定的原则和程序，规范学会的各项学术活动，制定学术人的学术伦理和职业标准，建立学会自律机制和反学术不端行为制度，使高校教师共享学术理念和文化，并在学会的规章制度中规范自己的学术行为，在追求学术自由的同时谨遵学术自律。

第二，拓展学术活动空间，为高校教师及其科研团队的学术成长提供多种机会。学会作为连接学术职业人员的全国性专业组织，不仅在全国范围内维护学术职业人员的权益，规范其在某一学科领域的学术行为，更重要的是，这是学术人作为一种专门化人才在全国范围内得到承认的权威。❷作为从事学术职业的教师，他只有在学会这个专业组织中得到认可，才能具备作为专业人员的资格，并获得各种权力、声誉和资助等各种资源。从这个意义上说，各种学术学会成为学术职业的重要组成部分。其重要性决定了学会必须通过定期开展学术活动，出版学会期刊，举行全国性的学术年会和国际性的学术会议等多种形式实现资源整

---

❶　［日］有本章.大学学术职业与教师发展（FD）——美日两国透视［M］.丁妍，译.上海：复旦大学出版社，2012：4.

❷　耿益群.美国研究型大学学术职业的制度环境研究［D］.北京：北京师范大学，2007：46.

合和信息共享，使学术人能自由地与当地和外地同行以及国际同行进行学术交流，从而为学术人的学术成长提供资源和帮助。

第三，完善学术奖励和资助制度，鼓励高校教师及其科研团队进行科研创新，促进科研团队科研成果的转化。专业学会通过各种奖励形式，为从业人员提供可以与专业经验和技能增长相适应的晋升机会。在美国，为了鼓励和促进科学研究，各主要学会设立了一系列的奖项，其宗旨在于表彰获奖者在不同学科取得的卓越成就和对社会作出的杰出贡献。我国的学会组织要充分利用其学术权威性，通过建立更加成熟的奖励机制，认可教师及其科研团队在论文发表、科研成果创新等方面的杰出成就和贡献。建立更加完善的资助制度，为致力于知识传播和知识创新的高校教师组建科研团队、开展科研实验、促进科研成果转化提供精神、物质等方面的支持，促进学术研究活动的发展。

第四，办好学术期刊出精品，使学术期刊成为高校教师及其科研团队交流研究成果的主阵地。学术期刊由学会首创并不断发展。它是学术共同体内部沟通的重要媒介，为学者提供了交流研究成果的阵地。更重要的是，随着科学研究活动的职业化、专门化，期刊提供了评价学者学术水平和声望的标准，在无形中逐渐成为学界研究新成果的认可标志，甚至被视为获得内部话语权的象征，因而它所具备的这种特殊价值表明，期刊本身的运作也成为学术制度建构的一个重要部分。❶随着市场经济思想的影响，以及高校对教师学术发表考核的要求越来越严重，现在有些学术期刊遇到了发展瓶颈，面临着经费短缺、质量不高、管理混乱等问题。还有的学术期刊办刊目标不高，始终与国际同类学科期刊差距甚远。这些都严重影响了学术期刊作为学术人科研阵地的地位。为了建设好学术人自己的这块学术阵地，学会要为期刊提供充足的办刊经费，解决办刊经费不足的困难；要追求期刊论文质量，打造国内品牌期刊；要面向全球按照国际惯例办刊，加快我国学术期刊国际化进程。

---

❶ 阎光才.“所罗门宫殿”与现代学术制度的缘起［J］.清华大学教育研究，2008（1）.

（2）完善政策和管理办法，提升高校教师及其科研团队学术交流质量

现在，高校教师及其科研团队参加学术会议、出国访学或研修、参与国际科研项目的机会越来越多。通过这些国内外学术交流活动，也确实让这些学术人增长了学术见识，结识了很多学界同行，领略了学界大师的学识与风采，汲取和借鉴国内外最新研究成果，把握学科领域里学术发展动态和研究趋势，对于自身及其科研团队的建设都是大有裨益。但是，由于中西方文化和学识上的差异，我国大学教师在国际组织中发挥的影响力还非常不够，我国大学教师在国际学术组织中长期工作和担任职务的少。而且近十年来我国学术交流进入繁荣期，国内国际学术会议泛滥，导致一些学术会议泥沙俱下，偏离学术会议的本义，有的学术会议甚至变身为集体旅游。面对这些问题，需要我们重新审视各类学术交流活动，既要创造条件让高校教师有更多机会参加各类高水平学术活动，又要保证这些学术交流活动对于提高他们的科研水平卓有成效。

第一，国家和大学加强教师国内国际学术交流的管理，规范和资助教师参加各类学术交流活动。2011 年 2 月，财政部、外交部联合发出《关于严格控制在华举办国际会议的通知》，用政策法规和行政手段严格控制学术会议，将有名无实的"国际学术会议"这个学术虚假繁荣的毒瘤革除。此外，国内不少的大学也纷纷制定关于教师参加国内国际学术性会议的管理办法。但目前仍有些高校没有重视教师参加国内国际学术交流工作的重要性，导致有些教师手持国内国际学术会议邀请函却囿于经费限制而难出省、出国交流，这对于没有多少课题经费也没有任何行政职务的年轻教师更是如此。为了提高教师及其科研团队的科研创新能力，各大学有必要在国家相关政策的引导下，加快制定本校教师参加国内国际学术会议、短期出国访学或研修的资助管理办法，积极支持符合条件的教师进行正当的学术活动。

第二，加强我国大学与国际组织的合作，吸引更多的国际学者与我国大学科研团队建立合作关系。大学要进一步对外开放，重视发展与国际组织之间的合作关系。通过国际组织的桥梁纽带作用，选派更多的专

家学者出国工作，支持和鼓励大学教师到科技、教育、文化等国际组织中任职，聘请更多的外国专家学者来华讲课，吸引更多的国际学者参与国内大学科研团队（高层次的实验室）的重大项目，以此提升中国在国际学术舞台地位和声誉。

第三，国家重视与发达国家在科技、教育领域的跨国科研合作，支持大学教师积极参与基础科学研究前沿领域的国际大科学研究计划。目前我国参与由发达国家牵头组织并有资金支持的基础科学研究领域的国际大科学研究计划还不多，主要集中在与我国自然资源特色有关的全球变化和生态环境领域，而在核聚变、空间科学、空间天文学、地面天文学领域的国际大科学计划中，我国的参与很少。国家应该在加强与发达国家空间科学领域的跨国科研合作方面迈开更大的步子。

第四，严厉打击各种虚假的学术会议，注重学术交流与研修的实效性。要严厉打击学术交流的几种虚假现象：（1）学术交流的形式化。以最为严重的学术会议为例，现在各种各样名目繁多的学术会议多如牛毛，在国内召开的各种类型的国际学术会议越来越多。有些所谓的国际会议，就是主办方拍拍脑袋，打个"国际"旗号，拉几个金发碧眼的人来捧捧场，就俨然一副"国际学术会议"的样子。甚至不少会议表面上是开会，实际上成了旅游。（2）学术交流的功利化。据《中国青年报》记者调查发现，发论文、拉关系、赚会费，部分国际会议的背后，隐藏着丰厚的利益链条。❶ 有的国际学术会议是为了"政绩"。大学召开的有些国际学术会议事关门面，反映了学校的"国际化水平"，是大学"政绩"的一部分，校领导哪怕赔本也要赚吆喝。有的大学对国际学术会议的热衷，是为了通过考核，因为项目结题、学科建设、人才计划申报、院士评选等，都会有举办几次国际学术会议、作过多少国际学术会议的报告等指标要求。而有的教师热衷于参加学术会议，是为了学术发表，因为博士毕业要论文、职称评聘要论文，因此好多参加学术会议的人只是为了发表论文，或论文能被 EI、SCI（科学引文索引）检索。甚至还有的

❶ 严辉文.国际学术会议：人傻钱多速来［N］.中国青年报，2011-05-11.

大学通过国际会议的名义就可以把钱花掉，在一定程度上，相当于"洗钱"。❶（3）学术交流的意识形态西化。有些国际会议举办国利用学术交流的机会渗透西方的意识形态和西方文化的糟粕。只有坚持学术会议打假、揭假，才能放大学术交流的正面效应，达到交流有助科研的目的。

3.健全成果署名优先权或发明专利归属制度

科学优先权，是科学共同体乃至整个社会对科学发现所予以的确认和承认，是对科学工作者的科学劳动及其成果的最高褒奖，是一种有利于科学发展的激励机制。但科学优先权并非法律上的裁决，而是一种学术界的共识。美国科学社会学家默顿在其《科学社会学》一书中专门写过"科学发现的优先权"一章，指出："它暗示着对'独创性'和竞争非常高的评价……整个问题与剽窃以及专利、版权和管理'知识产权'的其他制度模式的出现密切相关。"❷而且认为，有关优先权的争论从16世纪开始就变得频繁，一个已经变得家喻户晓的事件，即牛顿和莱布尼兹均声称拥有发明微积分的优先权，因而他们之间爆发了一场剧烈的冲突，并且很快演变成了派系之争。❸

随着科学的发展和学科细分，现代重大的科学成就，往往必须凝聚集体力量和智慧。和科学共同体一样，大学学术共同体——大学科研团队的科研成果，是集体智慧的结晶，但成果署名优先权或发明专利归属问题，往往成为引发诸多科研团队内部争端的一个重要导火索。解决好成果署名优先权和专利发明归属问题，是学术协作持续长久的重要保障。

（1）科研成果的署名和专利归属应严格遵守我国《著作权法》和《专利法》

2010年《中华人民共和国著作权法》第2条规定"中国公民、法人或者其他组织的作品，不论是否发表，依照本法享有著作权"。发表

---

❶ 原春琳，张国.有多少烧钱会议披着"国际"马甲［N］.中国青年报，2011-03-07.

❷ 转引自：［美］罗伯特·K.默顿.科学社会学（上）［M］.鲁旭东，林聚任，译.北京：商务印书馆，2003：xv.

❸ ［美］罗伯特·K.默顿.科学社会学（上）［M］.鲁旭东，林聚任，译.北京：商务印书馆，2003：xxii.

权和署名权都属于著作权，其中署名权是作者为表明其身份，在作品上注明其姓名或名称的权利，署名是确认作者身份的重要依据。我国《著作权法》第 10 条、第 20 条、第 47 条对署名权的保护也作了有关规定。而且，对署名权的规定是当今世界各国著作权立法通行的做法。凡对著作人身权加以保护的国家都保护作者的署名权，如德国、法国、意大利、匈牙利、俄罗斯、多米尼加等国。英国于 1988 年颁布的版权法也规定了"反冒名权"，从法律上对作者署名权加以保护；《保护文学和艺术作品伯尔尼公约》也规定了署名权，并要求各成员国必须切实保护这项人身的基本权利。❶2008 年《中华人民共和国专利法》第 6 条对专利权人作了界定，"执行本单位的任务或者主要是利用本单位的物质技术条件所完成的发明创造为职务发明创造。职务发明创造申请专利的权利属于该单位；申请被批准后，该单位为专利权人。非职务发明创造，申请专利的权利属于发明人或者设计人；申请被批准后，该发明人或者设计人为专利权人。利用本单位的物质技术条件所完成的发明创造，单位与发明人或者设计人订有合同，对申请专利的权利和专利权的归属作出约定的，从其约定"。

对于合作作者的署名权问题，我国《著作权法》第 13 条规定："两人以上合作创作的作品，著作权由合作作者共同享有。没有参加创作的人不能成为合作作者。"应该明确的是，共同创作行为并不要求共同创作，按照事先预定的分工，进行其他创造性劳动都属于共同创作，都有权在作品上署名，而不是主要执笔者才可以成为合作作者在作品上署名。而且，《著作权法》第 13 条第 2 项规定，"合作作品可以分割使用的，作者对各自创作的部分可以单独享有著作权，但行使著作权时不得侵犯合作作品整体的著作权"。此外，2013 年《中华人民共和国著作权法实施条例》第 9 条还补充规定，"合作作品不可以分割使用的，其著作权由各合作作者共同享有，通过协商一致行使；不能协商一致，又无正当理由的，任何一方不得阻止他方行使除转让以外的其它权利，但是

---

❶ 林茵.浅议作者署名权［J］.现代情报，2005（1）.

所得收益应当合理分配给所有合作作者"。由此可以很清楚地看出，我国《著作权法》和《著作权法实施条例》对这两类不同的合作作品在行使署名权时作了要区别对待的规定，为大学科研团队的合作科研成果的署名权及其使用提供了法律依据。

对于合作发明的专利归属问题，我国《专利法》第8条规定："两个以上单位或者个人合作完成的发明创造、一个单位或者个人接受其他单位或者个人委托所完成的发明创造，除另有协议的以外，申请专利的权利属于完成或者共同完成的单位或者个人；申请被批准后，申请的单位或者个人为专利权人。"由此看出，合作发明的专利归属问题也是有法可依的。

当然，至于科研成果署名和专利归属的排名先后顺序问题，可以遵照各人参与科研创作和发明活动的出力多少以及实质性贡献价值，在科研团队内部经过协商加以确定。或者科研团队加强内部管理制度的建设，事先经过全体投票或讨论约定，如根据学科署名的惯例来确定合作成果完成单位和作者（成果完成人，专利申请人）的署名次序。

（2）打破官学不分的学术运行模式，尊重个体原创

当下在我国的学术界，学术运行模式表现出的官学不分现象一直为人诟病。国内科技界、学术界极少数有职有权的专家垄断着大量研究课题和巨额经费，凭借这些课题经费，组建了为这些课题服务的科研团队。在很多集体成果中，他们往往是组织者、主持人，不仅要在成果署名中雄踞第一、第二的位置，而且也是国内各类规格不等学术奖项的实际获得者。但大家都知道，这些组织者、主持人也许并不一定就是原创思路的设计者和提出者，主持人的思想不足以创新或者他根本没有时间创新，需要由其他参与者来提供。正是因为这种扭曲的学术运行模式，导致我国大学科研团队的原创活力与动力严重不足，学术至上的氛围难以出现，也难以维持科研团队中个人独创与集体合作的平衡。

首先，要打破这种官学不分的学术运行模式。在成果署名、专利归属以及学术评奖中，按照国际上通行的标准建立制度化的合理规则，即

突出"优先权"的认定,突出"科学共同体"的认可,突出"个体原创"的核心贡献力量。具体来说,谁占有优先权的确认,在国际上有通行的标准,比如奖励需要科学共同体来认可,发表论文的通过论文引证就可以追溯;或者在学术会议上谈论一个思想或者技术路径,都有严密的记录可以查阅。而对于"科学共同体"的认可,对于谁提名、谁推荐和谁接收、谁评审,均有着清晰明确的标准和回避制度。对于利益冲突,政策文本甚至包含了这样的细节:推举者不能是被提名者所在公司的雇员或上级。❶尊重个体原创,就是提出"设想"(idea)的地位,也是对科学发现优先权的承认,即关注在重大的科技成果中,谁第一个提出思想或者方法路径,这样可以直接杜绝某些行政领导和学术权威攫取学术资源、学术成果的行为。

其次,在强化"优先权"和个人独创的同时,尊重团队每一位成员的力量,发挥团队合作与共享的作用。承认和回报研究团队每个人的贡献,使他们在晋级、薪酬、论文署名和专利归属上都有所得。

最后,学术协作需要提倡科学道德和科学涵养。需要胸怀大局,甘做"绿叶",不计个人得失,为科研事业贡献自己的力量。正如华裔数学家丘成桐教授所言,"在大型的学术合作中,我们要有谦虚的态度,宽宏的胸襟。除了'审己以度人'外,也应当'审人以度己'。为什么要审人以度己?因为个人的处境、志趣不同,能力也不同,不能单纯以自己的处境和能力来衡量对方,这样的合作才能够愉快。一般科学的合作不可能很精确地计算谁的贡献最大,总要采取宽容的态度,让以后的合作能够做出更多的成果"❷。

三、学术制度:彰显学术权力

制度是大学学术职业发展机制建设的一个核心点,学术职业是用

---

❶ 雷宇.团队还是个人,科研奖颁给谁最公平[N].民主与法制时报,2011-10-31.
❷ 丘成桐.为学与做人[N].光明日报,2011-12-12.

制度化的管理来维持和发展的。"即使当制度面临似乎使他们的功用失效的客观条件时，制度也有能力捍卫其核心价值。"❶因此，从制度角度来分析大学学术职业发展机制对探索和构建优良的学术管理体系具有重要意义。而且，通过对学术职业发展的中外比较，以及对影响学术职业发展的学术体制分析发现，在影响学术职业发展的众多学术制度中，存在一个贯穿始终的核心价值理念，即维护学术权力的权威性。从我国的学术制度建设来看，学政划界是学术制度建设的基石，学术评价是学术制度建设的关键，学术薪酬与学术休假是学术制度建设的保障。

（一）学政分野：学术权力与行政权力的相互制衡

加拿大学者许美德将"学校自治"和"学术自由"作为西方大学的基本价值取向，并指出其作为"历史遗产的组成部分被延续下来"，大学组织的意义首先应该是作为"专门化"和"学术性"组织，其次才是行政组织。而在我国大学的内部管理中，由于受计划经济的巨大影响，传统的行政管理模式并没有实质性的改变，行政职能泛化、行政级别分明，学术权力与行政权力失衡，学术权力不断萎缩，大学的学术品行得不到显现。❷因此，要推进我国大学学术制度建设，就要完善我国高校治理结构，创造平等、宽松、自由的学术环境，形成民主监督、学术权力与行政权力相互制衡的机制。

1. 高校去行政化

第一，建立健全现代大学制度。现代大学制度是大学依法自主办学，理顺大学与政府、社会的关系，完善大学内部治理结构的大学基本制度。而制定大学章程是现代大学制度的具体体现，因此，高校去行政化的首要任务是大学抓紧制定大学章程，并按章程依法办学。其次是完善大学内部治理结构，使大学学术权力与行政权力适度分离，学术权

---

❶　何俊志，任军锋，朱德米．新制度主义政治学译文精选［M］．天津：天津人民出版社，2007：247.

❷　参见：湛中乐．我国高校治理存在三大问题，多数没有章程［N］．新京报，2011-04-09.

力、行政权力和监督权力相互制约、协调平衡。

第二，取消大学及其管理者的行政级别。完善大学校长选拔任用办法，推行校长职业化，让校长真正以教育家的身份来办教育，这是完善大学治理结构的必然路径，是完善大学治理结构的突破口。实行大学领导（校长、书记、院长等）的"去学术化"，即大学领导作为一个荣誉和服务岗位，在担任这些领导职位期间，不得从事任何学术资源的分配，如不得申请各种研究课题、评奖、评职称等。❶这也是当下必须对我国大学学术委员会进行改革的重要方面。

第三，建立科学合理的配套制度。取消大学的行政级别，不能单兵突进，需要全社会同步配套进行，全国的事业单位、企业都应该同时取消行政级别。此外，就取消高校行政级别本身而言，还要注重配套制度建设：其一，在人大建立国家或地区的教育拨款委员会，负责教育预算和预算执行监督，避免学校"跑部钱进"；其二，建立大学的法人治理机构，比如通过大学理事会，公开遴选校长；其三，大学校内实行学术权和行政权分离，在校内推行学术自治。❷"让大学拥有更多独立自主的办学权，改变垂直化、指令性、数量考核的政府化甚至公司化的管理模式。让大学回归育人的本位，重拾融洽的师生关系，把一切官气、俗气、暮气、痞气和学阀气等歪风邪气抛出大学校园。"❸

2. 完善高校学术委员会

就目前高校学术委员会普遍存在的问题来看，主要有五大亟待解决的问题。一是职权不清，权、责边界模糊，在学校中的定位亟待加强。二是委员行政化，代表性、开放性和新陈代谢机制需要完善。三是会议制度、议事规则不健全，运行机制亟待完善。四是学术组织高度分散，

---

❶ 朱永新.大学行政化，去得掉吗［EB/OL］.［2010-10-27］. http: //edu.qq.com/zt2010/zyht/xzh.htm.

❷ 熊丙奇.不取消行政级别才是贬低教育［EB/OL］.［2010-03-08］. http: //finance.ifeng.com/a/20100308/ 1898139_0.shtml.

❸ 华中师大探索学术行政分离 领导退出学术委员会［EB/OL］.［2010-11-09］. http: //news.xinhuanet.com/edu/2010-11/09/c_12751543.htm.

依附于行政部门。五是缺乏人、财、物支撑保障条件。❶《高校学术委员会规程》的出台对上述问题做出了一些基础性的制度安排，各高校需要以《高校学术委员会规程》为依据，认真制定或完善本校的学术委员会章程，保障学术委员会"依章运行"，让学术委员会真正"由虚变实"，在高校学术治理中发挥应有的作用。

（1）完善学术委员会代表的产生及组成，使之符合《高校学术委员会规程》要求

我国需要进一步完善高校学术委员会代表的产生、资格及组成。学术委员会应采取少数服从多数的集体决策形式，由学术委员会民主选举产生主任的方式比较可取。明确学术委员会与校党委、校长各自的权限。突出委员的代表性，明确委员们应是学校各学科的学术带头人，能很好地代表全校教师的心声，并且不担任行政职务的学科带头人应占多数比例。应综合各种因素，按照老、中、青相结合的原则，根据具体的各院系、学科成员、专业结构状况合理分布比例和增加数量。还要考虑选举一些学生代表和普通教师代表参加会议，他们可以没有表决权，但拥有发言权。

（2）明确权力及组织之间的权、责边界，使之权责明晰

一是处理好学术委员会与党政机构的关系。明确我国高校内部学术权力和行政权力的界限，分明权责，实现两者"相对分离"，即学术委员会的成员与党政机构的负责人要尽量避免重叠，以保证学术委员会相对独立运行。现在有不少高校在重组校学术委员会时赋予其学术决策权，同时规定党委书记和校长退出学术委员会，目的就是保证学术委员会尽可能独立行使学术权力。与此同时，在涉及学校整体规划和宏观把握时，学术委员会与党政管理系统又要建立某种间接的相互协调的关系。二是处理好校学术委员会与院系委员会的关系。二者同为学校的学术权力组织，都是学校的学术审议评审和咨询组织，它们之间应是

---

❶ 教育部公布《高校学术委员会规程》领导委员减至 1/4 以下 教授委员增至 1/2 以上［EB/OL］.［2014-02-20］. http://news.tsinghua.edu.cn.

监督、审核和协调的关系，而不是领导与被领导的关系，二者要共同致力于学术的发展，校学术委员会不要控制基层学术委员会的工作和决策。

（3）规范学术委员会的运行机制，保障学术委员会"依章运行"

一些高校的学术委员会存在运行不规范的问题，如有的高校没有独立设置日常学术管理机构，更多的是挂靠在其他行政部门；有的高校学术委员会章程的最终解释权不是归学术委员会或学术委员会办公室秘书处，而是由校务会议解释；有的高校学术委员会会议的召开和表决的有效数规定存在很大差异，复杂多样，还有的学校在章程中根本没有涉及到会人数和投票有效数，或者只是规定了可开会人数的最低限，这些不完善之处都影响到工作开展的高效性；有的高校对每年召开会议的次数和每届任期情况的要求都不规范，甚至有的含糊其辞，"根据具体情况进行召开"。反观国外大学，对会议的要求是非常明确且频率是很高的。如斯坦福大学是一个学期中每月至少召开一次会议，特别会议可以在任何必要的时候召开。❶这些都凸显了当前学术委员会加强自身规范性建设的必要性、迫切性。

（4）发挥学术委员会在学术伦理方面的监督职责，弘扬学术道德

学术委员会作为学校的最高学术审议机构，其学术委员会成员本身更应该是学术精神和学术道德的守护者和典范，坚定不移地维护大学的学术声誉、严谨学风和相应的学术规范是其主要职责。而且，一般而论在其麾下基本都设有"学术伦理分会"，专门对学术不端行为进行监督和审议。但是，现在高校发生的诸多学术不端现象却在一定程度上暴露了学术监督的不力。学术委员会作为校级"学术共同体"，必须始终贯彻公开、公正、公平和绩效的原则，在处理学术不端中发挥审查、规范、保护学者、维护学术秩序的作用。学术监督委员会也要加强监督和约束机制，对一系列违反学术道德的行为进行严肃处理，起到正本清源的作用。

---

❶ 郭卉.美国大学评议制度研究——以斯坦福大学为例［J］.比较教育研究，2005（3）.

（5）加强对国外大学学术委员会的研究和探讨，做出适合国情和本土化的改进

国内外高校之间要加强交流，互相学习，加强对国外高校相关内容的研究和探讨，因为国外一流研究型大学既拥有学术自由和学术精神的深厚底蕴，也在学术组织和学术管理上有一套专门的体制和章程，我们从中会得到一些启发，取长补短，做出适合国情和本土化的改进。

（二）学术评价：杜绝学术泡沫和学术霸权

1. 改革学术成果量化考核评价制度，重视学术成果质量

2006 年 5 月教育部颁布《关于树立社会主义荣辱观进一步加强学术道德建设的意见》指出："要克服重数量轻质量的倾向，把是否发现新问题、挖掘新材料、获得新数据，是否提出新观点、采用新方法、构建新理论，作为衡量科研质量的主要指标，改变简单以数量多少评价人才、评价业绩的做法。"因此，高校需要在学科评估、职称评聘、项目立项、论文答辩、论文发表、著作出版、成果奖励等方面，建立一套科学合理的学术评价体系和标准，发挥学术评价对学术活动的重要导向作用，引导学界以重视科研质量和实际效用为本，而不是给学术带头人制定许多不切实际的要求或目标，如每年要出多少 SCI 文章，多少成果，多少研究课题，多少科研经费，等等。改变对教师"三年一考核，一考核就必须是申报多少项目、发表多少文章"❶ 短期见效的评价做法，让教师们能潜心和持续地开展研究。

2. 规范学术同行评议制度，让德才兼备的学术专家"慧眼识英才"

（1）严格学术同行评议专家严格遴选制度

学术同行评议，重要的角色是评议专家。他们应该是该学科领域或相邻学科领域里公认的学术精英，是得到学术界认可和推崇的权威性人

---

❶ 在访谈中，有不少教师都反映现在大学对教师的考核和评价，一是三五年一考核，要求短期见成效；二是要求课题和文章发表数量。

士，而不是那些带有行政职务的官员，也不是有名无实的庸碌之辈。因此，要不断完善现有的学术同行评议专家库，避免评审专家水平不高、评委组建随意化的趋向。而且，同行评议专家库的建设应该是动态的，每隔几年根据这些专家在业界的实力、贡献及口碑进行重新推选，以保证学术同行评议专家的学术性。

（2）建立健全学术同行评审人员信用制度

学术同行评议，一个不可回避的问题是学术评议的公正性问题。要当好评议专家这个"守门人"的角色，除评议专家自身需要具备真才实学和慧眼识才的能力外，还需要建立学术同行评审专家信用制度，做到客观公正的评审。除目前正在实施的评审回避制度、民主表决制度和盲审制度外，还要实行评审人员信用制度，坚决杜绝人情关系的干扰、利益矛盾冲突的驱使，以及个人的好恶偏见。坚守学术道德和公正，把好"守门关"，用好"投票权"，让真正有学识的人脱颖而出。同时，当好"检察官"，不仅要严格审查学术不端和学术造假行为，而且还要善于发现研究中的漏洞并提高学术论文的质量。

（3）建立评审结果公示和意见反馈机制

要加强社会各界对评议专家和评议结果的监督，离不开学术评审相关信息的公开和透明，如评审专家的遴选步骤和标准、同行评议内容和过程、同行评议的证据和标准、评议的结果及参评的相关材料等。只有这些学术同行评议的信息公开置于大众的监督视野之下，才能提高学术同行评议的权威性、公正性和可信度。

（4）适当引入科学的社会及学生评价体系，让学生有机会参与学术评价

正如访谈中有的学者提出，学术评价不能仅由同行专家，还应当建立社会及学生评价制度，特别是硕博学生的评价。他们虽然是受教育的主体，但也是知识的生产者和创造者，他们在学术导师和学术团队的带领下洞察相关学科专业的未来趋势，了解国内外学术前沿，具备对较高质量研究成果的鉴定能力。

（5）探索海内外同行专家学术评价制度

2006 年 5 月教育部颁布《关于树立社会主义荣辱观进一步加强学术道德建设的意见》，特别提到要"强化同行专家在学术评价中的重要作用，逐步建立海内外同行专家学术评价机制"。学术国际化和高端学术的产生，必须要有战略性眼光，要有国际视野，高瞻远瞩，参考国际评价的标准。因此，让海外同行专家参与评价，是促进中国高校学术走向国际舞台的重要步骤。但是，高薪聘请国际上的同行专家，一方面要避免"好洋喜功"而随意聘请海外不知名的洋教授当评审专家，而应聘请在某一学科领域的"国际顶尖专家"；另一方面要避免"唯海外"而不接中国地气，任由海外专家掌控评审话语权。

（三）学术薪酬：为学者治学提供安身立命的基础

1. 高校遵循基本的薪酬理念

借鉴发达国家顶尖研究型高校的薪酬理念，我国研究型高校明确自己的薪酬理念。第一，公平原则。薪酬的价值基础在于维护外部竞争下的内部公平性，努力做到相同职位教师的收入基本相同。第二，奖励原则。注重个人和团队的贡献，并将其作为绩效考核的重要指标。第三，动态变动原则。根据绩效、市场规律和学校财政预算定期调整薪酬。

2. 大幅提高大学教师工资，使之具有非常强的市场竞争性

国家要明确高校教师群体的社会地位定位，根据其社会地位确定其收入水平。建立统一的工资制度，明确对高校全职教师实行公务员待遇，建立专业技术人员的职务 / 职位对应制度和联动制度，让相同职位教师的收入基本相同，让高校教师的工资福利与相应职务的公务员对等，并随公务员工资的提高而提高。❶只有这样才能发挥收入分配的激励作用，逐步消除高校教师"三奔一荒"（即奔钱、奔官、奔项目，荒学术）功利学术带来的负面影响，使大学教师能安心地进行学术研究活动。

---

❶　王婷婷.高校教师收入年均最高 33 万，专家吁建统一工资制度［N］.法制晚报，2014-09-10.

3. 以学术为导向，改变资源配置"行政化"倾向

改革目前资源配置行政化的思维和行为模式，实行学术与行政分离，以学术为导向的有效资源配置方式，将资源配置的决策权由目前以行政机关为主向学院、系等学术机构为主改变，并充分发挥学术委员会、教职工代表大会等学术团体在资源分配中的作用。

4. 完善薪酬制度和福利制度，做到公平与竞争兼顾

坚决改革目前大学实行的"工资 + 自己创收"的大学薪酬制度，代之实行根据其岗位和绩效的高校教师年薪制，这是破解教授贫富悬殊，使之专心教学和科研的治本之策，是未来高校教师工资改革的方向。正如有的学者所认为的那样，"年薪制是我国科技和高等教育的唯一出路。国家什么时候实行年薪制，什么时候才能出创新性成果、培养出创新型人才"❶。当然，也如学界比较一致持有的观点，年薪制并非万能良药，它会面临如何激励教师，如何评价教师等诸多难题，还需要建立系列制度与之相配套，如体现"学术自由"主旨思想的现代大学制度，与高等教师特点相适应的、对冷门学科的教师、中青年教师实行合理补助的福利保障制度，引导教授把关注点转向学术价值本身，以学术贡献为衡量依据的学术同行评议制度，等等。

（四）学术休假：在闲暇中享受学术研究的乐趣

2014 年第 23 期的《三联生活周刊》，有一篇《牛津大学：现代绅士的摇篮》的文章，介绍说："很多牛津大学毕业的人，在研究团队一干 10 多年，就算去公司钱多也不愿意去，更愿意从事有创造性的、闲适的工作。牛津的氛围也能静得下来，没有那么急功近利，更注重研究成果本身的价值，几年的时间也不必考虑发多少篇文章，没有美国那种'不发就走'的硬性压力。牛津，发得很少，要出就出实实在在的精品。""他们很多只是追求学术带来的快乐，追求科学的真理。人在放松状态下的创造力才是最强的。"而且，记者还采访了一名叫刘继龙的中

---

❶ 雷宇，邹春霞．"年薪制"能否把教授拉回讲台［N］.中国青年报，2011–11–08.

国人，他是牛津遗传基因生理学、解剖学、遗传学部的博士，为研究果蝇预备了充足的时间。据他所述，"英国医学理事会每 5 年给我们一次优厚的资助，并不急着我们出结果。我至今还没有在顶级刊物上发表过文章，而是在不知名的刊物上发表了一篇自己都不非常满意的论文"。"在牛津，你会觉得很安静。我想在牛津做学问，是有一种品位的，这种品位，就是把一件事情做得非常精致。就像在做一件充满细节的艺术品一样，在缓慢的节奏里，精雕细琢，使得它具有一种独一无二的特质性。它追求的不是突如其来的名气，而是在悠远的时间里愈久弥香。"❶

把牛津这种做学问的品位引入到学术休假这个话题，是最恰当不过了。对做学问的人来说，寂寞是必要的。享受寂寞，这样的人才能静下心来，思考东西。正如北京大学生命科学学院原院长饶毅所言："科学研究的慢，不是偷懒不做，而是指重要的结果出现慢，但研究者要积极思考，积极推进研究。"❷ 因此，给予高校教师更多的学术闲暇时间，是为了更好地做学问，出精品。

对于学术休假制度重要性的认识，其实早在 1993 年《中国教育改革和发展纲要》和 2012 年《关于全面提高高等教育质量的若干意见》中都有规定。国家第一批被列入"春晖计划"海外留学人才学术休假回国工作项目试点的高校，也可以算是国内学术休假制度的先行者。而且，自 2004 年起，不少的高校，如清华大学、北京师范大学、吉林大学、山东大学等纷纷利用这样的契机制定教师学术休假的相关文件，高调宣布实行学术休假制度。但从目前我国高校教师学术休假制度的实施来看，严格而言，还没有一所大学实行了真正意义上的学术休假制度。为了使更多学校、更多教师能够享受到这项权益，笔者认为眼下最重要的是找到影响该制度实施的障碍因素，采取有效措施推进制度的实施。

1. 高校完善学术休假制度

我国现有高校公布的学术休假制度，只对制度制定的目的、申请资

---

❶ 陈赛，蒲实，等.牛津大学：现代绅士的摇篮［J］.三联生活周刊，2014（23）.

❷ 参见：方莉.为学术休假制度叫好［N］.光明日报，2012-05-09.

格、申请程序有些简单的规定，对于一些具体细节，如申请的审批标准、休假的经费来源、休假后的评估等都还没有涉及。尤其是对前期的审批操作和后期的许可评估，关乎一项学术休假制度最终是否能够得以有效实施，需要在高校的学术休假制度细则中加以明确规定。

2.高校和教师自身高度重视学术休假制度

在思想认识上，高校及其教师要高度重视并真正用好这项权益。面对社会对高校"学术泡沫""学术垃圾"和教师是"科研奴隶"的诸多诟病，高校和教师更应该为这项旨在让教师静下心来潜心治学的制度叫好。条件具备的高校，可以在完善制度的基础上，采取弹性休假。

3.建立机制保障学术休假制度管理的有效性、公平性

首先，建议高校成立专门的学术休假管理小组，负责管理教师学术休假事务的申请及考核工作。其次，建立配套的考核、评价机制。现有的学术休假制度缺乏可操作的配套实施细则。这也是不少高校正式提出学术休假制度但是一直没有实际演练过的重要原因。在此可以借鉴西方国家对教师学术休假的事前可操作的审批过程以及事后的评价机制。有此项打算的教师可以预先提交一份详细的计划，在得到系领导和院长的同意以后，再送到分管学术休假事务的教师评价委员会讨论通过，最终递交校长和董事会审批。有些大学会对每年享受学术休假的教师数量作出限制；有些大学则遵循预算作出相应的条件规定。对于事后的评价机制，也要严格对应先前的申请计划，教师可以根据个人情况自行选择，如学术研究、课程建设、实际调查研究等。如果提交的计划是写本专著，那他休假结束后接受评估时就是用这本书作为考核对象。当然，在制定具体的实施方案时，不同办学层次的高校要建立适合自身特点的、形式多样的学术休假管理制度。

4.采用多元化的渠道筹措学术休假资金

学术资金不足是制约学术休假制度发展的瓶颈。要执行这一制度，主要看每个科研单位或大学是否有经济力量支持这种休假。在美国，学术休假资金筹措方式多样化，包括了联邦、州、地方政府的拨款，民间

基金，教师自主争取的研究经费等。因此，我国高校在实行学术休假制度时，可以借鉴美国的一些经验和做法，采用多元化的筹资渠道来解决资金约束问题，既可以由教育部、高校、教师所在课题组提供学术休假资金，也可以由派出单位、本人或接受单位共同支出。

5. 改善现有的学术环境

学术休假制度实施还有一个"拦路虎"，就是师资力量的补给问题。第一，教师平时的教学任务比较重，在教务安排上难以让很多教师学术休假。第二，教师的休假，可能会因为一个重要研究者的离开而对研究课题的顺利开展造成比较大的影响。第三，教师们习惯已久的申请课题—从事研究—发表成果—争取课题的工作模式，使得一线教师不愿意享受休假。正如一位不愿意透露姓名的中科院科研人员分析，现在业内有一个潜规则，就是一个大课题由一个小圈子敲定，要融入这样一个圈子十分不易。如果你离开了，不要说一年，就是缺席几次重要场合，都有可能被踢出一个项目的"申请"。因此，要使教师能心安理得去享受学术休假带来的研究乐趣，必须整顿和清理这些复杂学术环境，改革本科教学模式，平衡教务安排，构建科学的考评指标，淡化对教师课时和课题份额的考评，优化课题项目申请程序，加强合作攻关和科研团队建设，让教师们从繁忙的教学任务和科研项目申请怪圈中解脱出来。

6. 追求学术休假制度带来的高收益预期

学术休假不是休息。要坚决杜绝有些高校以学术休假之名行考察观光休假之实的现象。为了使这项制度产生实效，中国高校在试行学术休假时，很有必要加强休假申请与评估的环节，即无论是对学术休假的申请预期，还是最后休假结束后的实际评估目标，都应该是出于学术目的，而非个人放松，都应该把进行学术研究作为学术休假的根本任务。只有这样，学术休假这项让所有在职教师都可以享有的基本权益才能真正适得其所，从中受益。

四、学术文化：守望精神家园

目前，中国大学学术研究命运多舛，学人学品和学界学风破坏严重，抄袭之风、造假之风、浮躁之风甚嚣尘上，令学术殿堂不再圣洁宁静，世人对大学、对学者痛骂有余。因此，在这样学风日下、学品式微的情况下，笔者以为，中国大学的学术职业要走出迷雾，走上自治和自律发展之路，除需要前述学术制度的完善外，还需要学术人自身对世界范围内学术共同体认同的学术文化的坚持与守望，因为只有积极向上，蕴含正能量的学术文化，才能让学术生生不息，焕发持久生命活力，才能使学术人自觉具备抵御外界诱惑与干扰牢不可破的免疫力，在学术的园地里孜孜不倦，勤勉耕耘，才能成为学术人紧跟国际学术前沿锲而不舍，于国际学术竞争中摧而不垮的精神支柱。从这个意义来说，科学家是环境"养"出来的，保不住衣食无忧，保不住时间宽松，保不住以信而立，就没有谈学术的资格。❶

（一）大学对大学精神与传统的弘扬

世界上任何一所知名大学都有自己独特的大学精神与传统，这不仅是一笔宝贵的财富，也是大学魅力之所在，更是大学持续发展的动力。虽然由于历史的不同，以及地域文化与学科差异的影响，不同大学形成了各自的传统和精神，它蕴含于校史，彪炳于校训。但是在这些极具特色与个性的不同大学精神与传统中，我们总是能概括出大学精神的个性之外的共性，也即我们经常所说的"自由之思想，独立之精神"，这是大学的灵魂所在，是大学最重要的精神支柱，不仅对大学的生存与发展起着至关重要的作用，而且决定着大学里学术生态和学术风气的形成。因此，在我国建设世界一流大学的道路上，在大学之间竞争愈演愈烈，世俗、金钱对大学影响愈来愈大的今天，回归大学本位，塑造和弘扬大学精神成为迫切需要加强的一个重要环节。

---

❶ 章咪佳.学术道德规范，要靠环境"养"［N］.钱江晚报，2012-09-10.

大学精神是关于大学发展的价值取向，是在大学运行中体现出来的。因此，笔者以为，大学精神的弘扬，不仅仅在于校园环境、校训的外在彰显，更重要的还在于大学的运行，如大学的管理体制和组织行为的规范等。

1. 大学内部运行机制体现学术至上、学术自由思想

在大学里，除了教人知识，启发人的智慧，还要完善人的德性。而这种德性的光辉正是潜存于学校的办学理念、内部运行机制和行政措施中。大至整个大学理念和大学文化的建设、大学人事安排与管理、大学学术委员会的正确履职、大学发展规划的制定和组织实施，小到教务排课、后勤服务、教学科研管理，都要体现大学是生产高深知识和方法的社会机构，体现学术为本、教授治学、学术自由等思想。

2. 大学外部塑造独立意志、批判精神形象

大学，虽然一向以"象牙塔"形象出现在人们的脑海里，但是随着市场经济思潮对社会各个领域的影响，大学与社会的联系也日渐紧密，大学精神在弘扬的过程中遇到了很多的障碍，这些障碍主要表现为经济领域的一切向钱看、社会领域的功利主义、政治领域的官僚主义以及文化领域的媚俗主义。这也是如今大学要去行政化，去产业化，去媚俗化的原因所在。大学作为一个独立法人，除了有外在独立的校园形态和独立的经济形态，还要有独立的意志和文化形态，敢于站在思想之巅价值无涉，对社会的改革发出大学独有的批判之声。一是重建大学与政府之间的关系。大学要更好地走向世界，一味依靠政府投资和政府行政管理是实现不了这个目标的。大学对外树立独立意志和批判精神形象，责任还在于大学的自主办学和自主管理。二是创造学术自由的氛围，鼓励大学教师独立自主。让做学问的人不受政治的干扰，不受环境的制约，不受经济的羁绊和诱惑，让研究者有更大的自主空间进行学术创造。三是全体大学学术人的共同参与。弘扬大学精神应该成为大家共同维护的行动指南。

（二）学术人对学术道德与学术理性的恪守

作为寻求和研究高深知识的学者，不仅要有学术造诣，更重要的还要有学术道德和学术理性，更应该是学术精神和学术道德的守护者和典范。

1. 让学术规范和学术道德成为学者的自觉遵循和学术追求

大学教师，应以知识生产者之心性、价值观和趣味怀揣对知识的敬畏感，沉醉于我们人类仰望星空的惊奇与感动中，在宁静的心灵深处追问生命意义的觉悟本能，在人类苦难面前投以悲悯情怀，躲避利诱，回归纯真的道德良知，永葆知识生产持久创新的兴趣和动力。

2. 在求知穷理思考笃行中闪耀学术理性之光

学术的目的在于格物致知，读书穷理。而从求知到达穷理的过程中，思考和笃行是重要的途径、方法或手段，这四者构成了为学的基本要素。学术理性要求每一位学者崇尚科学、民主、平等、自由，恪守科学普遍性、公有性、无利益性、独创性、尊重事实、不弄虚作假、理性质疑，鼓励创新，忌说空话，忌说假话，忌迷信权威，忌在大是大非面前迷失方向，或人云亦云，或走极端。

3. 加强学术共同体对学者学术道德的监督

学术共同体是学术界公认的学术权威自治组织，应当担负起对学者学术道德的监督、调查和给予权威的学术鉴定等职责，在学术成员之间形成内部的驱动力，互相监督。只有这样，时常因学术不端问题遭质疑进而演变的"名誉侵权"及"人身袭击"事件才会得到有效治理。因此，无论从捍卫学术尊严，维护学术秩序，还是从保护每一个学者出发，建立学术共同体，都已刻不容缓。没有学术共同体治理，还会有更多的"打骂学术""拳头学术"。❶

（三）学术人对学术志业的信念与追求

1. 热爱：学术人"志于道"的前提

每一个立志于留校当教师、做学问的人，首先要扪心自问：我是不

---

❶ 熊丙奇.没有学术共同体就难免"拳头学术"［EB/OL］.［2010-09-23］. http：//view.news.qq.com/a/20100923/000004.htm.

是特别热爱这份教学科研工作？是不是把学术作为生命的一部分，把有志于学术研究当作毕生的事业去追求？只有学术人能将知识的生产、传授和创新始终置于个人的内心关怀之中，并在艰苦的科研探索中永葆对学术研究的热爱，不怕失败，执著信念，这才是"志于道"精神的集中体现。

2. 卓越：学术人"志于道"的目标

追求学术卓越，既是建设世界一流大学之必需，更是一个学术人出于自身发展需要的学术理想和追求。我们要改变以往那种单纯以学术人的科研论文发表数量，并把这种论文发表作为职称评定和晋升的重要标准的科研评价制度，而采用更为科学的，能全面反映学术人真才实学、学术成就和学术创新的科研评价体系，而且，学术卓越需要政府的推动，但是这种推动并不意味着更多的干预，而是更广泛的放权、问责和有重点的支持。

3. 有为：学术人"志于道"的使命

从个人角度讲，学术人"志于道"的使命满足了自我实现的需要。从另一方面来说，学术人应和科学家一样，绝不能仅仅将视野和格局停留在个人的层面，只专注于自己的研究和发现，而应有责任去思考、预测、评估他们的研究所生产的科学知识和技术应用可能产生的社会和生态后果。因此，从社会意义来看，学术人"志于道"的最高境界和社会使命，在于把所做的研究与社会紧密相连，时刻谨记科研要服务大众、普惠大众、造福人类，自觉履行社会责任。

（四）国际化进程中的学术文化坚守

在当今世界范围内的学术国际化进程中，学术职业的国际竞争加剧，不仅仅体现为学术成果的竞争，还体现为各自对学术文化的坚守，因为这是大学的灵魂，是作为大学学术人的气质和精神所在。随着改革开放以后我国大学及科研院所学者出国留学、访问和合作科研的机会越来越多，西方大学学者严谨治学、对学术自由的追求、团队力量、开放的视野、务实的作风给了我们学术人很多的教益和启发，我们要把这种优秀的学术文化发扬。但是另一方面，在推进学术国际化进程中，我们要警惕和防止这样一种学者"自我殖民"的学术生态和文化现象。在目前众多大学追求国际化的趋势中，似乎什么都讲求要与国际接轨，不仅仅是大学在亦步亦趋地复制欧美大学的模样，而且在学术上也表现出了较强的"唯西方中心"倾向，如奖励教师用英文讲课和发表论文，理科迷信SCI，文科推崇 SSCI 或 A&HCI；在聘任教授时，恨不能都面向全球招聘，而且格外看好欧美名牌大学出身的外国学者，等等。就像不少学者对这种"学术殖民"现象所批判的那样，独尊 SCI 、SSCI，乱用国际，为了论文能投到美国的 SSCI、SCI 数据库，往往会选择他们感兴趣的题目，却对本土问题漠不关心，致使我们自己陷入了"种了别人的田、荒了自己的地"的境地。

在世界各国尤其是发展中国家的各项改革都以西方发达国家为参照，走国际化发展道路时，中国大学学术人更应该首先具备独立、自信的学术立场和根基。对第三世界国家的学者来说，"一方面，为实现本民族国家学术和教育体系的去殖民化，他必须努力建立自身话语体系的民族特性，并使之在国际教育学术论坛上占有一席之地；但另一方面，他们又只有运用西方的学术话语，才有可能进入国际教育学术论坛，从而才有可能真正参与到国际学术话语权力的争夺过程中去"。❶ 以不同学科的"国际化"为例，不同学科，其方向、途径及有效性，不可同日而语，在面临国际学术竞争时，不要过于委曲求全，乃至丧失了自家立场与根基。自然科学全世界的评价标准接近，学者们都在追求诺贝尔物理学奖、化学奖；社会科学次一等，但学术趣味、理论模型以及研究方法等，也都比较趋同。最麻烦的是人文学，各有自己的一套，所有的论述都跟自家的历史文化传统，甚至与"一方水土"有密切的联系，很难截然割舍。所以，文学研究者不一定非要向美国大学看齐，用人家的语言及评价标准来规范自家行为。❷ 其次，

---

❶ 容中逵，刘要悟．民族化、本土化还是国际化、全球化［J］．比较教育研究，2005（7）．
❷ 陈平原．如何建立中国大学的独立与自信［N］．中国青年报，2012-05-16．

中国大学学术人在开放多元价值冲击下更好地发挥对中华优秀文化的传承和创新作用，牢固坚守和大力弘扬社会主义核心价值体系。每个国家和民族都有自己特有的文化、制度、环境及相应的语言表述方式。在进行国际学术交流与合作时，中国学人应具有强烈的民族文化自我意识和文化自信，传播和弘扬我们中华民族的优秀文化，并坚守这一立场。最后，要求中国大学学术人尊重多元文化，在文化融合中求发展。在当今世界国际化趋势日益明显的情况下，大学以独特方式主动承担国际文化交流的任务与职能，致力于保存、弘扬本民族优秀传统文化，增进异质文化的相互认同，促进国际和平与发展。在教育国际化潮流中，大学教师学术职业这样一个求真求善的学术共同体，如果能够将不同文化置于同一平台，尊重差异、展示个性，增进了解、实现沟通，促进融合、共同发展，也即达到了费孝通先生期望的"各美其美，美人之美，美美与共，天下大同"的美好境界。

优越、先进的学术生产关系，是连接学术职业和学术生产力的"发动机"。从培养科学精神特质的学术人，到体现学术共同体自治的学术协作，从凸显学术权力的学术制度，到守望精神家园的学术文化，共同构成了学术职业生产关系完整的闭合运行系统。这个系统以"以学术为生""在学术上追求卓越"为价值理念，各要素积聚内生力量，发挥各自作用，各要素之间相互影响，相得益彰，着眼于以满足人的智力兴趣的好奇愿望，着眼于追求真理，着眼于推动大学学术生产力的发展。如此，学术生产关系与学术生产力的统一，可持续的、良性学术生产方式的形成，必将有助于大学教师学术职业发展机制的顺畅运行！

第七章　国际化背景下中国大学教师学术职业发展的展望

第一节　中国大学教师学术职业发展的变革趋势

在全球化和市场化的时代背景下，中国研究型大学不可避免地要参与国际竞争，其开放性与竞争性特征更进一步使大学内部的知识生产与外部系统间的知识流动过程发生深刻的变化，而这种深刻的变化也直接影响大学学术职业机制的变革。

一、国际学术人才市场中教师学术水平的国际化

在面临全球经济一体化的国际形势下，研究型大学教师的准入资质与竞争资质均向国际看齐，这是大学学术职业从传统走向现代的必然。博士、博士后只是成为进入学术职业的重要前提和主要标志。当"准学术人才"进入学术圈，具有国际竞争力的学术能力成为资格准入的核心标准。而且，大学对高校教师的学术考核和职称晋升，要求教师学术水平的国际化，即教师要具有国际一流的教学能力、科学研究能力和创新能力，能够创造国际水平的科研成果，跻身于国际学术前沿并在国际学术界产生一定的影响。为此，世界一流大学纷纷把推进师资的国际化作为大学发展的战略目标，以国际标准选聘人才，吸引国际一流的国外学术大师、创新团队和优秀中青年拔尖人才，提高教师队伍的国际化水

平，增强学术职业的国际竞争力。

二、学术职业的国际流动日益频繁

经济全球化与高等教育国际化推动学者的跨国流动。全球化背景下，学术的国家边界已经变得模糊，科学家和学者开始变得日益国际化。在别的国家停留一年以上的学术人才国际流动，已经成为经济全球化条件下的一个重要发展趋势。经济合作与发展组织（OECD）和亚太经济合作组织（APEC）等国际组织研究报告也指出，在经济全球化背景下，学术人员与科学家已经和企业经营管理人员、工程师与技术人员、创业者、外国留学生生等一起，成为当今世界最具有国际流动性、对经济社会发展影响最大的人才群体。❶ 这种学术人的国际流动，一方面表现为，基于高校国际化战略联盟与合作的需要，本国大学的教学科研人员与国外高校或与本国高校在外国分支机构的科研合作与交流的日益频繁，另一方面表现为，学术人员出于自身学术职业发展的需要，到国外的学术机构谋求更高一级职称或更好的发展机会，即我们经常所说的"智力流失"或"人才流失"。"流动是学术职业生而具有的天然基因，大学教师流动在学术职业形成、学术规范建立、学术自由获得、学术职业吸引力提升等方面发挥着核心作用。"❷ 但是，学术职业国际流动也使大学学术职业的安全面临挑战，因为流动带来的人才流失，会造成整体学术职业人才队伍的削弱，因为流动带来的学术职业分化，会加剧大多数人文学者及从事基础研究的学者在全球学术劳动力市场中的学术资本竞争不利处境，这影响的不仅仅是学术职业结构，而且从长远看也会削弱大学的功能。

---

❶ APEC Economic Committee.Realising Innovation and Human Capital Potential in APEC ［R］.2004.

❷ 刘进，沈红.大学教师流动与学术职业发展——基于对中世纪大学的考察［J］.高校教育管理，2015（3）.

三、学术职业知识生产与扩散方式的变革

在国家的创新系统中，研究型大学作为"关键的制度性主体"，同时具备知识创造与知识扩散的功能。而这些功能的发挥，伴随着全球化进程的加剧，从知识维度出发，对研究型大学学术职业提出了更高的要求。而且，与知识创新的生成相比，研究型大学学术职业在创新扩散过程中发挥着越来越重要的作用。首先，大学不再是知识生产领域中唯一的支配者，它成为知识生产者与运用者之间的重要调节器。在这一过程中，产业部门、独立的研究机构和个体，甚至是政府机构——都由过去的知识运用者转换为知识生产者；知识生产的场所也从大学转向了更为广阔的非大学领域，如工业实验室、研究中心、独立智囊团和咨询机构等。知识生产的过程也由封闭走向开放，大学与产业部门、独立研究机构、政府之间的竞争、交易、合作、学习构成了"后现代"工业文明中的知识生产从一维走向多元。❶ 其次，大学成为知识扩散的主要推手。这一点可以从美国硅谷的成功、北卡研究三角的繁荣、奥斯丁研究集群与圣地亚哥研究集群的出现得到佐证。一些美国研究型大学的教师与学生纷纷倾向于通过与产业部门的合作将已有的研究成果转化为成型的创新产品并通过市场化的渠道扩散到全世界。❷ 而对于中国的研究型大学教师学术职业来说，"大学智库"的命题才刚刚开始，在新一轮科技竞争中，学术与产业、产业与研究的合作将成为大趋势。在国家创新体系的建设中，大学教师学术职业如何推动知识创造与知识扩散的变革，使研究型大学不仅成为知识生产的重镇，而且也是知识扩散和知识服务的领跑者，必将是建设世界一流大学的题中应有之义。

---

❶ 王志强.研究型大学知识生产与扩散方式的变革：基于国家创新系统的分析［J］.全球教育展望，2014（8）.

❷ 王志强.研究型大学知识生产与扩散方式的变革：基于国家创新系统的分析［J］.全球教育展望，2014（8）.

四、大学学术制度的变革与完善

当今国际化背景下，高等教育发展的新形势打破了大学中的原有利益均衡，世界各国纷纷在各自传统的基础上进行程度不同的大学学术制度改革，力求建立更加合理有效的大学学术职业发展机制。在德国，由于大学长期以来处于政府严密的外部管制与教授学术寡头式的内部自治中，因此围绕编外讲师和终身教授制度产生的诸多问题展开了制度变革，改善初级学术人员的境况和学术职业前景，强化对高级学术人员的科层控制和绩效激励。在英国，通过立法，改变了大学教师终身聘任制度，传统意义上的终身教职制度被终止。在美国，为了使学术职业适应社会重大变革的需求，大学也不断尝试调整教师制度，终身教职制度也是其中的改革核心。针对终身教职制度，大学设计出了种种改革方案，旨在找到美国公众、学校董事会、学术职业人等不同利益群体的制衡点。❶综观这些发达国家的改革，向我们传递的信息是：随着高等教育精英化时代的终结，学术职业的一些传统特征和传统学术制度已不再适合国际化发展的学术职业。

五、国际竞争催生对大学学术自治与学术自由的重视

在国际学术职业的发展过程中，对学术自由的认识具有高度的一致性。学术职业的重要使命是研究高深学问，而学术自由是学术研究的灵魂，是学者的终极价值诉求。自中世纪古老大学及其学术职业产生以来，学者们秉承的学术自由和学术责任的基本理念和价值精神一直作为世界一流大学的传统而得到保留并发扬光大。直至今日，虽然饱受世俗势力的侵蚀，哈佛、牛津、剑桥等古老大学仍然捍卫着学术自由的基本

---

❶ 参见：吴艳茹.发达国家大学教师制度变革的基本动向及影响［J］.教育与职业，2011（23）.

理念，这种理念已经成为学术界的共识。而且，中国的大学，自蔡元培先生在北大倡导"自由之思想，独立之精神"以来，大学在如何处理自身与政府、社会的关系中也在不断展示着大学为追求学术自治与学术自由而应该保持的超然、特立独行的特征。然而随着中国市场经济体制改革下种种思潮的席卷，大学受到来自世俗世界的干扰越来越大，越来越多，各种学术失范、学术不端、学术腐败现象层出不穷，大学教育和学术研究的世俗化，严重侵蚀了学术研究的超然和纯粹。回归大学作为法人组织的基本权力，重建学术权力在大学的重要地位，增强对学术的认同感、对学术共同体的归属感和责任感的认识，加快以学术自治和学术自由为核心的学术生态环境建设，越来越成为大学办学和学术研究创新的基本自觉。

如今，一些发达国家世界一流大学的教师及科研人员已经成为世界科学和学术的引导者及权威人士，他们不仅引领着知识的生产和传播，同时也成为知识的卫士和旗手，引领着推动和支撑世界教育与学术的复杂的知识系统。因此可以说，未来知识型社会和知识经济形态与特质的塑造，一国研究型大学和其学术职业作为社会智力的源泉具有重要的价值，在应对国际化趋势的挑战中，如何快速形成激励研究型大学学术职业健康科学发展的有效机制，成为世界各国需要面对的难点问题。

第二节　面向国际化中国大学教师学术职业发展展望

组织行为学认为，组织"愿景"是一种组织渴望发展的未来意象，是组织可实现的未来梦想，其反映出组织的渴望，提供组织存在的理由。组织愿景的制定描绘出组织的未来图像，引导组织资源投入的方向，促使组织成员能够全力面对挑战和产生实践的原动力。❶学术职业虽然不是一个组织，但作为一种职业，对其愿景的勾勒和描绘，可以反映未来学术职业群体发展的方向和趋势，对于中国大学学术人展望前景，实现国内外对我国大学学术职业的外部期待与学术共同体的自我认同，共同致力于积累大学学术职业国际竞争优势具有强大的精神号召力。

一、学术人的专业化发展

高校教师作为高深知识的生产和创造者，不仅是学术职业的主体，而且是国际学术竞争市场的重要力量。甚至从学术职业的狭义角度来看，我们所说学术职业的发展，其核心就是教师的专业化发展，尤其是教授群体的发展。他们代表了我国大学学术的力量和潜力，不仅是实现大学组织愿景的人才基础，更是实现大学学术职业走向国际化竞争的重要战略性资源。而且，国际教育改革和发展的经验告诉我们，学术职业的发展与大学教师的专业化发展已经耦合在一起，密不可分。未来大学学术职业愿景之一，是拥有领衔不同学科领域走向国际的专业化程度高、积极献身于大学学术的教师队伍。

系统化的知识体系是从事学术职业的前提。而系统化知识体系的获得需要长期的专业训练，可以说，长期的系统化知识的专业训练是衡量学术职业专业化的一个重要纬度。因此，需要变革学术人才的培养模式，重视对其科学研究方法的严格训练，有意识地构建其高深、抽象的专业理论知识体系和培养其作为学者的职业素养；变革现有大学教师任职选拔机制，面对海内外有识之士，严格规定教师任职资格，打破学术的"近亲繁殖"，不拘一格选拔人才；变革教师聘任与晋升制度，实现聘任、晋升以学术能力为主进行评价；变革大学教师管理体制，通过充满科学化、人性化的人事制度、薪酬制度、教师绩效评价制度等改

---

❶ 陈瑞贵.愿景管理之研究［D］.上海：复旦大学，2005：19.

革，体现教师的主体价值，保护教师的合法权益，使之能和学校行政力量共同参与大学治理。

二、学术权力的彰显

积极应对目前及未来全球高等教育发生深刻变革对大学学术职业提出的严峻挑战，使我国大学学术职业具有较高的稳定性、竞争力和吸引力，是实现我国高等教育强国的重要保障。学术自由是学术职业的灵魂，没有学术自由就没有学术职业的权力。因此，未来大学学术职业发展愿景之二，是大学永远保持对学术自由的追求和对教师学术权力的尊重，使大学教师享有高度的学术自由。

更好地平衡大学学术权力与行政权力的关系，实现行政权力和学术权力的合理分野和优势互补。不断完善学校的管理体制，明确学术权力与行政权力各自发挥作用的领域范围，建立依法治校、依法行政的机制；改革直线型的科层制管理结构，通过合理的制度设计和完善的行政程序，如通过组建大学学术委员会、教师代表委员会等，形成扁平式的权力结构以牵制行政权力，重塑学术职业应有的学术权力。

树立大学教授治学的理念，保障教师的学术权力，使大学教师在享有高度学术自由权的同时，也享有高度的学术自治权。降低学术决策重心，积极推进院系学术资源支配权；在大学学术决策和学术政策的制定中，强化以大学教师为主体的学术权力；积极完善学术社团机构，增强学术共同体在学术评估、学术问责及学术监督等方面的职责。

三、学术生态环境的优化

学术生态环境包括学术制度、学术文化、高等学校环境、学科环境和工作环境等多个方面，是这些因素构成的一个生态环境集合，狭义理解主要是指学术文化构成的学术职业生态环境，其和谐与否，对学术职业的发展，乃至学术职业国际竞争力的提升都具有重要的影响。因此，未来大学学术职业发展愿景之三，是建立平衡、和谐的学术生态环境，学术职业发展与学术生态环境相得益彰。

一方面，学者恪守学术道德和学术理性，做到学品自清。这种学术群体自身内在生态环境的和谐，能促进学术人员自由地追求真理，谨遵崇高的学术伦理，充分发挥内在的潜能，醉心于高深知识生产活动，而不为外界金钱、权势所动；另一方面，积极适应外界环境变化带给学术职业的变革要求，积极营造和谐的外在学术生态环境。改善学术制度、高校环境、学科环境和工作环境，形成求真务实、公正理性的学术文化和学术风气，让学术自由回归学术职业的核心价值。

四、学术生产力的繁荣

大学学术职业与学术生产力之间内在统一的关系表明，学术职业是学术生产力孕育的活力之源和潜在主体，学术生产力是学术职业的立身之根本和发展之要义。我国研究型大学近十年来科研产出虽然在数量上取得了很大的进步，然而，"学术泡沫"和"学术垃圾"只能代表学术的虚假繁荣。对比国外大学学术生产力水平，差距悬殊，我国大学的学术生产力要获得国际学术同行的认可可谓是任务艰巨。未来大学学术职业发展愿景之四，就是激发学者的学术生命力，不断增强学术生产力的国际竞争力，以中国学者的学术自信和学术自强获得国际声誉。

第八章　研究结论与讨论

本书以学术生产力和学术生产关系为逻辑起点，展开了对我国大学教师学术职业发展机制的研究。通过统计研究和调查研究，分析了我国大学教师学术职业发展机制存在的问题。通过中外比较研究，充分吸取美国大学教师学术职业发展机制取得的经验，并对我国大学教师学术职业发展机制提出了适合我国实际情况的本土化建构对策。

一、结论

1. 通过研究框架，对学术职业发展机制进行界定、内涵分析和理论建构

对机制概念和内涵要素进行分析，构造、功能和运行原理构成了机制的核心要素。由此推演出对学术职业发展机制的界定，学术职业发展机制是影响学术职业发展的驱动因素之间相互联系和作用的关系及其内在运行方式。根据学术职业的发展逻辑结构及学术职业事实形态彰显出来的特点，认为学术生产力和学术生产关系是影响学术职业发展的驱动因素，两者之间通过学术生产方式这个中介相互作用、相互影响。在学术职业发展的生产关系中，学术产生系统中的学术人、学术资源配置系统中的学术协作、学术管理和保障系统中的学术制度、学术生态系统中的学术文化这四个核心要素，相辅相成，相互作用，统一作用于学术生产力。

2. 通过历史分析，发现中外大学教师学术职业发展及机制的历史演变具有时空的独特性

从中世纪大学学术职业的萌芽到柏林大学学术职业的全新角色，再到美国研究型大学学术职业角色的多元化，西方大学教师学术职业的形成经历了一个漫长的发展过程，而在每一个发展阶段里，其学术生产力和学术生产关系都表现出了自身的独特性。反观中国大学教师学术职业发展，肇始于近代大学的学术职业，与大学模式移植的历程相一致，也是基于当时的政治、经济背景一步步完成了从萌芽到巩固的过程，而伴随着这一过程，学术生产力和学术生产关系呈现出不同的特征和历史变迁的痕迹。

3. 通过比较分析，发现中美研究型大学教师学术职业在学术生产力和学术生产关系上的差距

按照生产的输入—加工—输出模式，本研究在衡量学术生产力时，从学术生产的资源配置、学术生产的公共空间、学术生产的创新性成果三个维度设计了学术生产力的重要指标。基于中国的国情和经济发展实力，以及中国的教情和大学的发展历史，中国研究型大学与美国研究型大学在学术生产力方面的差距还相当大。而这种巨大差距的存在原因，缘于学术生产关系与学术生产力这对矛盾体的相互适应关系。美国研究型大学的学术生产关系，主要体现于大学学术运行系统全过程中各项学术制度的完备性和规范性。为保障学术生产系统（学术产生系统、学术资源配置系统、学术管理系统、学术保障系统、学术生态系统）的顺畅运行，科学合理的学术制度不可或缺。具有代表性的学术制度包括教师聘任制度、近亲繁殖防范制度、学术晋升制度、学术评价制度、薪酬制度、学术休假制度、学术奖励制度、学术自由制度和学术不端防范制度。这些学术制度在美国大学学术职业机制形成和发展巩固的过程中始终扮演着重要角色，直接影响了大学学术生产力的发展水平。

4. 通过访谈调查，反映了中国大学教师学术职业发展中学术生产力和学术生产关系存在的突出问题

改革开放40年来，我国大学学术生产力，无论是学术职业的人力资源本身，还是面向国际竞争的学术成果，都取得了很大的成就。但与世界一流大学相比，我国大学学术生产力的国际影响力仍然处于弱势。通过与全国东、中、西部地区 30 名具有代表性研究型大学教师的深度访谈，反映出学术生产关系四个核心要素——学术人、学术协作、学术制度、学术文化存在的突出问题有：学术人群体的诸多结构不合理；科研协作虚多实少；科研项目和经费分配不公平；教师学术主体地位不明显；学术评价制度不合理；学术保障制度没有跟进；学术生态出现失衡。分析这些问题的原因，认为异化的学术生产方式是学术职业机制运行不畅的外在表现，而中国固有的政治、经济和传统文化特征是机制运行不畅的根本原因。

5. 建构良好的、具有中国特色的大学教师学术职业发展机制的核心是完善学术生产关系的四大核心要素，使之统一作用于学术生产力的发展

解决好阻碍学术生产力发展的学术生产关系，是建构我国大学教师学术职业发展机制的根本任务和本质要求。在建构系统中，要健全学术生产力和学术生产关系要素。优化学术职业发展机制的运行方式，从培养科学精神特质的学术人，到体现学术共同体自治的学术协作，从凸显学术权力的学术制度，到守望精神家园的学术文化，共同构成了学术职业生产关系完整的闭合运行系统。

二、讨论

大学教师学术职业发展机制是一个全新的研究课题，具有结构复杂和实践性强的特点。但由于叙事宏大，论题复杂，本研究仅仅从学术生产力和学术生产关系出发，提出了一个比较简单和理想化的建构框架，有些问题还有待深入，给后续的研究留下了很大的空间。

（1）对学术职业发展的机制建构，提出了学术生产关系四大要素，其中学术人、学术协作和学术制度可以通过政策手段得到调控，但学术文化表现为一种生态和精神，很难在短期内达成。而且，它的养成和沉淀，需要前三者的作用促成。如何孕育优秀的大学学术文化，更是实践难题。

（2）本研究探讨的大学教师学术职业发展，研究对象是研究型大学的教师，对于面向市场的应用型大学，存不存在学术职业？如果存在，如何建构其发展的机制？本研究建构的机制是否符合这类大学的需要？

（3）作为社会有机组成部分的大学学术职业，必然会与社会发生千丝万缕的联系。没有任何一所大学，能独立于社会而存在。大学需要从政府，从社会，从企业那里寻求资金投入和科研资助，需要政府创造一个有利于大学发展的外部与内部的良好制度，需要政府给政策进行内部人事制度、工资制度等系列管理体制改革。同时，大学也需要越过政府对学术发展的诸多制约去获取自由的学术环境，需要理顺大学与政府的关系，平衡大学与市场的需求，处理好学术职业发展中内在逻辑与产业逻辑的矛盾与冲突，构筑起职业发展坚强的内在动力和外在推力。但本研究的机制建构是在一个类似"真空"的条件下才能有效运行，如果考虑政府和社会的支持、干预与影响，在实际中会不会存在一定的技术缺陷？

三、创新

（1）在选题上，到目前为止，还没有人从机制建构的角度来探讨学术职业发展这一课题。此研究不仅是对学术职业理论研究的一个拓展，而且是站在国际化的视野下思考我国大学教师学术职业发展的实际难题和困境，具有较强的现实意义。

（2）在纵向内容深化上，初步厘清大学学术职业诸多影响要素之间的相互关系，剥析出影响学术职业发展诸多因素中的两大驱动要素，即学术生产力和学术生产关系。在对学术生产力进行衡量时，从学术生产的资源配置、学术生产的公共空间、学术生产的创新性三个维度设计了衡量学术生产力的重要指标。

（3）在理论框架设计上，以"学术生产力和学术生产关系"为逻辑起点，从学术人、学术协作、学术制度和学术文化四个维度对学术生产关系进行抽象界定，分析它们与学术生产力之间的作用关系，并把学术生产关系与学术生产力之间的匹配适应关系作为分析学术职业发展机制的工具。

四、不足与展望

由于个人研究能力、时间、数据等限制，本研究存在着一些不足之处，希望能在后续的研究中有更深的思考和探索。

（1）本研究只采用了深度访谈的定性研究方法，缺少定量研究方法。希望能在后续的跟踪研究中，通过调查问卷剖析出学术生产力的影响因素和学术生产关系的影响要素，根据问卷做典型相关分析或构建结构方程模型，以此来论证各影响要素与学术生产力的相关关系，或研究变量间的相互作用关系，使理论分析更加具有可信度和有效性。

（2）对大学学术生产关系的探究还有待深入研究。本研究提出了学术生产关系的四大核心要素，但在对学术生产关系进行比较分析时，因为学术制度要素的独特重要性和可比较性，仅选取学术制度这一个要素进行了分析，对学术生产关系的分析力度还不够强。希望以后能在资料丰富的基础上，加强对学术人、学术协作和学术文化的分析，并对各要素在动态中所起的作用作出规律性的阐释，从而使学术生产关系的论述更加丰满。

（3）在国内国际比较部分，囿于统计数据的可获得性，有的最新数据没有反映出来，需要在以后的研究中不断完善相关统计数据，为研究提供具有较强时效的数据支撑。

参考文献

1. 中文著作

［1］白春礼，李和风.科研事业单位人力资源管理研究与实践探索［M］.北京：科学出版社，2011.

［2］别敦荣.中美大学学术管理［M］.武汉：华中理工大学出版社，2000.

［3］陈何芳.大学学术生产力发展论［M］.北京：光明日报出版社，2011.

［4］陈洪捷.德国古典大学观［M］.北京：北京大学出版社，2006.

［5］陈子辰.研究型大学与研究生教育研究［M］.杭州：浙江大学出版社，2006.

［6］储朝晖.中国大学精神的历史与省思［M］.太原：山西教育出版社，2010.

［7］邓小平文选［M］.第3卷.北京：人民出版社，1993.

［8］高秉江.西方知识论的超越之路［M］.北京：人民出版社，2012.

［9］耿益群.美国研究型大学学术职业的制度环境研究［M］.北京：北京出版社，2007.

［10］耿益群.自由与和谐——大学教师学术生态研究［M］.北京：知识产权出版社，2011.

［11］顾建民.自由与责任：西方大学终身教职制度研究［M］.杭州：浙江教育出版社，2007.

［12］桂勤.蔡元培学术文化随笔［M］.北京：中国青年出版社，1996.

［13］郭健.哈佛大学发展史研究［M］.保定：河北教育出版社，2000.

［14］郭丽君.大学教师聘任制——基于学术职业视角的研究［M］.北京：经济管理出版社，2007.

［15］贺国庆.德国和美国大学发达史［M］.北京：人民教育出版社，1998.

［16］胡军 . 知识论［M］. 北京：北京大学出版社，2006.

［17］教育部科技委《中国未来与高校创新》战略研究课题组 . 中国未来与高校创新2011［M］. 北京：中国人民大学出版社，2011.

［18］金耀基 . 大学之理念［M］. 北京：生活・读书・新知三联书店，2001.

［19］孔宪铎 . 东西象牙塔［M］. 北京：北京大学出版社，2004.

［20］李喜先，等 . 知识系统论［M］. 北京：科学出版社，2011.

［21］李志峰 . 学术职业与国际竞争力［M］. 武汉：华中科技大学出版社，2008.

［22］李子江 . 学术自由在美国的变迁与发展［M］. 北京：北京师范大学出版社，2008.

［23］刘凤朝 . 国家创新能力测度方法及其应用［M］. 北京：科学出版社，2009.

［24］刘复兴 . 教育政策的价值分析［M］. 北京：教育科学出版社，2003.

［25］刘念才，周玲 . 面向创新型国家的研究型大学建设研究［M］. 北京：中国人民大学出版社，2007.

［26］潘云鹤，朱经武 . 学科会聚与创新平台——高新技术高峰论坛［M］. 杭州：浙江大学出版社，2006.

［27］乔锦忠 . 学术生态治理：研究型大学教师激励机制探索［M］. 北京：教育科学出版社，2008.

［28］宋旭红 . 学术职业发展的内在逻辑［M］. 武汉：华中科技大学出版社，2008.

［29］陶家珠 . 世界一流大学研究——透视、借鉴、开创［M］. 上海：上海交通大学出版社，1993.

［30］王怀宇 . 教授群体与研究型大学［M］. 武汉：华中科技大学出版社，2008.

［31］王俊 . 遮蔽与再现：学术职业中的性别政治［M］. 武汉：华中师范大学出版社，2011.

［32］王琪，等 . 世界一流大学：国家战略与大学实践［M］. 上海：上海交通大学出版社，2011.

［33］王艳春 . 美国高校学术职业解读［M］. 南京：东南大学出版社，2012.

［34］吴鹏 . 学术职业与教师聘任［M］. 青岛：中国海洋大学出版社，2006.

［35］武博 . 当代中国人才流动［M］. 北京：人民出版社，2005.

［36］徐少锦．科技伦理学［M］．上海：上海人民出版社，1989．

［37］阎光才．美国的学术体制：历史、结构与运行特征［M］．北京：教育科学出版社，2011．

［38］杨葆焜．教育经济学［M］．武汉：华中师范大学出版社，1989．

［39］张荆，赵卫华，等．高校教师收入分配与激励机制改革研究［M］．北京：社会科学文献出版社，2014．

［40］张维迎．大学的逻辑［M］．北京：北京大学出版社，2004．

［41］张文宏．中国城市的阶层结构与社会网络［M］．上海：上海人民出版社，2006．

［42］张彦．科学价值系统论——对科学家和科学技术的社会学分析［M］．北京：社会科学文献出版社，1994．

［43］张英丽．学术职业与博士生教育［M］．武汉：华中科技大学出版社，2008．

［44］赵学文，龚旭．科学研究绩效评估的理论与实践［M］．北京：高等教育出版社，2007．

［45］郑咏梅．大学的科研——制度教育学的视角［M］．西宁：青海人民出版社，2010．

［46］周守军．学者的文化资本——以国家重点学科为例［M］．北京：当代中国出版社，2011．

［47］朱国仁．高等学校职能论［M］．哈尔滨：黑龙江教育出版社，1999．

［48］朱九思．竞争与转化［M］．武汉：华中科技大学出版社，2001．

［49］朱军文．我国研究型大学基础研究产出表现［M］．上海：上海交通大学出版社，2011．

［50］朱新梅．知识与权力：高等教育政治学新论［M］．北京：教育科学出版社，2007．

［51］左玉河．中国近代学术体制之创建［M］．成都：四川人民出版社，2008．

2. 中文译作

［1］［美］阿尔文·托夫勒．权力的转移［M］．吴迎春，傅凌，译．北京：中信出版

社，2006.

[2] [美] 爱德华·W.萨义德.知识分子论 [M].单德兴，译.北京：生活·读书·新知三联书店，2002.

[3] [美] 伯顿·克拉克.高等教育系统——学术组织的跨国研究 [M].王承绪，徐辉，等译.杭州：杭州大学出版社，1994.

[4] [美] 伯顿·克拉克.高等教育新论——多学科的研究 [M].王承绪，等译.杭州：浙江教育出版社，2001.

[5] [美] 伯顿·克拉克.探求的场所：现代大学的科研和研究生教育 [M].王承绪，译.杭州：浙江教育出版社，2001.

[6] [美] 伯克·约翰逊，拉里·克里斯滕森.教育研究：定量、定性和混合方法 [M].马健生，等译.重庆：重庆大学出版社，2015.

[7] [英] 波普尔.科学知识进化论 [M].纪树立，译.北京：生活·读书·新知三联书店，1987.

[8] [美] 达里尔·E.楚宾，爱德华·J.哈克特.难有同行的科学：同行评议与美国科学政策 [M].谭文华，曾国屏，译.北京：北京大学出版社，2011.

[9] [美] 黛安娜·克兰.无形学院 [M].刘珺珺，等译.北京：华夏出版社，1988.

[10] [美] 德里克·博克.走出象牙塔——现代大学的社会责任 [M].徐小洲，陈军，译.杭州：浙江教育出版社，2001.

[11] [美] 菲力普·G.阿特巴赫.比较高等教育：知识、大学与发展 [M].人民教育出版社教育室，译.北京：人民教育出版社，2001.

[12] [美] 菲力普·G.阿特巴赫.变革中的学术职业：比较的视角 [M].别敦荣，主译.青岛：中国海洋大学出版社，2006.

[13] [美] 菲力普·G.阿特巴赫.亚洲的大学：历史与未来 [M].邓红风，主译.青岛：中国海洋大学出版社，2006.

[14] [美] 菲利普·G.阿特巴赫，利斯·瑞丝伯格，劳拉·拉莫利.全球高等教育趋势——追踪学术革命轨迹 [M].姜有国，喻恺，张蕾，译.上海：上海交通大学出版社，2010.

[15] [美] 菲力普·G.阿特巴赫.国际高等教育的前沿议题 [M].陈沛，张蕾，

译．上海：上海交通大学出版社，2014．

［16］［美］菲力普·G.阿特巴赫．失落的精神家园：发展中与中等收入国家大学教授职业透视［M］．施晓光，主译．青岛：中国海洋大学出版社，2006．

［17］［德］弗·鲍尔生．德国教育史［M］．滕大春，等译．北京：人民教育出版社，1986．

［18］［美］弗里茨·马克卢普．美国的知识生产与分配［M］．孙耀君，译．北京：中国人民大学出版社，2007．

［19］［美］戈登·A.克雷格．德国人［M］．杨立义，等译．上海：上海译文出版社，1990．

［20］［美］哈里特·朱克曼．科学界的精英——美国的诺贝尔奖金获得者［M］．周叶谦，冯世则，译．北京：商务印书馆，1979．

［21］［美］华勒斯坦，等．开放社会科学——重建社会科学报告书［M］．刘锋，译．北京：生活·读书·新知三联书店，1997．

［22］［德］卡尔·雅斯贝尔斯．大学之理念［M］．邱立波，译．上海：上海人民出版社，2007．

［23］［美］科恩．科学中的革命［M］．鲁旭东，等译．北京：商务印书馆，1998．

［24］［德］柯武刚，史漫飞．制度经济学——社会秩序与公共政策［M］．韩朝华，译．北京：商务印书馆，1999．

［25］［美］罗伯特·K.默顿．社会研究与社会政策［M］．林聚任，等译．上海：生活·读书·新知三联书店，2001．

［26］［美］罗伯特·K.默顿．科学社会学（上）［M］．鲁旭东，林聚任，译．北京：商务印书馆，2003．

［27］［美］罗伯特·K.默顿．社会理论和社会结构［M］．唐少杰，齐心，译．南京：译林出版社，2008．

［28］［美］罗伯特·帕特南．使民主运转起来［M］．王列，赖海榕，译．南昌：江西人民出版社，2001．

［29］［美］林南．社会资本——关于社会结构与行动的理论［M］．张磊，译．上海：上海人民出版，2005．

［30］［美］刘易斯·科塞.理念人——一项社会学的考察［M］.郭方，等译.北京：中央编译出版社，2001.

［31］［德］马克斯·韦伯.学术与政治［M］.冯克利，译.北京：生活·读书·新知三联书店，1999.

［32］［英］迈克尔·吉本斯，等.知识生产的新模式：当代社会科学与研究的动力学［M］.陈洪捷，沈文钦，等译.北京：北京大学出版社，2011.

［33］［英］约翰·亨利·纽曼.大学的理想（节本）［M］.徐辉，等译.杭州：浙江教育出版社，2001.

［34］［美］诺思，托马斯.西方世界的兴起［M］.张炳九，译.北京：学苑出版社，1988.

［35］［美］欧内斯特·博耶.关于美国教育改革的演讲［M］.涂艳国，译.北京：教育科学出版社，2002.

［36］［法］皮埃尔·布尔迪厄.科学的社会用途——写给科学场的临床社会学［M］.刘成富，张艳，译.南京：南京大学出版社，2005.

［37］［美］斯蒂芬·P.罗宾斯，玛丽·库尔特.管理学［M］.孙健敏，等译.北京：中国人民大学出版社，2004.

［38］［美］唐纳德·肯尼迪.学术责任［M］.阎凤桥，等译.北京：新华出版社，2002.

［39］［美］西奥多·W.舒尔茨.人力资本投资——教育和研究的作用［M］.蒋斌，张蘅，译.北京：商务印书馆，1990.

［40］［美］亚伯拉罕·弗莱克斯纳.现代大学论——英美德大学研究［M］.徐辉，陈晓菲，译.杭州：浙江教育出版社，2001.

［41］［日］有本章，大学学术职业与教师发展（FD）——美日两国透视［M］.丁妍，译.上海：复旦大学出版社，2012.

［42］［美］约翰·S.布鲁贝克.高等教育哲学［M］.王承绪，等译.杭州：浙江教育出版社，1998.

［43］［英］约翰·齐曼.元科学导论［M］.刘珺珺，等译.长沙：湖南人民出版社，1988.

［44］［法］雅克·勒戈夫.中世纪的知识分子［M］.张弘，译.北京：商务印书馆，1996.

［45］［美］詹姆斯·杜德斯达.21世纪的大学［M］.刘彤，等译.北京：北京大学出版社，2005.

3. 学位论文

［1］陈伟.西方学术专业比较研究——多学科视域中德、英、美大学教师的专业化运动［D］.杭州：浙江大学，2003.

［2］郭丽君.学术职业视野中的大学教师聘任制研究［D］.武汉：华中科技大学，2006.

［3］韩雅楠.中国高校学术人力资源的国际竞争力研究［D］.武汉：武汉理工大学，2008.

［4］黄明强.基于资源及环境约束的我国低碳城市发展机制研究［D］.天津：天津大学，2014.

［5］靳明.绿色农业产业成长研究［D］.杨凌：西北农林科技大学，2006.

［6］李正风.科学知识生产方式及其演变［D］.北京：清华大学，2005.

［7］刘慧珍.制度创新与有效大学组织的建设［D］.北京：北京师范大学，1997.

［8］朴雪涛.论知识制度与大学发展［D］.武汉：华中科技大学，2003.

［9］沈红宇.中国行业特色研究型大学发展研究［D］.哈尔滨：哈尔滨工程大学，2010.

［10］孙向军.知识生产力研究［D］.北京：中共中央党校，2002.

［11］王应密.中国大学学术职业制度变迁研究［D］.武汉：华中科技大学，2009.

［12］王永宁.产业集群视角下的科技企业孵化器发展机制研究［D］.重庆：重庆大学，2010.

［13］邬伟娥.知识转移视角的大学学术生产力研究［D］.杭州：浙江大学，2006.

［14］杨丽丽.美国著名大学教师聘任制研究［D］.武汉：华中科技大学，2006.

［15］张春梅.我国西部农村成人教育发展机制研究［D］.重庆：西南大学，2013.

4.期刊论文

［1］［美］C.芬彻，G.凯勒，E.G.博格，等.美国高等教育经典著作百种（下）［J］.赵炬明，译.复旦教育论坛，2003（4）.

［2］曹俊怀，杨聚鹏.教育国际化对我国高校教师管理制度影响的政策学分析［J］.当代教育科学，2014（17）.

［3］陈洪捷.论高深知识与高等教育［J］.北京大学教育评论，2006（4）.

［4］陈伟.论中国学术职业的伦理缺失及诊治［J］.现代大学教育，2009（4）.

［5］陈越.国际学术人才市场中我国学术职业竞争力及其提升路径［J］.教育发展研究，2016（11）.

［6］崔玉平，危力军.国际化背景下的教师评价制度改革［J］.教学与管理，2005（5）.

［7］杜驰.高等教育发展与学术职业的制度变迁［J］.高教探索，2008（4）.

［8］费孝通.略谈中国的社会学［J］.高等教育研究，1993（3）.

［9］付瑶瑶，吴旦.美国研究型大学学术人员薪酬管理制度的研究与借鉴［J］.复旦教育论坛，2007（5）.

［10］高玉蓉，邓逢光.高等教育国际化背景下的高校教师素质研究［J］.教育与职业，2011（5）.

［11］耿益群.中国学术职业的现状［J］.中外教育分析报告，2006（48）.

［12］谷志远.我国学术职业流动影响因素的实证研究——基于"学术职业的变革–中国大陆"问卷调查［J］.清华大学教育研究，2010（3）.

［13］郭丽君.学术职业管理的问题与对策研究［J］.高等工程教育，2006（3）.

［14］洪易.寂寞是学术自由的防火墙［J］.北京大学教育评论，2006（2）.

［15］姜远平，刘少雪，刘念才.美国一流大学教师学缘结构［J］.教育，2007（32）.

［16］李碧红，舒俊，曾晓青.中美学术职业国际化的比较研究［J］.比较教育研究，2014（10）.

［17］李书恒.国际化背景下的教师发展：加拿大经验借鉴［J］.中国高等教育，2012（5）.

［18］李相银.发展机制［J］.系统工程，1992（3）.

［19］李志峰，沈红.学术职业发展：历史变迁与现代转型［J］.教师教育研究，
　　　2007（1）.

［20］李志峰，谢家建.学术职业流动的特征与学术劳动力市场的形成［J］.教育评
　　　论，2008（5）.

［21］李志峰，杨开洁.基于学术人假设的高校学术职业流动［J］.江苏高教，2009
　　　（5）.

［22］李志峰.论欧洲中世纪大学学术研究的成就［J］.理论月刊，2006（10）.

［23］李志峰.学术职业的道德特征与学术道德建设［J］.华中农业大学学报（社会
　　　科学版），2007（3）.

［24］林杰.美国大学的学术休假制度［J］.比较教育研究，2008（7）.

［25］刘凡丰，沈兰芳.美国耶鲁大学教师聘任制度剖析［J］.高等教育研究，2008
　　　（4）.

［26］刘献君.高校教师聘任制中的若干关系［J］.高等教育研究，2008（3）.

［27］孟繁华.学术的"通途"与"小路"［J］.文艺争鸣，2012（4）.

［28］陈赛，蒲实，等.牛津大学：现代绅士的摇篮［J］.三联生活周刊，2014
　　　（23）.

［29］潘奇，唐玉光.学术职业的流动域及其特征探析［J］.黑龙江高教研究，2011
　　　（8）.

［30］钱智修.功利主义与学术［J］.东方杂志，1918（15）.

［31］郄海霞.美国学术协会的功能及其对研究型大学的作用［J］.清华大学教育研
　　　究，2012（1）.

［32］戎华刚.论中国学术职业伦理规范的失范［J］.国家教育行政学院学报，2011
　　　（3）.

［33］容中逵，刘要悟.民族化、本土化还是国际化、全球化?［J］.比较教育研究，
　　　2005（7）.

［34］沈红.变革中的学术职业——从14国/地区到21国的合作研究［J］.大学研究
　　　与评价，2007（1）.

［35］沈红.中国大学教师发展状况——基于"2014 中国大学教师调查"的分析
　　　 ［J］.高等教育研究，2016（2）.

［36］宋旭红.我国学术职业发展的制度创新［J］.当代教育科学，2010（17）.

［37］王立.美国大学教师发展理念的演变与启示［J］.中国高教研究，2011（2）.

［38］邬伟娥，傅志辉.基于知识的大学学术生产力新解析［J］.生产力研究，2010
　　　 （3）.

［39］吴艳茹.发达国家教师制度变革的基本动向及影响［J］.教育与职业，2011
　　　 （23）.

［40］严海良.学术自由的道德解读［J］.西南民族大学学报（人文社科版），2005
　　　 （12）.

［41］阎光才."所罗门宫殿"与现代学术制度的缘起［J］.清华大学教育研究，
　　　 2008（1）.

［42］杨锐.当代学术职业的国际比较研究［J］.高等教育研究，1997（5）.

［43］叶小梁，汪凌勇.发达国家科技奖励制度分析［J］.科学对社会的影响，2003
　　　 （1）.

［44］赵丹龄.从宾夕法尼亚大学拒聘丹尼尔教授看美国大学终身职位制［J］.中国
　　　 高等教育，2000（3）.

［45］郑忻，张焱，张泳.大学学术职业国际化：理想与现实的融合［J］.教育发展
　　　 研究，2017（19）.

［46］周光礼.学术诚信的培育：道德激励与法律保障［J］.中国高校科技与产业化，
　　　 2010（5）.

［47］周海涛，朱桂兰.薪酬福利对学术职业满意水平的影响有多大？——来自大学
　　　 教师的调查分析［J］.管理世界，2009（3）.

5. 报纸文章

［1］陈平原.如何建立中国大学的独立与自信［N］.中国青年报，2012-05-16.

［2］方莉.为学术休假制度叫好［N］.光明日报，2012-05-09.

［3］高峰.陈寅恪先生的治学之道［N］.人民政协报，2012-06-28.

［4］侯定凯.各国大学卓越计划：一样卓越追求不同卓越路径［N］.中国科学报，2012-06-06.

［5］姜远平，刘少雪.国际比较与借鉴：美国一流大学教师学缘结构有何特点［N］.中国教育报，2007-09-24.

［6］雷宇.团队还是个人，科研奖颁给谁最公平［N］.民主与法制时报，2011-10-31.

［7］李坤民.没有机制万万不能［N］.中国经济导报，2007-10-23.

［8］施一公，饶毅.中国的科研文化［N］.科学时报，2010-09-03.

［9］唐红丽.学术成果问题根源于"评价体系"［N］.中国社会科学报，2014-11-07.

［10］王莉萍，李珊珊.学术休假看上去很美［N］.科学新闻，2009-01-21.

［11］王庆环.北大综合改革，改什么［N］.光明日报，2014-12-04.

［12］王婷婷.高校教师收入年均最高33万，专家吁建统一工资制度［N］.法制晚报，2014-09-10.

［13］谢湘.大学教师不再是体面悠闲的职业［N］.中国青年报，2011-11-22.

［14］严辉文.国际学术会议：人傻钱多速来［N］.中国青年报，2011-05-11.

［15］原春琳，张国.有多少烧钱会议披着"国际"马甲［N］.中国青年报，2011-03-07.

［16］章咪佳.学术道德规范，要靠环境"养"［N］.钱江晚报，2012-09-10.

［17］周可真.科研经费分配的"实需"原则［N］.中国科学报，2014-01-21.

6. 英文著作

［1］Burton R.Clark.The Higher Education System：Academic Organization in Cross-National Perspective［M］.California：University of California Press，1983.

［2］Emest L.Boyer，Philip G. Altbach，Mary Jean Whitelaw. The Academic Profession：An International Perspective［M］. Princeton New Jersey：The Carnegie Foundation for the Advancement of Teaching，1994.

［3］Gage Ethel Llewellyn Blair. The Career Routes and Choices of Three Cohorts of

Academic Women in the Post-War Period in England [M]. New York: State University of New York at Buffalo, 1994.

[4] George Keller.Academic Strategy: The Management Revolution in American Higher Education [M].Baltimore: The Johns Hopkins University Press, 1983.

[5] Halsey A.H, Trow M.A. The British Academic, Cambridge [M].Massachusetts: Harvard Press, 1971.

[6] Ian McNay.Higher Education and Its Communities [M].Buckingham: The Society for Research into Higher Education & Open University Press, 2000.

[7] Jon R.Katzenbach, Douglas K.Smith.The Wisdom of Teams [M].McKinsey&Company, Inc, 1999.

[8] Joseph C. Hermanowicz.Lives in Science: How Institutions Affect Academic Careers [M].Chicago: University of Chicago Press, 2009.

[9] Jürgen Enders, Egbert De Weert. The Changing Face of Academic Life: Analytical and Comparative Perspectives [M]. Enschede: University of Twente, the Netherlands, 2009.

[10] Jürgen Enders, Christine Musselin. Back to the Future? The Academic Professions in the 21st Century [M]. OECD, 2008.

[11] Laura E.Rumbley, Lvan F.Pacheco, Philip G.Altbach. International Comparison of Academic Salaries: An Exploratory Study [R]. Boston: Boston College, Center for International Higher Education, 2008.

[12] Logan Wilson. American Academics: Then and Now [M]. New York: Oxford University Press, 1964.

[13] Logan Wilson.The Academic Man: A Study in the Sociology of a Profession [M]. Brunswick: New Jersey, 1995.

[14] Philip G Altbach. The International Academic Profession: Portraits of Fourteen Countries [M]. Princeton New Jersey: The Carnegie Foundation for the Advancement of Teaching, 1996.

[15] Philip Cooke and Robert Huggins. High—Technology Clustering in Cambridge

（UK）[M] .Aldershot：Ashgate Publishing Ltd ，2003.

[16] Sheila Slaughter, Larry L. Leslie.Academic Capitalism：Politics，Policies and the Entrepreneurial University [M] .Baltimore：The John Hopkins University Press，1997.

[17] Robert E.Stake. The Art of Case Study Research [M] .Thousand Oaks，CA：Sage，1995.

7. 英文论文及报告

[1] Baldwin R.G.Incentives for Faculty Vitality [J] .Jossey—Bass Publishers，1985（10）.

[2] Celina M.Sima.The Role and Benefits of the Sabbatical Leave in Faculty Development and Satisfaction [J] .New Directions for Institutional Research, 2000（27）.

[3] Dongbin Kim, Lisa Wolf—Wendel, Susan Twombly.International Faculty：Experiences of Academic Life and Productivity in U.S.Universities [J] .The Journal of Higher Education，2011，82（6）.

[4] Ernest L. Boyer.The Scholarship of Engagement [J] .Journal of Public Service&Outreach，1996（1）.

[5] Stephen R.Porter, Paul D.Umbach.Analyzing Faculty Workload Data Using Multilevel Modeling [J] .Research in Higher Education, 2001, 42（2）.

[6] Qing Hu, T. Grandon Gill. Faculty Research Productivity：Influential Factors and Implications [J] .Information Resources Management Journal, 2000, 13（2）.

[7] Robert C. Serow.Research and Teaching at a Research University [J] .Higher Education，2000，40（4）.

[8] Smith, Mark F, Flower, Ruth.How Many Lobbyists Does It Take [J] .Academe，2000, 86（1）.

[9] Arionmoto, Akira."Constructing University Visions and the Mission of Academic Profession"in Reports of COE International Seminar Constructing University Visions and the Mission of Academic Profession in Asian Countries：A Comparative

Perspective［R］.Hiroshima：Hiroshima University，2007（5）.

［10］Futao Huang.Challenges of Internationalization of Higher Education and Changes in Academic Profession：A Perspective from Japan［R］. The Meeting of the Project：The Changing Academic Profession，Kassel.German，2006.

［11］Ginther，D.K. Linking Academic Productivity Data to the SDR：An Attainable Goal. Presentation at the Workshop on Linking NSF SED/SDR Data to Scientific Productivity［R］.National Science Foundation，2008（2）.

附　录

附录1

关于研究型大学教师学术职业发展机制的访谈提纲

一、访谈背景

伴随着中国高水平研究型大学的快速崛起，它们在世界大学排名中的位置不断提前，国际可比的科研和学术指标与世界一流大学的差距明显缩小。但是，从科研质量来看，仍然与世界一流大学的平均水平存在一定的差距。基于国际化背景下中国大学学术生产力的这种现状和国际学术市场竞争的要求，我国研究型大学教师的学术职业发展，究竟应该构建什么样机制？在中国的特殊国情下，影响大学学术生产力的要素是什么？哪些驱动要素影响并制约着大学教师学术职业发展？

二、访谈问题

1.作为从事学术研究的学者，您认为学术人的哪些因素会对学术生产力产生影响？

2.您认为您所在高校的学术制度在执行中存在哪些突出问题？

3.结合您自身的学习经历，以及对国外大学学术制度的了解，您认为发达国家在学术制度方面有哪些值得我们学习和借鉴的？

4.您认为比较科学合理的大学学术制度应该是什么样的？

5.您认为您所在高校的学术权力和行政权力的关系如何？

6.您认为现在大学的科研/学术团队建设存在哪些问题？需要哪些制度保障？

7.您所在大学的学术文化令您满意吗？如果有不满意的地方，表现在哪些方面？

8.您认为什么样的文化是好的学术文化？

附录 2

北京大学海外学者讲学计划
（2011 年 3 月 7 日）

为了促进我校面向一流大学建设的进程，作为北京大学人才队伍建设格局的一个组成部分，特设立"北京大学海外学者讲学计划"。

一、主要对象

在国际学术界有一定影响，希望利用学术休假等机会在北京大学从事一定的教学活动（满足学校教学管理要求，学习者通过考核后有学分的教学活动，包括正常学期和暑期学校），或开办比较实质性（内容前沿，有较多师生关注和参加）的学术讲座和交流的海外学者。

二、执行机制

（1）从"985"二期安排专款及学校自筹部分配套经费用于此计划。

（2）学校在每年底根据经费情况、各院系的需求和当年执行的情况，确定下一年的名额分配，并通知给财务部。

（3）各院系根据人才培养和学科发展需要，决定名额的使用。各院系的申报计划，由院领导审核后执行。活动结束后向院系提交完成报告，年终统一由院系交到国际合作部。

（4）经费的使用参照下述标准通过财务部执行。

（5）当年没有执行完的名额学校收回。

三、财务标准

财务部根据国际合作部批准经费额度执行，具体支出项目可参照标准做必要的调整。

四、附注

院系应按照985办公室和国际合作部发出的通知填报聘请计划；院系负责海外学者的邀请、活动与后勤安排；并注意收集整理活动发生过程中的材料（讲稿等），以备后用。计划完成后，填写计划完成表并撰写成果报告。活动结束后，到财务部进行经费报销。报销经费时，需将计划完成表、成果报告、机票以及其它正式发票等作为附件，一并交到财务部。

根据院系的聘请计划，985办公室和国际合作部以及其他相关行政管理部门协调确定年度总经费资助名额；按照讲座名额与讲课名额向院系下达名额数；进行效果评估。

每一讲课名额对应的经费数为：往返机票＋住宿补贴＋酬金；每一讲座名额对应的经费数为：住宿补贴＋酬金。

财务部负责按照计划和标准，根据实际活动的发生执行开支，并定期提供支出报表。

国际合作部和人事部提供必要的服务支持。

在财务安排中，"往返机票"指从学者居住地到北京的最直接航程的往返费用。

在本计划支持下的海外学者与北京大学不构成雇佣关系，"酬金"不应被理解为"工资"，其目的旨在能有效地保证学者在北大期间的常规活动。

本计划从即日起开始执行。

附表 2-1　海外学者讲学计划总经费测算标准

类别	职称	参考标准	备注
讲课类	教授	往返机票：经济舱 住宿补贴：4000 元 / 月 酬金：8000 元 / 学分（税前） 接待费：500 元	讲课类住宿补贴不得超过 1 个学期
讲课类	副教授	往返机票：经济舱 住宿补贴：4000 元 / 月 酬金：6000 元 / 学分（税前） 接待费：500 元	讲课类住宿补贴不得超过 1 个学期
讲座类	副教授、教授	住宿补贴：400 元 / 天 酬金：1000 元 / 次（税前） 接待费：500 元	讲座类住宿天数不得超过讲座次数的 2 倍

附录 3

北京大学海外学者访问研究计划
（2011 年 3 月 7 日）

为了促进我校面向一流大学建设的进程，作为北京大学人才队伍建设格局的一个组成部分，特设立"北京大学海外学者访问研究计划"。

一、主要对象

在国际学术界有一定影响，希望利用学术休假等机会在北京大学承担一定的科研任务的海外学者。在北大连续工作时间应该至少保证一个月以上，最多不超过三个月。

我校接收海外学者研究计划可以通过两种方式：

第一种　由邀请人向所在院系提出申请，并负责具体联系工作；

第二种　校外人员主动提出在我校进行研究的申请，申请人需要提供两封同行专家推荐信。各院系负责联系合作研究的校内人员，确定校内合作者后方能接收申请。

二、执行机制

（1）从"985"二期安排专款及学校自筹部分配套经费用于此计划。学校下拨的经费额度来自各院系的"985 工程"建设经费；

（2）学校在每年底根据经费情况、各院系的需求和当年执行的情况，确定下一年的经费额度；

（3）各院系每年定期向国际合作部申报邀请计划，申报时间为每年

1 月 15 日，6 月 15 日。项目执行完成后一个月内提交完成报告，作为附件在报销经费时上交到财务部。

三、财务标准

本着鼓励海外学者在北京大学的学术研究活动，同时规范相应财务行为的原则，考虑到中国的实际情况与国际惯例，拟参照下述标准执行财务支出（附表略，相关标准请各院系直接来电咨询）。

项目实施的经费采用预算制。按上述各项做出总体预算，在不突破预算的情况下，各项支出可做必要的调整。

四、附注

（1）相关院系负责人员的邀请、活动与后勤安排。

（2）国际合作部提供出入证卡、图书暂借证卡等服务支持。

（3）在财务安排中，"往返机票"指从学者居住地到北京的最直接航程的往返费用。

（4）本计划自即日起实行。

附录 4

关于《北京大学海外名家讲学计划》的规定（试行）
（2011 年 3 月 9 日）

为了加快我校向世界一流大学迈进的步伐，强化学科建设和国际型人才的培养，提升北京大学在国际学术界的地位和影响，特设立"北京大学海外名家讲学计划"，分为"系列讲座类"及"讲课类"。

一、宗旨

本规定旨在规范学科领域内的国际知名学者来我校讲学的申请和审批工作，加强对经费支取的管理，鼓励各院系邀请高层次学者来校举办系列讲座及开设学分课程，提高专项经费的使用效率。

二、各部门权责

1. 国际合作部负责组织外专评审委员会，对院系申报计划进行审核以及确定经费资助额度。

2. 国际合作部负责该计划经费的落实管理、各种涉外手续的办理以及加强与财务部、人事部、科研部、社科部和院系等校内各部门之间的协调沟通。

3. 各院系负责确定名额的申报和使用，按时提交年度聘请计划；负责海外学者的邀请与来校后的活动和生活安排。本计划经费的审核与执行建议由院系专门负责外事工作的领导负责。本计划的成果资料建议由外专秘书协同主请人负责收集、整理，并提交国际合作部备份。

三、聘请对象

1.受邀人应为持有国外护照并在国外大学或学术机构享有终身教授职位的知名学者，是本学科领域的知名学者和前沿领域的领军人物，包括诺贝尔奖获得者、相应领域的著名奖项获得者、国家级院士等。

2.受邀人能在正常学期或暑期开设面向全校的同一主题的系列讲座（可由一个或多个院系联合举办）或学分课程，鼓励邀请专家开设学分课程。

四、申报、审批程序

1.填写《北京大学海外名家讲学计划项目申请书》，由主请人所在院系院长签字后上报到国际合作部。

2.随时申报随时审批，但一般应在来访人到访三个月前完成申报审批工作，各院系根据实际需要申请经费。

3."北京大学'海外名家讲学'计划"执行按需分配的原则。各院系根据各自的人才培养和学科发展的需要确定经费预算，由国际合作部确定资助额度不足部分由各院系自筹。

4.评审结果将由国际合作部尽快下发经费批复通知。

五、办理签证程序

各院系协助拟邀请来北大讲学的海外学者办理来华签证等手续。填报"北京大学外国人来华申报表"，并连同相关资料送交国际合作部办理。具体程序请参照国际合作部网上发布的有关外国人来华签证办理之规定。

六、经费使用与管理

1. 在执行本计划期间，国际合作部除按实际需求预拨一部分经费外，一般情况下应由主请院系或主请人先行垫付。计划完成之后，院系须提交《北京大学海外名家讲学计划完成报告》，同时提交相关讲座文稿、录音、影像资料、学生评价、相关报道、社会影响和学术价值等成果材料，由国际合作部审批后，方能领取拨款单，并在财务处根据相关财务制度报销。

2. 用于海外名家讲学计划的经费应专款专用，不得用于与此无关的开支。国际合作部对此项计划的经费开支行使监督权，做到手续完备、账目清楚、内容真实、核算准确、监督措施有力，确保经费使用的合理和有效。

七、成果总结

1. 各院系须于每年 12 月 15 日之前提交院系执行海外名家讲学计划的年终总结。对于上一年度执行有效、影响良好、总结积极的院系，予以通报表扬。

2. 强化对本计划学术成果的宣传意识，拓展宣传渠道，为促进学科建设和学术研究作贡献。

（1）活动期间，院系外专秘书应及时向国际合作部通报相关讲座及课程信息，上报学术活动简报。国际合作部汇总后多渠道发布，以便扩大本计划的影响和收益。

（2）院系应注意收集海外名家讲座讲学过程中的影像材料、媒体新闻、社会影响等电子版和非电子版资料作为学术成果提交给国际合作部备案。

（3）院系在取得受邀学者的授权后，可向国际合作部推荐学术文章。国际合作部将择优联系发表或出版事宜。

（4）加强专家库、项目库和成果库的建设，海外专家资料和成果应及时入库存档。成果库可适当面向校内和社会开放。

附录 5

《北京大学海外名家讲学计划》实施办法
（2012 年 3 月 15 日）

为了加快我校向世界一流大学迈进的步伐，强化学科建设和国际型人才的培养，提升北京大学在国际学术界的地位和影响，特设立"北京大学海外名家讲学计划"，分为"系列讲座类"及"讲课类"。

一、宗旨

本实施办法旨在规范学科领域内的国际知名学者来我校讲学的申请和审批工作，加强对经费支取的管理，鼓励各院系邀请高层次学者来校举办系列讲座及开设学分课程，提高专项经费的使用效率。

二、聘请对象

1. 受邀人应为持有国外护照并在国外大学或学术机构享有终身教授职位的知名学者，是本学科领域的知名学者和前沿领域的领军人物，包括诺贝尔奖获得者、相应领域的著名奖项获得者、国家级院士等；

2. 受邀人能在正常学期或暑期开设面向全校的系列讲座（可由一个或多个院系联合举办）或学分课程，鼓励邀请专家开设学分课程。

三、申报程序

1. 填写《北京大学海外名家讲学计划项目申请书》，由主请人所在院系领导签字并加盖院系公章后上报到国际合作部；

2.依据国际合作部的通知进行申报工作，各院系根据实际需要申请经费；

3."北京大学海外名家讲学计划"的经费资助执行按需分配的原则。各院系根据各自的人才培养和学科发展的需要确定经费预算，由国际合作部确定资助额度，不足部分由各院系自筹；

4.评审结果将由国际合作部下发通知，双方须签订执行协议。

四、经费使用与管理

1.在执行本计划期间，国际合作部除按实际需求预拨一部分经费外，一般情况下应由主请院系或主请人先行垫付。计划完成之后，院系须提交《北京大学海外名家讲学计划完成报告》，同时提交相关原始发票、讲座文稿、录音、影像资料、学生评价、相关报道、社会影响和学术价值等成果材料，由国际合作部审批后，方能领取拨款单，并在财务处根据相关财务制度报销。

2.用于海外名家讲学计划的经费应专款专用，不得用于与此无关的开支。国际合作部对此项计划的经费开支行使监督权，做到手续完备、账目清楚、内容真实、核算准确、监督措施有力，确保经费使用的合理和有效。以现金方式支付的费用，应按财务要求纳税。

五、各部门权责

1.国际合作部负责：

（1）组织外专评审委员会，对院系申报计划进行审核以及确定经费资助额度；

（2）组织人员对讲座及课程进行摄影、摄像；

（3）汇总讲座及课程信息，通过多渠道发布，扩大本计划的影响和收益；

（4）负责计划经费的落实管理、各种涉外手续的办理以及加强与财务部、人事部、科研部、社科部和院系等校内各部门之间的协调沟通；

（5）负责专家库、项目库和成果库的建设，确保海外专家资料、学术文章和其他成果应及时入库存档。成果库可适当面向校内和社会开放。

2. 各院系负责：

（1）负责该计划的申报工作，按时提交年度聘请计划；

（2）负责海外学者的邀请、来校后的生活及学术活动安排；

（3）及时向国际合作部通报相关讲座及课程信息，上报学术活动简报；

（4）收集海外名家讲座讲学过程中的影像材料、媒体新闻、社会影响等电子版和非电子版资料作为学术成果提交给国际合作部备案；

（5）及时提交执行海外名家讲学计划的总结；

（6）项目结束后，及时办理财务结算手续。

附录 6

北京大学教研系列教师实行学术假的规定
（校发［2016］165 号）

第一条　为加强我校师资队伍建设，提升教师学术研究水平，根据《中华人民共和国教师法》《中华人民共和国高等教育法》和《北京大学教研系列职位管理办法》，特制定本规定。

第二条　教研系列教师取得长聘职位后，每合格服务 5 个学期，可以休 1 个学期的学术假。如合格服务时间超出休学术假所要求的服务期，其超出部分可转为下一次学术假的合格服务时间。连续合格服务时间超过 10 个学期以外的部分，则不再累计。应政府部门要求，经学校批准借调或随配偶出国（境）任职的时间不计算为合格服务时间。

第三条　学术假期间，学校不安排教学任务，不进行教学工作量考核，教师不承担教学、行政等常规工作职责，全时投入与其专业相关的学术研究工作或进修深造。

第四条　学术假期间，基本年薪正常发放，有关基本年薪的定义见《北京大学教研系列职位管理办法》。

第五条　申请学术假，应当提前一个学期向院系提出申请，填写《北京大学教研系列教师学术休假申请表》。院长（系主任）批准学术假后，应向学校人事部提交《北京大学教研系列教师学术假申请表》备案。

第六条　每次学术假时间不得超过 2 个学期。

第七条　在拟休学术假期间应办理退休的教师，不得申请学术假。

第八条　只有符合下述条件，学术假才会被批准：（1）对学校的教学和其他重要工作不会造成损害；（2）在休假结束后，同意按时返回学校服务至少与离岗时间相同的时期。

第九条　院长（系主任）根据本单位工作的实际情况，有权批准、拒绝或推迟学术假申请。

第十条　教师应在学术假结束后的 90 天内，向院系提交学术假报告，并送校人事部备案，内容如下：（1）学术假期间的活动记录，包括旅行行程，参观的机构和地点，与之有广泛交流和合作的人，正式发表的演讲；（2）对申请中提出的计划的进展的说明；（3）计划的任何重大变化；（4）对休假计划的预期成果和实际所取得的成果的评价。

第十一条　教师在学术假期间，不应接受本校内部有报酬的聘用，也不得从事与学术工作无关的事务，校外兼职应按照学校有关规定办理。

第十二条　退休后返聘教师不适用学术假的规定。

第十三条　校内双肩挑教师的学术假应当经相关院系和部门主管领导共同批准。

第十四条　本规定实施前，已经获得长聘职位的教研系列教师未承担课堂教学工作任务的学期，视为教师的学术假。

第十五条　本规定适用于北京大学校本部的教研系列教师。

第十六条　本规定经 2016 年 7 月 5 日 898 次校长办公会审议通过，自颁布之日起施行，由学校人事部负责解释。

后　记

　　此拙著是在本人博士学位论文《中国大学教师学术职业发展机制研究》的基础上修改完善而成的。回想自己的读博经历和整个写作过程，真是感慨良多，久久不能忘怀。

　　和大多数人写博士论文一样，其间的艰辛只有自己知道。我的博士论文犹如十月怀胎后难产的婴儿，迟迟不见落地，让人心急如焚！每次去见导师，都惶恐不安，生怕导师内生后悔之心，招了我这么一个读书慢热的学生。好在导师仁厚有加，并不催促我，反倒很是理解在职攻读的难处，充分信任和默默期待，让我好好做论文。然而越是这样，越让我寝食难安。我也知道自己资质愚钝，唯凭勤以补拙，把论文一点点地向前推进。至今仍清楚地记得，在一个酷暑难耐的假期，我回到了湖北老家，把孩子托付给年迈的父母，把自己关在安静的房子里，终于在汗流浃背中完成了论文的初稿，长舒一口气，感觉这个"初生的丑儿"真是来之不易！然而，从初稿到最后的定稿，中间漫长的煎熬形同炼狱。

　　作为在职女博士，要完成论文，时间真是只能靠挤。自己也记不清楚，有多少次下班后带着孩子在办公室加班，以致孩子在办公室的椅子上睡着了；有多少个夜晚照顾孩子睡后挑灯夜战直至凌晨；有多少个周末泡在国家图书馆，没和家人度过；有多少个假期匆匆把孩子送回老家，独自一人返京写作，每天蓬头垢面，茶饭不思……而且，如果没有导师和师母对我的关心和信任，如果没有父母和家人"不怕慢，只怕站"

的精神鼓励，如果没有儿子"妈妈你专心写论文，写完了就可以天天陪我了"的体贴和懂事，如果自己听从他人"别折腾，舒舒服服过日子"的劝告，只要自己思想一松懈，一懒惰，这个晚产的"丑儿"随时都有"夭折"的可能。

选择"学术职业"这个全新的研究领域，对我而言本身就是一个挑战。一是出于浓厚的兴趣，二是因为自己从事教育科研十多年，对于学术及学术生涯（虽然有别于自然科学或基础理论研究）敬畏之余颇多感悟，希望自己能以一个科研工作者的身份反思中国高等教育的现在与未来！写作过程困难重重，不仅要零起点阅读相关的文献，而且每每有人问及我的论文，我也要为"何为学术职业"解释一番。然而，我并不为此泄气，相信越是难做的，越是我要坚持的。博士学位论文的独创性不正是源于此吗？

随着论文的逐渐成型，读博历经的辛酸和痛苦一时间有种如释重负的轻松感，我把电脑里"飞信"（当年微信还没有出现）的心情小语从"路漫漫"改成了"感恩"，以此感谢那些在我生命中出现的贵人。

感谢我的导师毛亚庆教授。他总是在百忙中点拨我如何写好论文，如何注意研究方法，始终鼓励我在工作和研究中要高标准、严要求，让我既感受到了导师对学生严谨治学的要求，同时也感受到了他对我这个在职博士生的理解、尊重、体谅和宽容。感谢我的师母鱼霞老师，她总是以善解人意的眼神和催人上进的话语，激励着我在快要松懈时重振精神，勇往直前。感谢我的工作单位北京教育科学研究院，使我有了攻读博士学位的机会。感谢院领导桑锦龙副院长，他不仅催促我加快论文进度，而且时不时地将他读书和写作的心得与我分享。感谢所在部门教育发展研究中心领导和同事在工作中给予我大力支持和帮助。感谢北师大中国教育政策研究院的杨小敏博士，在我论文的关键时期帮我分担了不少的工作，并多次对论文提出宝贵的意见。感谢发展研究中心李旭博士，对我论文英文摘要做了认真的校对。感谢原高教所王俊、信息中心王虹、原合作交流处查敏等同仁，帮我搜集了大量的英文文献。感谢合作交流处张婷婷副处长，通过国际友人帮我收集国外资料，并在国内访谈事宜上帮我牵线联系。感谢课程与教材研究中心黄晓玲、杨黎霞同仁多年来给我鼓劲，并一起克服学习上的难关。感谢华中师大硕士同门和北师大博士同门师兄妹们对我的所有帮助。同时，特别感谢来自北京大学、清华大学、北京科技大学、中国人民大学、中国矿业大学、北京邮电大学、天津大学、华中农业大学、云南大学、西南大学、中国地质大学、东北大学、四川农业大学、武汉大学等欣然接受我面访或电话访谈的教师们，正是因为他们的直言不讳，才使我的研究有了鲜活的案例和比较真实的素材。

感谢原北京教育科学研究院副院长、现教育部高等教育司司长吴岩和北京理工大学马永霞教授作为我的博士申请推荐人。感谢我的硕士导师华中师范大学范先佐教授、杜时忠教授一直以来对我学业和生活的关心。感谢北京师范大学教育学部洪成文教授、姚云教授、周海涛教授、朱志勇教授、楚江亭教授、苏君阳教授、中国教科院高宝立研究员、北京科技大学曲绍卫教授在开题、预答辩和答辩时对论文提出的宝贵意见。感谢中国教科院罗媛博士、北京师范大学周金燕博士、杜亮博士、教育部唐小平博士和张春香老师、教育部国家教育发展研究中心张家勇博士、深圳职业技术学院闫飞龙博士后、国家环保部张华平学友、沈阳航空航天大学楚旋博士、中国地质大学余涵老师和彭国华老师、中国民航大学武在争学友、中国国际广播电台肖红旗先生，他们对我的精神鼓励和大力支持使我倍感友情的珍贵！

感谢我的父母和兄弟姐妹，还有我的先生和与我一同成长的儿子，在我最困难、最需要帮助的时候默默地奉献与支持，给予我家庭的温暖和爱。感谢儿子好友的妈妈——刘妈妈、王妈妈、邱妈妈，我经常受惠于她们对我儿子生活的照顾和对我焦灼心灵的安慰，没有她们的援助，我的写作过程会更加艰难。

"学贵有恒"。相信有了这段刻骨铭心的经历，有了这些让我终身难忘的贵人，必将永远激励着我在探究学术的路上，奔跑！

由于能力有限，本书不足之处仍然难免，敬请学界同仁不吝指正。

北京教育科学研究院

尹玉玲

2019 年 10 月